D1877328

Jean-Louis Etienne wurde 1946 in Vielmur-sur-Agout, einem Dorf in Südfrankreich, geboren. Er studierte Medizin und Ernährungswissenschaften.

Als Arzt und Ausstatter nahm er an verschiedenen Expeditionen teil, u. a. im Fitz-Roy-Gebiet in Patagonien und im Himalaya, segelte einmal um die Welt und entlang der grönländischen Küste und fuhr die Rallye Paris–Dakar. Sein Alleingang zum Nordpol im Jahr 1986 wurde der größte Erfolg seiner Expeditionslaufbahn.

Jean-Louis Etienne

Transantarctica

Die Durchquerung des sechsten Kontinents

Aus dem Französischen
von Ilse Rothfuss

SIERRA

Der Verlag Frederking & Thaler dankt **Les Films d'ici MIB,** dem **Hessischen Rundfunk** und sämtlichen Koproduzenten des gleichnamigen Films für die gute Zusammenarbeit.

Die Deutsche Bibliothek – CIP-Einheitsaufnahme
Etienne, Jean-Louis:
Transantarctica : Expedition durchs Eis / Jean-Louis Etienne. –
Im Text ungekürzte Taschenbuchausg., 1. Aufl. – München : Sierra bei Frederking und Thaler, 2000
(Reisen, Menschen, Abenteuer)
ISBN 3-89405-095-0

REISEN · MENSCHEN · ABENTEUER

Im Text ungekürzte und aktualisierte Taschenbuchausgabe,
1. Auflage 2000
© 1992 Frederking & Thaler Verlag, München
in der Verlagsgruppe Bertelsmann GmbH
veröffentlicht in der Reihe SIERRA
Alle Rechte vorbehalten
Titelfoto/Fotos: Jean-Louis Etienne
Karten: Isolde Notz-Köhler, München
Produktion: Sebastian Strohmaier, München
Satz: Uhl + Massopust, Aalen
Druck und Bindung: Presse-Druck Augsburg
Gesamtbetreuung: Ariadne Buchkonzeption, Christine Proske, München
Papier: Das Papier wurde aus chlorfrei gebleichtem Zellstoff hergestellt
Printed in Germany
ISBN 3-89405-095-0

Inhalt

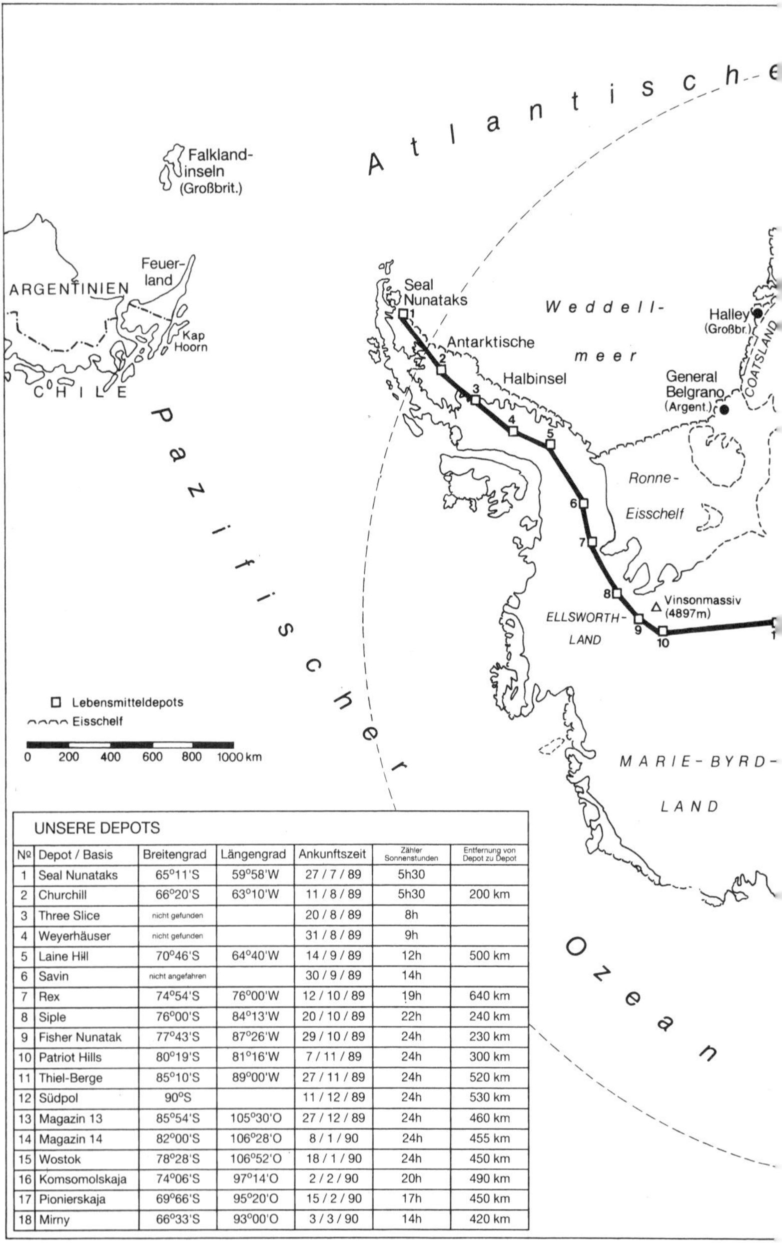

UNSERE DEPOTS

№	Depot / Basis	Breitengrad	Längengrad	Ankunftszeit	Zähler Sonnenstunden	Entfernung von Depot zu Depot
1	Seal Nunataks	65°11'S	59°58'W	27 / 7 / 89	5h30	
2	Churchill	66°20'S	63°10'W	11 / 8 / 89	5h30	200 km
3	Three Slice	nicht gefunden		20 / 8 / 89	8h	
4	Weyerhäuser	nicht gefunden		31 / 8 / 89	9h	
5	Laine Hill	70°46'S	64°40'W	14 / 9 / 89	12h	500 km
6	Savin	nicht angefahren		30 / 9 / 89	14h	
7	Rex	74°54'S	76°00'W	12 / 10 / 89	19h	640 km
8	Siple	76°00'S	84°13'W	20 / 10 / 89	22h	240 km
9	Fisher Nunatak	77°43'S	87°26'W	29 / 10 / 89	24h	230 km
10	Patriot Hills	80°19'S	81°16'W	7 / 11 / 89	24h	300 km
11	Thiel-Berge	85°10'S	89°00'W	27 / 11 / 89	24h	520 km
12	Südpol	90°S		11 / 12 / 89	24h	530 km
13	Magazin 13	85°54'S	105°30'O	27 / 12 / 89	24h	460 km
14	Magazin 14	82°00'S	106°28'O	8 / 1 / 90	24h	455 km
15	Wostok	78°28'S	106°52'O	18 / 1 / 90	24h	450 km
16	Komsomolskaja	74°06'S	97°14'O	2 / 2 / 90	20h	490 km
17	Pionierskaja	69°66'S	95°20'O	15 / 2 / 90	17h	450 km
18	Mirny	66°33'S	93°00'O	3 / 3 / 90	14h	420 km

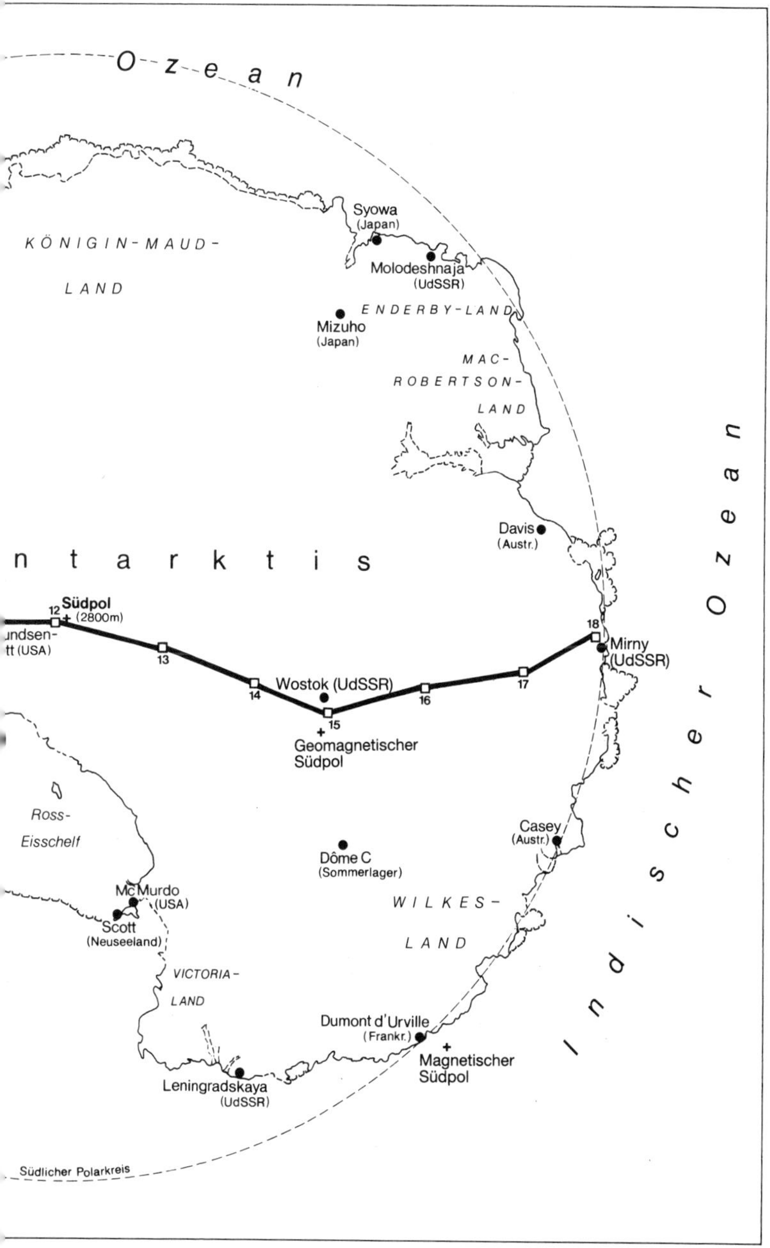

Ozean
KÖNIGIN-MAUD-LAND
Syowa (Japan)
Molodeshnaja (UdSSR)
Mizuho (Japan)
ENDERBY-LAND
MAC-ROBERTSON-LAND
Davis (Austr.)
ntarktis
Indischer Ozean
12 Südpol (2800m)
ındsen-tt (USA)
13
14
Wostok (UdSSR)
15
Geomagnetischer Südpol
16
17
18
Mirny (UdSSR)
Ross-Eisschelf
Casey (Austr.)
Dôme C (Sommerlager)
Mc Murdo (USA)
Scott (Neuseeland)
WILKES-LAND
VICTORIA-LAND
Dumont d'Urville (Frankr.)
Magnetischer Südpol
Leningradskaya (UdSSR)
Südlicher Polarkreis

Für meine Eltern,
die immer Verständnis dafür gezeigt haben,
daß ich meinen eigenen Weg gehen mußte . . .

Vorwort

Sechs Männer und vierzig Hunde über 6000 Kilometer quer durch die Antarktis. Ein sinnloses Abenteuer? Eine Materialschlacht? Eine Inszenierung für die großen Fernsehgesellschaften dieser Welt? All die Zweifel an der Legitimation des Abenteuers TRANSANTARCTICA waren schnell verflogen, als ich Dr. Jean-Louis Etienne kennenlernte. Über sein Abenteuer am Nordpol, den er als erster Mensch allein erreichte, berichteten wir im Hessischen Fernsehen. Dabei erzählte Etienne so faszinierend vom geplanten Unternehmen TRANSANTARCTICA und der Idee, die dahinterstand – die Bewahrung der Antarktis als das letzte große Naturreservat dieser Welt –, daß ich überzeugt und begeistert war.

In der ARD waren wir uns schnell einig, über dieses Vorhaben zu berichten, zumal mit Laurent Chevalier ein Kameramann die Expedition begleitete, dessen Name für hohe Qualität steht.

Im Dezember 1990 flog ich nach Punta Arenas im Süden Chiles. Von dort aus wollte ich, zusammen mit Kollegen, die das arg strapazierte Filmteam von Laurent Chevalier ergänzen sollten, und einer Meute von Ersatzhunden, mit einer DC-4 in die Antarktis fliegen. Am Flughafen von Punta Arenas erwartete uns mehr als ein Hauch von Abenteuer: eine vierzig Jahre alte DC-4, die zweimal wegen Maschinenschadens umkehren mußte und von der ich annahm, daß sie zuletzt bei einem Humphrey-Bogart-Film eingesetzt war. Es begann ein einwöchiges, nervenaufreibendes Warten. Nach zwei vergeblichen Versuchen, die einsame Antarktis-Station Patriot Hills zu erreichen, um dort die TRANSANTARCTICA-Expedition in Empfang zu nehmen, mit Möglichkeiten zu Interviews und einer authentischen Berichterstattung vor Ort, gab ich dann auf. In Frankfurt warteten schließlich noch andere Aufgaben auf mich. Es war eine schmerzliche Entscheidung, der ich heute noch nachtrauere.

TRANSANTARCTICA war nicht nur ein Abenteuer, es wurde zum gelungenen Versuch, mit einer internationalen Expedition weltweites Interesse für die Probleme der Antarktis zu wecken. Und wenn alle, die daran beteiligt waren, einschließlich der Medien, auch nur einen kleinen Beitrag dazu leisteten, daß die Vision des Naturparks Antarktis mittlerweile Realität geworden ist, dann hat sich der Einsatz gelohnt.

Dr. Jürgen Emig
Sportchef Fernsehen Hessischer Rundfunk

Prolog des Autors

Der Nordpol ist vom Eismeer umgeben, der Südpol hingegen liegt im Herzen eines Kontinents, der so groß wie Europa und die USA zusammen ist. Stürmische Meere isolieren diesen Kontinent vom Rest der Welt. Als ich mit Will Steger die Route für unsere Antarktisdurchquerung festlegte, hatten wir keine Ahnung, welche Dimensionen unser Traum annehmen würde. Wir brauchten zwei Jahre intensiver Vorbereitung für dieses Unternehmen. Die Antarktis ist wirklich ein anderer Planet.

»Transantarctica« ist sicher eine der größten, schwierigsten und aufregendsten Expeditionen gewesen, die je auf die Beine gestellt wurden. Wir wollten nicht nur einen phantastischen Traum verwirklichen, sondern zugleich die Welt auf diesen Kontinent aufmerksam machen, der eine so wichtige Rolle für die Zukunft unseres Planeten spielt.

Während dieser harten, schwierigen Reise hatte ich nur *einen* Vertrauten: mein Tagebuch. Es war oft meine einzige Zuflucht. Ihm habe ich alles anvertraut: meine Begeisterung und meine Leidenschaften, meine Freuden und Ängste, Zorn, Irrtümer und Mißgeschicke, alles, was mir durch den Kopf ging, alle Schwierigkeiten und alle Zwänge, die mit der Leitung eines solchen Unternehmens verbunden sind und oft eine tiefe Kluft zwischen Traum und Wirklichkeit aufreißen.

Dieses Buch enthält meine ganz privaten Aufzeichnungen, die ich Ihnen hiermit rückhaltlos anvertraue.

Jean-Louis Etienne

Unser internationales Team mit zwei Hunden.
Von links, kniend: Victor Boyarsky, Will Steger; stehend: Geoff Somers, Daho Quin, Keizo Funatsu, Jean-Louis Etienne

1 »The longest road«

Plötzlich wird mir bewußt, daß mein Leben in Gefahr ist. Es sind minus 38 °C in meinem Zelt, und ich liege warm vermummt in meinem Schlafsack, als mich der Schrei zu Eis erstarren läßt. Nein, diesmal ist es keine Halluzination – die seltsamen Laute, zuerst noch ganz fern und vom Wind gedämpft, dringen immer schärfer an mein Ohr, ein vielstimmiges, heiseres Konzert. Kein Zweifel, da draußen ist eine ganze Horde von wilden Tieren im Anmarsch. Seit einem Monat sind sie hinter mir her, und jetzt haben sie mich gefunden! Mein Gott, wie viele sind es bloß? Und da heißt es, Bären seien Einzelgänger ... Was haben sie vor meinem Zelt, mitten im arktischen Eismeer, verloren? Ich habe schreckliche Angst, ich will einfach nicht an diese Verschwörung gegen mich glauben. Ich flehe die Vorsehung um Hilfe an, und meine Stoßgebete werden erhört: Menschliche Stimmen, vermischt mit den Schreien der Tiere, dringen durch das Sturmgebrüll zu mir ... Und nach der lähmenden Angst packt mich jetzt die totale Euphorie.

Es ist Steger! Die amerikanische Nordpolexpedition!

Wie der Blitz fahre ich aus meinem Schlafsack, stürze aus dem Zelt und klettere auf die Eisdüne, hinter der ich mich verschanzt habe. Unter mir zieht die Karawane vorüber. Sie sind zu siebt, und sie haben ungefähr fünfzig Hunde bei sich. Einer der Männer bleibt völlig verdattert stehen, als er mich aus dem weißen Chaos auftauchen sieht, dann läuft er auf mich zu ... und fällt mir um den Hals.

»Will Steger?«

»Jean-Louis Etienne!«

Unglaublich! Die Chance, uns hier zu begegnen, war gleich Null. Wir sind beide auf dem Weg zum Nordpol, aber die Packeisdecke des arktischen Ozeans ist so unberechenbar, daß wir diese Begegnung niemals hätten organisieren können. Das Schicksal hat uns zusammengeführt.

Es war der Abend des 9. April 1986. Ich war bereits einen Monat lang auf meiner Marschroute zum Nordpol unterwegs – allein. Und am Abend dieser unwahrscheinlichen Begegnung wurde die Idee für ein neues Projekt geboren: Will Steger und ich beschlossen, eine gemeinsame Expedition in die Antarktis zu organisieren. Und dann trennten wir uns wieder . . .

Erst gut ein Jahr später treffen wir uns wieder, bei Will Steger in Minnesota, einem Staat im Norden der USA, an der kanadischen Grenze, wo es sechs Monate im Jahr Winter ist. Die Route zum Nordpol fängt sozusagen gleich hinter seiner Haustür an. Er lebt im Wald, in einem Holzhaus, das über einem kleinen See auf einem Felsen thront. Eine richtige Trapperhütte. Er hat weder Telefon noch Elektrizität.

In dem geschützten Tal hinter dem Felsen zieht Will seine achtzig Hunde auf. Die Hunde führt er mir als erstes vor, einen nach dem andern, besonders die Tiere, die ich bereits auf dem Weg zum Nordpol gesehen habe. Will meint offenbar, ich müßte sie alle wiedererkennen . . .

Zwei Zimmerleute hämmern an einem Holzschuppen herum, beide in Jeans und mit einem Tuch um ihre langen blonden Mähnen. Es riecht gut nach Fichtenholz, und ich beneide Will um sein Leben in dieser schönen Umgebung.

»Das wird unsere Werkstatt«, erklärt er mir. »Hier stellen wir die Schlitten und das Geschirr für die Hunde her und das ganze Material, das wir sonst noch für die Expedition brauchen.«

Im Haus hängen Fotos von Wills Nordpolexpeditionen und seinen diversen Jugendeskapaden. Er ist wohl ziemlich viel herumgegondelt und scheint ein sehr eigenwilliges, unabhängiges Leben geführt zu haben. Mir gefällt das.

Ich weiß ja bisher nur sehr wenig von Will. Eigentlich sprechen wir hier zum erstenmal richtig miteinander, aber wir haben ein großes gemeinsames Thema: die Antarktis.

Am Abend sitzen wir im warmen Licht des Kaminfeuers und der Petroleumlampe zusammen und studieren die Südpol-Karte. Der Gedanke, diesen Kontinent von einem Ozean zum anderen zu durchqueren, fasziniert uns alle beide. Unsere Zeigefinger wandern zögernd über die riesige Eiswüste, auf der Suche nach der schönsten Route.

»Und wie wär's damit – die längste Antarktisdurchquerung, ›the longest road‹? Von der Antarktischen Halbinsel über den Südpol bis zum Indischen Ozean – 6300 km!«

Unsere Blicke begegnen sich, während wir uns fragen, wer nun eigentlich den anderen in die Tasche zu stecken versucht. Schließlich müssen wir beide schallend lachen. »O.K., give me five!«

Ein Handschlag – und der Vertrag ist besiegelt.

Will hat Erfahrung mit großen Hundeschlittenreisen. Er meint, wir brauchen ein Team von sechs Leuten, auf drei Schlitten verteilt, und zwölf Hunde pro Schlitten.

Für eine Strecke von 6300 km müssen wir sechs bis sieben Monate rechnen, und es ist unmöglich, eine so lange Expedition völlig autonom durchzuziehen. Wir müssen auf jeden Fall Verpflegungsnachschub für unterwegs organisieren. An Jagen und Fischen ist gar nicht zu denken, denn Wale, Seehunde, Pinguine und die verschiedenen Vogelarten leben ausschließlich in Küstennähe. Schon ein paar hundert Meter weiter im Innern des Kontinents gibt es kein Leben mehr. Die Antarktis ist die größte Wüste der Welt.

Wichtige Fragen drängen sich auf, während wir die Karte studieren. Wir müssen das Nachschubproblem lösen und einen Rettungsdienst organisieren für den Fall, daß wir in ernste Schwierigkeiten geraten. Auf die Hilfe der Forschungsstationen, die zahlreiche Länder in der Antarktis betreiben, können wir nicht zählen – das verbietet der Antarktisvertrag. Wir müssen ohne fremde Hilfe zurechtkommen.

Wichtig ist, daß uns der Nachschub zuverlässig und jeweils zum richtigen Zeitpunkt erreicht. Aber wie? Die klimatischen Bedingungen sind völlig unberechenbar, eine lang anhaltende Schlechtwetterperiode würde jede Versorgung aus der Luft unmöglich machen, und das könnte lebensgefährlich werden. Wir müssen also bereits im Jahr davor Verpflegungsdepots anlegen, um dieses Risiko auszuschalten. Das heißt, daß wir die Expedition für den antarktischen Sommer 1989–1990 ins Auge fassen müssen. So haben wir noch zwei Jahre Zeit für die Vorbereitungen.

»Aber wie schaffen wir die Hunde und die Ausrüstung zum Startpunkt, und wie kommen wir zurück?« überlegt Will.

Ich schlage eine Lösung vor, die mir schon länger im Kopf herumspukt, nämlich einen Polarsegler als mobiles Basiscamp konstruieren zu lassen, das für die Kommunikation mit der Außenwelt und die Sicherheit der Expedition zuständig wäre. Das Schiff würde uns zum Startpunkt bringen und uns dann am Ende unserer Durchquerung auf der anderen Seite des Kontinents wieder abholen. Will findet die Idee genial. Also verrate ich ihm, daß die Architekten Bouvet und Petit und die Ingenieure Franco und Mégret nur noch auf grünes Licht warten, um sich mit Volldampf in die Arbeit zu stürzen. Sie haben das Boot in den großen Linien bereits konzipiert. Es muß so konstruiert sein, daß es vom Packeis nicht zermalmt wird, sondern aus der Umklammerung herausflutscht wie ein Olivenkern, wenn man die Olive zwischen Daumen und Zeigefinger zerquetscht.

Am nächsten Morgen sind wir aufgeregt wie zwei kleine Jungen, wir sind einfach nicht mehr zu bremsen. Aber schließlich können wir es uns leisten, kühne Pläne zu machen. Wir haben beide ziemlich viel Erfahrung mit den Polarregionen. Das Wetter ist so schön, daß wir unsere »Konferenz« in den Wald verlegen. Beim Gehen spricht es sich leichter über so heikle Themen wie die Auswahl der Expeditionsmitglieder, die »leadership«-Frage, die Finanzen... Will schlägt folgende Besetzung vor: Launa, eine Amerikanerin, Paul Schurke, seinen Coleader bei der Nordpolexpedition, ebenfalls ein Amerikaner, den Kanadier Martin William, vielleicht einen Neuseeländer, er und ich. Dieses Team entspricht aber gar nicht meinen Vorstellungen von der Reise...

»Will, es geht nicht nur um unsere Expedition. Wir müssen gleichzeitig die Weltöffentlichkeit auf die Gefahren aufmerksam machen, die der Antarktis drohen. Und deshalb brauchen wir ein internationales Team, repräsentativ für die Nationen, die eine entscheidende Rolle in der Weltpolitik spielen.«

Ich habe schon vor einigen Monaten über die Agentur Tass in Paris Kontakt mit den Russen aufgenommen, aber ich weiß nicht, wie ich das Will beibringen soll. Seine antikommunistische Erziehung hat bei ihm ein tiefes Mißtrauen hinterlassen. Trotzdem, es hilft nichts, ich muß jetzt den Mund aufmachen:

»Will, ich möchte, daß ein Russe an der Expedition teilnimmt, und wenn möglich auch ein Chinese.«

Will starrt mich an, als ob ich ihm den Vorschlag gemacht hätte, einen Außerirdischen mitzunehmen. Aber er ist clever und kapiert schnell, welche Vorteile sich aus der Situation ziehen lassen.

»Eine gute Idee, bloß wird es vielleicht ein Riesenchaos geben...«

»Keine Sorge, die Verhandlungen übernehme ich.«

»Aber was ist mit den Vorbereitungen, mit dem Training, wie machen wir das?«

»Kein Problem, wir lassen sie im nächsten Winter hierherkommen.«

»Hierher? Einen Russen und einen Chinesen!«

Will, der praktisch nie aus seinem Land herausgekommen ist, gerät jetzt doch ein bißchen in Panik, aber dann gewinnt seine spielerische, anarchistische Seite die Oberhand, und schließlich findet er das Ganze äußerst spannend.

»Das wird vielleicht einen Aufstand geben – wir sind hier schließlich mitten in der tiefsten amerikanischen Provinz. Übrigens, da fällt mir ein, ich habe von einem Japaner und einem Engländer gehört, die beide hervorragende *mushers* sein sollen. Ich kann ja mal versuchen, Kontakt mit ihnen aufzunehmen.«

»Gut, Will, und jetzt eine heikle Frage: Wer ist der Chef der Expedition?«

Ein kritischer Moment, Will hat nämlich bereits die Gesellschaft gegründet, die das ganze Unternehmen dirigieren soll: »Steger International Expeditions«.

»Tut mir leid, Will, aber unsere Namen haben dabei nichts verloren. Wir brauchen für die Expedition einen Namen, der dem Publikum etwas sagt.«

Will zieht ein langes Gesicht. Das paßt ihm gar nicht, aber gleichzeitig sieht er ein, daß wir unser Projekt auf eine großzügigere Basis stellen müssen.

»O.K. Dann also ›Transantarctica‹.«

2 Hier herrscht die Antarktis

Mein Gott, wir sehen ja gar nichts ... Jetzt hilft nur noch eins: sich in die Sitze drücken, den Kopf einziehen und warten ...

Das Dekor ist bemerkenswert. Wir sitzen in einem fensterlosen Kabäuschen, einer Art Straßenbauhütte, die mit dicken Kabeln im Bauch der riesigen Iljuschin 76 festgezurrt ist. Die russische Transportmaschine wird uns in wenigen Minuten auf dem sechsten Kontinent absetzen. Das Dröhnen der Triebwerke ist ohrenbetäubend. Und die Spannung kaum auszuhalten.

Die Iljuschin ist eine imposante Maschine, viel zu wuchtig für die schmale, vereiste Landepiste der King-George-Insel. Es ist auch das erstemal, daß ein Flugzeug von dieser Größe dort zu landen versucht. Mit seinen vier Triebwerken müßte dieses Monster eigentlich doppelt so lang sein, und für die riesigen Tragflächen ist die Rumpfbreite ziemlich knapp bemessen. Aber die Chilenen, die den Flughafen betreiben, haben vorgesorgt: Die Piste wurde gestern mit Hilfe von Bulldozern soweit wie möglich verbreitert. Trotzdem bleibt nur sehr wenig Spielraum, das Flugzeug muß genau in der Mittellinie und sehr flach aufsetzen. Wenn das mal gutgeht! Wir halten alle den Atem an.

Ganz im Gegensatz zu unseren Piloten, die mit Feuereifer bei der Sache sind. Ich bewundere ihren Mut. Jedes andere Team hätte tausend Entschuldigungen gefunden, um sich vor der Landung zu drücken. Nicht so unsere Mannschaft. Die Leute haben die Sache durchdiskutiert und sind dann zu dem Schluß gekommen, daß es einen Versuch wert sei.

Einfach phantastisch, diese Russen! Wie Bilderbuch-Lokführer aus den fünfziger Jahren: bullige, stiernackige Typen mit buschigem Haar und Boxerschultern ... Sie strahlen soviel Selbstvertrauen und Gelassenheit aus, daß mir bei ihrem Anblick gleich leichter ums Herz wird. Ich kann schon fast wieder lächeln.

Eine Durchsage in Russisch ertönt über die Lautsprecher, und Victor Boyarsky, unser sowjetisches Expeditionsmitglied, übersetzt für uns: Bitte für die Landung bereithalten! Gegenüber der Tür unserer »Hütte« sind Repliken der Flugsteuerungsinstrumente angebracht. Victor starrt auf die Anzeigen, als ob sein Leben davon abhinge – was ja auch stimmt.

»30 Meter ... zehn Meter ... sechs ... fünf ... vier ... drei ... zwei ...« Und dann bricht ein Sturm entfesselter Urgewalten über uns herein ... Zugleich gehen die beiden Seitentüren der Maschine sperrangelweit auf (russische Technik der Luftbremsung). Der Höllenatem der brüllenden Triebwerke und der Gestank nach verbranntem Kerosin löschen alles andere aus. Wir sind völlig geblendet, am Ersticken, unsere Augen tränen, und wir glauben alle, daß unser letztes Stündchen geschlagen hat, während die Iljuschin unter markerschütterndem Dröhnen, Rütteln und Klappern über die Piste rollt. Hört das denn nie auf? Endlich gibt uns die Hölle wieder frei – fast ebenso blitzartig, wie sie uns verschlungen hat. Noch ein paar Stöße, dann steht das Flugzeug, und die Stille ist überwältigend.

Victor springt von seinem Sitz auf, reißt die Arme hoch und brüllt: »Geschafft! Wir sind gelandet! Hurra!« Er hat Tränen in den Augen. Und natürlich ist er stolz auf seine mutigen Landsleute. Jetzt stimmen auch alle anderen in das Hurragebrüll ein, der Jubel ist grenzenlos: Wir sind in der Antarktis – und wir leben!

Der Pilot wird mit stürmischem Applaus empfangen, als er aus der Maschine steigt. Er wird sogar wie ein Held im Triumphmarsch herumgetragen. Auf einmal drängt sich ein Chilene durch die Menschenmenge und hält eine Eisenstange hoch. Ein Souvenir für den Piloten! Allgemeine Bestürzung: Die Eisenstange entpuppt sich als Signalpfosten, unsere Maschine hat ihn beim Aufsetzen glatt wegrasiert! Als wir uns später das Landemanöver auf dem Bildschirm anschauen, läuft es uns kalt über den Rücken. Die Iljuschin hat mit ihren Rädern die Mauer am Eingang der Piste gerammt. Wir sind ganz knapp an einer Bruchlandung vorbeigekommen! Die Piloten einer Hercules C 130 versichern uns, daß ihre Maschine einen solchen Aufprall nicht überlebt hätte – die Tragflächen wären samt Triebwerken geradeaus davongeschossen und der Rumpf auf den Boden geknallt ... Kein Zweifel, wir haben verdammtes Glück gehabt.

Und Glück werden wir auch weiterhin brauchen, wenn man bedenkt, was uns jetzt bevorsteht: die Durchquerung der größten Eiswüste der Welt – *Transantarctica.*

27. Juli 1989
Start unserer Expedition:

Zum erstenmal setze ich den Fuß auf diesen Kontinent, aber ich kann es noch gar nicht fassen, daß es wirklich soweit ist, daß ich hier bin ... Vor uns liegt das grenzenlose, weiße Reich der Antarktis. Das Südpolabenteuer beginnt. Ich wäre gerne ein paar Augenblicke allein, um zur Besinnung zu kommen, aber bei dem Gedränge hier ist das ganz unmöglich. Journalisten, Fernsehtechniker, ein Filmteam – da bleibt keine Zeit zum Träumen. Die Schlittenhunde machen einen Höllenspektakel, sie sind außer Rand und Band, vielleicht spüren sie, daß das ein großer Augenblick ist. Meinen Weggefährten geht es nicht anders als mir, auch sie können es kaum fassen, daß sie da sind, am Ausgangspunkt. Es sind fünf Männer: der Amerikaner Will Steger, der mit mir zusammen die Expedition leitet, der Engländer Geoff Somers, der Japaner Keizo Funatsu, der Chinese Daho Quin und natürlich der Countdown-Fanatiker bei unserer prekären Landung, der Russe Victor Boyarsky.

Ein bedeutsamer Augenblick. *ABC-News* will unseren Aufbruch filmen, und zwar mit viel Regie-Aufwand, wie es bei den Amerikanern üblich ist.

Bob, ein echter Profi, kennt keinen Pardon, es muß alles schön nach Drehbuch gehen ... Allerdings werden dann richtige Charlie-Chaplin-Szenen daraus. Sobald eine Kamera auf die Hunde zuschwenkt, spielen sie verrückt und versuchen in alle Himmelsrichtungen davonzustürmen. Als endlich alles bereit ist und Bob das Startsignal gibt, stürzt sich das Gespann, das ich mit Keizo teile, mitten unter die Fernsehleute. Die ganze ABC-News-Mannschaft muß schleunigst Reißaus nehmen, Kameras werden umgemäht, alles fliegt in hohem Bogen durch die Luft. Es ist zum Totlachen! Das Gespann von Will und Victor zischt davon wie eine Rakete. Victor, der den Start verschlafen hat, läuft hinter seinem Schlitten her ... Will ist offensichtlich machtlos, er kann seine Hunde nicht bremsen ... Insgeheim triumphiere ich, denn schließlich haben wir die Leute vorgewarnt: Schlittenhunde scheren sich nun mal den Teufel um Drehbücher.

Wir nehmen Abschied. Morgen beginnt das große Abenteuer

Für ein paar armselige Filmmeter brauchen wir nicht weniger als dreißig Anläufe. Ich finde es köstlich, wie unsere Hunde den Kameras eine lange Nase drehen und einen wahren Veitstanz vor den verblüfften internationalen Medien aufführen.

Es liegt etwas Wildes in der Luft, wie ein Vorgeschmack auf die kommenden Monate, auf die 6300 Kilometer, die wir in der grenzenlosen Leere dieses Kontinents zurücklegen werden ...

Endlich sind wir unterwegs! Die Seal-Nunataks-Hügel weichen hinter unseren Schlitten zurück. Drei weiße Kuppen und dazwischen ein paar graue Flecken an den Stellen, wo der nackte Fels hervorschaut. Wie drei große, liegende Seehunde sehen sie völlig unbeteiligt zu, wie wir uns immer weiter entfernen ... Minus 19° Celsius – eine Lappalie. Weiter im Süden wird es sehr viel kälter sein. Die Landschaft ist prächtig. Linker Hand ist alles flach, soweit das Auge reicht, und weiß, weiß, weiß ... mit subtilen Abstufungen, je nach Blickwinkel und Lichteinfall. Von nahem gesehen, wirkt alles einheitlich weiß, aber in der Ferne dominiert ein kalter, ins Bläuliche hinüberspielender Farbton, der einen das Frösteln lehrt. Rechts zieht die Gebirgskette vorüber, die die Antarktische Halbinsel einrahmt. Wir sehen sie nur von ferne, diese majestätischen Berge, sie sind gut 20 bis 30 km weit weg. Dicke Wolken hängen sich an ihre Gipfel, wie Riesengestalten aus einer anderen Welt.

Heute legen wir nur ein paar Kilometer zurück, zum Aufwärmen sozusagen. Ich bin ein bißchen müde, körperlich ziemlich schlapp, aber die Begeisterung hilft mir darüber hinweg. Die lange Reise hat für mich noch nicht wirklich begonnen. Hoffen wir, daß sich das morgen ändert...

28. Juli 1989
−8 °C am Morgen, −19 °C am Abend, ein schöner, windstiller Tag.

Das Kamerateam, das uns noch ein paar Tage begleitet, filmt aus Leibeskräften. Einfach ist das nicht, denn die Hunde spielen immer noch verrückt. Sie stieben davon, wie es ihnen gerade paßt, und dann laufen sie, was das Zeug hält. Kein Wunder, wenn man bedenkt, daß sie zwei Monate lang kein Training mehr gehabt haben. Laurent Chevalier und seine Filmcrew fordern uns viel Geduld ab, und Geoff kann seinen Ärger kaum noch verbergen. Allerdings trägt er auch nichts dazu bei, die Sache erträglicher zu machen. Will ist nervös, er bittet mich, die Gemüter zu besänftigen. Das sind zwar nur kleine Mißstimmigkeiten, sie lösen aber starke Bedenken in mir aus. Wir sind völlig aufeinander angewiesen, wir werden monatelang in totaler Isolation in diesem weißen Niemandsland überleben müssen, und nun machen sich bereits am zweiten Tag Spannungen bemerkbar. Wie wird das erst in sieben Monaten sein, wenn wir Mirny auf der anderen Seite des Kontinents erreichen? Falls wir überhaupt so weit kommen... Aber solche Gedanken darf man gar nicht erst aufkommen lassen.

Im übrigen hat sich alles in Wohlgefallen aufgelöst, als die Sonne um drei Uhr nachmittags hinter den Bergen versinkt. Ein langer Winterabend beginnt auf der Halbinsel. Trotz der Kälte und der frühen Dunkelheit finden wir es sehr gemütlich im Zelt. Wir haben unseren Kocher und unsere Petroleumlampe. Wir können ohne Handschuhe schreiben und essen und sogar unsere Kleider trocknen. Ein unerhörter Luxus, verglichen mit den elenden Lebensbedingungen während meiner einsamen Nordpolreise!

Wir sind zu zweit pro Zelt. Keizo und ich hausen für die nächsten zwei Monate zusammen. Keizo ist mit seinen 32 Jahren das jüngste Expeditionsmitglied. Er ist ein schweigsamer, angenehmer Zeltgenosse, mit dem man problemlos auskommt. Seine Teilnahme an »Transantarctica« verdankt er einer Begegnung mit Will Steger in den USA. Will hat ihm seine Chance gegeben – ein Umstand, der mich an meine eigenen Anfänge erinnert, als Eric Tabarly mich auf die Weltumseglung an Bord der Pen Duick 6 mitnahm. Keizo sagt, es sei für ihn immer noch wie ein Märchen. Der Glückliche, er braucht sich nicht mit der mühsamen Organisation herumzuschlagen.

Keizo ist in Osaka geboren, er hat Wirtschaftswissenschaften studiert und dann seine erste Stelle bei Panasonic hingeworfen, um die Sahara auf dem Fahrrad zu durchqueren. In Japan hat man wenig Verständnis für solche Eskapaden, und er brauchte sich dort gar nicht erst um einen neuen Job zu bemühen. Deshalb lebt er seit drei Jahren in Amerika, wo er als *musher* in einer großen Hundezucht in Colorado arbeitet. Mit den Polarregionen hat er erst während unserer gemeinsamen Grönland-Durchquerung Bekanntschaft gemacht. Es war eine 2000-Kilometer-Expedition vom Süden bis zum äußersten Norden dieser »Antarktis« der nördlichen Hemisphäre. Wir haben diese Reise als Vorbereitung und Training für »Transantarctica« gemacht. Keizo ist ein besonnener, geduldiger Mensch. Er ist alles andere als redselig, und er hat keine übertriebenen Ansprüche, was den Alltag angeht. Das zählt hier, wenn man auf so engem Raum, in einem Zelt von zwei Metern Durchmesser, zusammenleben muß.

29. Juli 1989
– 9 °C am Morgen, 0 °C am Abend, schönes Wetter.

Komisch, bei Keizo hat man immer das Gefühl, daß er sozusagen aus einem dichten Nebel auftaucht. Aber vielleicht liegt das auch an unserem unterschiedlichen kulturellen »background«, oder an der

Wenn man monatelang auf engstem Raum zusammenleben muß, ist ein gutes gegenseitiges Verhältnis viel wert

Sprachbarriere. Mein Englisch und sein Englisch, das sind wirklich zwei Paar Stiefel. Der Japaner läßt sich viel Zeit mit seinen Antworten, und oft kommt seine Reaktion völlig verspätet. Heute morgen zum Beispiel. Alle waren aufbruchbereit, und Will hat das Startsignal gegeben, da fällt Keizo natürlich ein, daß er etwas Wichtiges vergessen hat, nämlich einem seiner Hunde einen Strumpf überzuziehen. Er verhätschelt seine Hunde wie eine Mutter ihr Baby. Aber zum Glück regt sich keiner über seine Trödelei auf, wir kennen das alle schon und erwarten gar nichts anderes von ihm. Keizo ist eben ein Träumer, und davon gibt es leider nicht mehr allzu viele. Eine liebenswerte Eigenschaft, finde ich.

Gegen Mittag wird unser Marsch abrupt unterbrochen. Victor, unser Russe, der seit heute morgen vorausläuft und die Spur zieht, dreht sich plötzlich um. Er fuchtelt mit seinen Skistöcken über dem Kopf herum, zum Zeichen, daß wir die Meute anhalten sollen, und brüllt aus vollem Hals: »Vorsicht, Spalte!«

Achtung, Gletscherspalte!

Es ist bisher die erste auf unserem Weg. Victor hat sie im allerletzten Moment bemerkt, sie war hinter einer Eisdüne verborgen. Die Spalte wäre groß genug, um uns alle mitsamt unseren drei Gespannen zu verschlingen. Wir stehen bestürzt vor dem klaffenden Abgrund und bekommen nachträglich noch weiche Knie. Da kann einem wirklich angst und bange werden! Auf solche gähnenden Risse in Eis und Schnee muß man in der Antarktis ständig gefaßt sein. Es sind gefährliche, ja tödliche Fallen, denn sie tauchen völlig unvermutet auf, ohne jede Vorwarnung. Schweigend sehen wir uns an. Von jetzt an heißt es höllisch aufpassen!

Die Bergkette nähert sich allmählich: riesig, majestätisch. Heute morgen bei Tagesanbruch war sie in rosiges Licht getaucht, aber jetzt, bei Sonnenuntergang, wirkt sie finster, abweisend, bedrohlich. Bevor die Sonne ganz hinter den Gebirgszacken verschwindet, tritt sie zwischen zwei Wolken hervor, und ihre schräg einfallenden Strahlen verbreiten ein magisches gelbes Licht, das ich nie vergessen werde. Die Schönheit dieser Halbinsel ist überwältigend, das Licht so unwirklich, daß einem der Atem stockt. Bevor ich mich ins Zelt verkrieche, werfe ich einen letzten Blick auf diese Traumwelt. Unter dem unendlich reinen Himmel erlebe ich einen Augenblick äußerster Klarheit und vollkommenen Friedens. Ich werde ruhig schlafen.

31. Juli 1989
−17 °C morgens, −12 °C um 18.00 Uhr, −4 °C um 20.00 Uhr, denn inzwischen ist Westwind aufgekommen.

In der Ferne taucht ein Hindernis auf: ein riesiger Berg, der auf der Karte nicht eingezeichnet ist. Geoff, unser Navigator, stellt fest, daß er vom Kurs abgekommen sein muß. Er hält an und versammelt uns alle um seinen Schlitten.

»Unsere Richtung stimmt nicht ganz«, verkündet er mit besorgter Miene. »Ich kann es mir nur damit erklären, daß ich die Deklination auf der Karte falsch interpretiert habe.«

Ich hatte den Fehler bereits bemerkt, sobald das Hindernis in Sicht kam, und zwar mit Hilfe meiner Polaruhr unter Berücksichtigung des Sonnenstandes. Geoff hat sonst nur schräge Blicke für meine Superuhr übrig, er nennt sie »the toy«, und es kostet ihn sicher viel Überwindung, als er mich jetzt fragt: »Könntest du bitte mal mit deinem *Spielzeug* nachprüfen, ob wir noch auf dem richtigen Kurs sind?«

»Na ja, nicht ganz, Geoff. Nach meinem Sonnenkompaß sind wir etwa 20 Grad westlich von unserer Route.«

Es folgt eine etwas gereizte Debatte. Laurent Chevalier schwirrt mit der Kamera auf der Schulter um uns herum. Als Künstler ist er darauf aus, jede noch so leise Gefühlsregung in dieser eisigen, menschenfeindlichen Einöde einzufangen.

Ich glaube, von da an ist das Kamerateam ein rotes Tuch für Geoff. »Die filmen mich immer nur im unvorteilhaftesten Moment«, beklagt er sich später bei mir.

Geoff ist eine sehr eigenwillige Persönlichkeit, das muß man sagen. Er ist vor vierzig Jahren im Sudan geboren, »zu einer Zeit, als wir noch respektiert wurden«, wie er betont. Er hat seine Schulzeit im Internat eines Benediktinerordens in England verbracht, und seine Erziehung war extrem hart. Die Prügelstrafe war damals noch gang und gäbe, bei jeder Gelegenheit hagelte es Schläge. Hände in den Taschen: zwei Stockhiebe. Jacke nicht richtig zugeknöpft: ein Stockhieb . . . Resultat: Geoff ist ein Muster an Disziplin und Unerbittlichkeit. Aber er ist gegen sich selbst genauso hart wie gegen andere. Nur ein Beispiel: Die Antarktis war schon immer sein Traum, aber die »British Antarctic Survey« hat sehr strenge Auswahlkriterien, und Geoff konnte die umfangreichen Anforderungen nicht alle erfüllen, zum Beispiel Klettern und Bergsteigererfahrung . . . Also eignete er sich in sieben Jahren mit eiserner Zähigkeit und Geduld sämtliche ihm noch fehlenden Fähigkeiten und Kenntnisse an. Sieben Jahre verbissener Arbeit – aber am Ende konnte er mit einem lückenlos ausgefüllten Fragebogen aufwarten. Der zuständige Beamte war völlig sprachlos, als Geoff mit dem völlig vergilbten und längst veralteten Formular aufkreuzte. Aber Geoff konnte seinen Traum von einem Leben in der Antarktis endlich doch noch verwirklichen. Er hat drei Jahre auf der Halbinsel gelebt und Hundeschlitten für diverse wissenschaftliche Expeditionen geführt. Mit seiner unglaublichen Ausdauer hat er es zum »maître-chien«, zum Gespannführer, der British Antarctic Survey gebracht.

Geoffs Leben ist bis ins kleinste durchorganisiert. Er zeichnet gewissenhaft jedes noch so geringe Detail auf. Sein Tagebuch ist vollgepackt mit Zahlen und Beobachtungen aller Art. Eine Manie, die manchmal schon ans Lächerliche grenzt. Aber seine vielen guten Seiten wiegen alles andere auf. Er ist absolut zuverlässig und ehrlich, ein Mensch, der sich vor keiner Aufgabe drückt. Er ist immer da, wenn man ihn braucht, und jederzeit bereit, Hand anzulegen, wo es nötig ist.

Sein Gespann ist ein Wunder an Disziplin, das einzige, das aufs Wort gehorcht. Wenn er HO! ruft, halten die Hunde auf der Stelle an. Bei SEAT! setzen sich alle wie ein Mann. Will er losfahren, sagt er nur: »O.K.?«, und schon stehen alle Hunde gleichzeitig auf. UP! – und die ganze Meute trabt auf einen Schlag los. Das muß man gesehen haben! Bei den Hunden von Will und Keizo ist das anders, da wirkt alles viel spontaner, verspielter. Die Organisation ist flexibler, um es einmal milde auszudrücken. Denn soviel ist sicher, es gibt Augenblicke, da kann man Wills und Keizos Gespanne nur als »Sauhaufen« bezeichnen.

Jeden Morgen trainiert Geoff seine Leithündin Thule. Sie ist das einzige Weibchen in der ganzen Hundemeute, und das verschafft ihr natürlich einen Sonderstatus. Geoff hat ein sehr inniges Verhältnis zu ihr, er behandelt sie fast wie eine Tochter oder eine Geliebte. Aber wir hüten uns, eine Bemerkung darüber zu machen, für solche Scherze hätte er wahrscheinlich wenig Verständnis, und er kann sehr empfindlich sein. Das werde ich später noch zu spüren bekommen.

Geoff bindet sich also jeden Morgen ein Seil um die Hüften und läßt Thule in einem Abstand von fünf bis sechs Metern vor sich hergehen. Dann kommandiert er: »Nach rechts! Nach links!« Sie soll lernen, auf diesem Gelände ohne jede Orientierung nach der richtigen Seite abzubiegen. Das ist eine harte Aufgabe, denn die meisten Hunde sind die Umgebung von Ely in Minnesota gewohnt, und hier, wo es absolut nichts gibt, keinen Baum, keinen Strauch, keine Gerüche, sind sie völlig orientierungslos. Das heißt, sie müssen neu geschult werden. Und so können wir am frühen Morgen das Gespann Geoff-Thule, Mensch und Hund, bei ihrem Stop-and-Go-Tanz auf dem jungfräulichen Eis bewundern. Wenn Geoff die Dinge in die Hand nimmt, klappt alles wie am Schnürchen, darauf kann man sich verlassen.

1. August 1989

Seit heute nacht nimmt uns die Antarktis für voll. Ein heftiger Wind ist aufgekommen. Er fegt mit 80 km/h von den Bergen herunter. Die Zelte sind nicht sehr gut befestigt, weil das Eis so hart ist, aber sie halten trotzdem. Draußen kann man sich nur mit Mühe aufrecht halten, denn die Eisfläche ist spiegelglatt, und die Windstöße sind gnadenlos. Auch unseren Hunden bleibt nichts erspart. Der Schnee, in dem sie sich normalerweise eingraben, fehlt auf diesem Teil der Halbinsel. Zum Glück ist es nicht kalt, nur −5 °C ... Für einen Polarhund nicht der Rede wert. Wenn das Wetter morgen schön ist, kommt das Flugzeug und holt unsere Filmcrew ab ... und unsere letzten Briefe.

Meine liebe Sylvie,

es sind jetzt erst drei Wochen her, daß uns dieses Abenteuer trennt, aber manchmal kommt es mir wie eine Ewigkeit vor. Der Aufbruch war so plötzlich und voller Aufregungen, daß ich erst einmal Zeit brauche, um mich innerlich auf die Gegenwart einzustellen. Dieser Kontinent duldet keine Schwäche, und das hilft mir sehr. Das Licht ist einzigartig, denn die Sonne steigt nur sehr wenig über den Horizont. Ich bade meine Augen in dem unendlichen Blau des Himmels, dem reinsten Blau, das ich je gesehen habe, und ich lerne allmählich, daraus Nahrung für meinen Geist zu beziehen, was hier dringend notwendig ist.

Die Tage sind sehr kurz, die Abende und Nächte endlos. Ich schreibe dir in unserem engen Zelt, wo ich an dich denke und von dir träume.

J. L.

4. August

Wegen der schlechten Wetterbedingungen konnte das Flugzeug immer noch nicht kommen. Am Morgen war es noch schön, aber gegen 14.00 Uhr kam ein starker, eisiger Südwind auf. Die Temperatur ist in wenigen Stunden um 14 Grad abgesunken. Wir wären fast weggefegt worden, als wir unsere ultraleichten Zelte aufbauten. Es war ein harter Kampf, bis alles unter Dach und Fach war.

Um 18.00 Uhr versuchen wir, Verbindung mit der Außenwelt aufzunehmen. Die abendliche Funksitzung macht unser japanisch-französisches Zelt häufig zu einem allgemeinen Treffpunkt. Jeder hofft insgeheim auf Nachricht aus seiner Heimat. Aber leider werden wir meistens enttäuscht. Criquet gibt uns von Puntas Arenas aus den Wetterbericht durch, danach unsere genaue Position, und dann beendet er den Kontakt mit seinem ewigen »Wiedersehen, gute Nacht, bis morgen um achtzehn Uhr«. Aber am nächsten Abend tauchen alle mit denselben Hoffnungen wieder auf...

Heute abend dagegen hat sich keiner zu unserem Zelt herübergewagt, denn der Wind fegt jetzt mit über 100 km/h über uns weg.

Trotz des Höllenlärms habe ich unsere Position über Funk empfangen: 66°S, 62°13'W. Das ARGOS-Positionssendegerät funktioniert ausgezeichnet. Man folgt uns auf dem Fuß! Zum erstenmal auf dieser Reise höre ich die Véronique-Samson-Kassette, meine Lieblingskassette, die mit mir um die ganze Welt gereist ist und mich auch auf meinem einsamen Marsch zum Nordpol begleitet hat. Die Musik kann das Sturmgebrüll und die knatternden Zeltwände kaum übertönen. Der Lärm ist so ohrenbetäubend, daß ich mich mit Keizo nur schreiend verständigen kann. Véroniques Kassette habe ich schon tausendmal gehört, jedes Wort ruft Erinnerungen in mir wach. Es ist wie eine Offenbarung: Die Musik singt mir mein ganzes Leben vor . . .

Ich denke an Sylvie, aber ich fühle keinen Schmerz mehr, im Gegenteil, es gibt mir Kraft.

Der Wind greift jetzt mit doppelter Gewalt an. Draußen heulen die Hunde unter den Sturmböen. Diese Umgebung ist schrecklich, unmenschlich, maßlos. Aber so paradox es klingt, es ist trotzdem ein schönes Gefühl, hier zu sein, sich mit den entfesselten Naturgewalten zu messen . . . Ich will jetzt versuchen, ein bißchen zu schlafen.

6. August 1989

Das schlechte Wetter hat uns in die Zelte verbannt. Der Wind ist sehr heftig, mit wütenden Sturmböen, die über 150 km/h erreichen. Die Sicht ist gleich Null, so daß wir nicht einmal das nächststehende Zelt erkennen können. Keine Rede davon, auch nur die Nase aus dem Zelt zu stecken, das wäre der helle Wahnsinn! Bei diesem Blizzard genügt eine einzige heftige Attacke, und schon sind alle Markierungspunkte ausgelöscht. Dann bleibt nur eins: sich nicht von der Stelle rühren und warten, bis man sein Ziel wieder einigermaßen erkennen kann. Man darf ja nicht den Fehler machen, in Windrichtung weiterzumarschieren, denn sobald man sich umdreht, wird man von den scharfen Eiskristallen derart geblendet, daß man vollends jede Orientierung verliert.

Bei unserer Expedition prallen die unterschiedlichsten Persönlichkeiten und Motivationen aufeinander. Dennoch haben wir alle eines gemeinsam: Wir sind stolz, dabeizusein. Zwei von uns sind in offiziellem Auftrag hier: Victor, der Russe, und Daho, der Chinese. Für Keizo, den Träumer, ist alles ein wunderbares Märchen, und was ihn angeht, habe ich keinerlei Bedenken. Bei Geoff ist das anders. Er kann sich nicht so recht mit seiner Rolle innerhalb des Teams abfinden. Er hätte sicher gern mehr Autorität, mehr Einfluß auf die Gruppe. Er besitzt ja auch tatsächlich die Fähigkeiten, eine Expedition auf diesem Gelände zu führen. Ich spüre, daß er unter diesem Mangel leidet, aber bei seiner Selbstdisziplin und Verschlossenheit dringt wenig davon nach außen. Zum Glück.

Will und ich, die beiden »Chefs«, sind mit vergleichbaren »Egos« ausgestattet. Unsere gemeinsame Führungsposition gestaltet sich von Anfang an problematisch. Die Atmosphäre unserer Expedition leidet schon jetzt unter dieser Doppelbesetzung an der Spitze, auch wenn bisher alles gutgeht. Statt zwei Expeditionsleitern bräuchten wir viel eher einen, und zwar einen, der den ursprünglichen Geist unseres Unternehmens wachhält. Ich habe den Eindruck, daß diese Rolle nach und nach mir zufallen wird. Ich weiß, daß Will sich auch in den schlimmsten Situationen bewähren wird, daß auf ihn absolut Verlaß ist, aber er ist oft wie geistesabwesend, viel zu weit weg mit seinen Gedanken, um sich Tag für Tag mit den kleinen Alltagsproblemen der Männer auseinanderzusetzen. Er reagiert meistens nur, wenn er selbst von irgendwelchen Spannungen betroffen ist. Der Motor unserer Expedition muß aber kontinuierlich gespeist werden, und das geht nicht ohne ein gewisses Maß an Kompromißbereitschaft und Einmütigkeit. Wir müssen alle an einem Strang ziehen, wenn wir etwas Gutes zustande bringen wollen. Ich bin sicher, daß ich damit bei Keizo, Daho, Victor und Geoff nicht auf taube Ohren stoßen werde, aber andererseits läßt sich eine Atmosphäre gegenseitigen Vertrauens nicht von einem Tag auf den andern herbeizaubern. Und die harten Lebensbedingungen, das extreme Klima, die Sprachbarrieren tragen nicht gerade dazu bei, die Zungen zu lösen. Trotzdem, für mich bedeutet das eine Herausforderung, der ich mich stellen will. Wenn ich ein bißchen nachhelfe, wird es schon gehen, denke ich.

Will Steger ist ein Mensch, der von einem Extrem ins andere fällt. Wenn alles glattgeht, wenn er gut aufgelegt ist, dann ist er einfach unwiderstehlich. Aber wehe, wenn es Probleme gibt! Dann kann er sehr heftig und ausfallend werden. Er läßt seine Wut an allem aus, was ihm gerade in die Quere kommt – an einem Schlitten, einem Skistock oder sonst einem harmlosen Ausrüstungsgegenstand –, ganz egal. Hauptsache, er kann Dampf ablassen. Er schreit auch die Hunde an, aber die kennen ihn und lassen seine Wutausbrüche unerschütterlich über sich ergehen, mit der Geduld und Intelligenz, die für ihre Rasse charakteristisch ist. Zum Glück richten sich seine Aggressionen niemals gegen die anderen Männer, die jedesmal völlig verdattert sind, wenn er seine one-man-show abzieht.

Will hat ein abenteuerliches, unstetes Leben geführt, bevor er schließlich nach Minnesota zurückgekehrt ist, per Anhalter, mit einem Zuckerkarton als einzigem Gepäck. In dem Karton lag Zap, der künftige Stammvater seiner Meute und die Grundlage seiner neuen Existenz ...

7. August 1989
Strahlend schöner Tag, 66°05'S, 62°20'W.

Das Filmteam ist endlich zurückgeflogen. Jetzt sind wir zum erstenmal zu sechst. Allgemeine Hochstimmung, als die drei Gespanne in Richtung Süden davonstürmen, auf einer bläulichen, sehr gut befahrbaren Eisdecke. Der Wind ist abgeflaut. Die Stille ist schwer, beruhigend, tief. Eine unendliche Stille. Die Sonne, das Eis und die Berge zeigen sich in ihrer ganzen unerhörten Pracht. Die Luftspiegelungen am Horizont gaukeln uns einen Strand bei Ebbe vor. Alles ist von atemberaubender Reinheit. Die Welt im Urzustand. Hier ist sich unser Planet seit seiner Erschaffung gleich geblieben. Reinheit – dieses Wort geht mir nicht mehr aus dem Kopf. Ich bin ganz betäubt von soviel Schönheit, der unglaublichen Stille, es ist fast zuviel für mich.

Heute morgen kommen wir sehr schnell voran. Gute Piste, −25°C, leichter Südwind, Sonne, ideale Bedingungen ... das Leben ist schön.

Den Hunden hat der Blizzard in den letzten beiden Tagen gar nichts ausgemacht. Unglaublich, wie gut diese Tiere für die Kälte ausgerüstet sind. Sie sind phantastisch in Form. Die buschigen Ruten ragen stolz in die Luft, die Pfoten trappeln eifrig dahin ...

»Good boys, good boys ...«

Keizo ist im siebten Himmel. Er lobt seine Hunde ununterbrochen: »Good boy Kinta, good boy Chinook, good boy Kutaan, good boy Monty ...«

Monty dreht sich zu seinem Herrn um, und Keizo ist entzückt, denn Monty ist sein heimlicher Liebling. Monty hat sich auf diesem Gelände von Anfang an am besten zurechtgefunden, daran besteht kein Zweifel. Aber er ist auch ein richtiger Antarktishund, er ist in der neuseeländischen Scott-Basis zur Welt gekommen. Jetzt ist er also in seine Heimat zurückgekehrt. Ob er das spürt?

Monty sieht mit seinem dichten Fell eher wie ein grauschwarzer Löwe aus. Er ist ungeheuer kräftig und gedrungen und läuft auf stämmigen, nicht sehr hohen Beinen. Seine Augen sind pechschwarz, was ihm einen ziemlich strengen, finsteren Blick gibt. Mit seiner runzligen Schnauze sieht er aus, als ob er ständig angestrengt über etwas nachdenkt. Monty hat Bärenkräfte. Er und sein Zwillingsbruder Herby sind an vorderster Front, wenn es gilt, beim Start die Schlittenkufen aus dem Eis loszureißen. Monty ist ein stolzes Tier, Vorwürfe mag er gar nicht. Wenn ich ihm mit dem Skistock einen leichten Klaps auf sein Hinterteil gebe, dreht er den Kopf zu mir um, als ob er sagen wollte: »Was geht das dich an? Ich weiß schon selber, was ich tun muß ...« Monty hat allerdings eine kleine Unart: Er pißt gegen jeden Eisblock. Und das, obwohl wir den Hunden jeden Morgen zwanzig Minuten Zeit für ihr Geschäft lassen und außerdem unterwegs immer wieder anhalten. Aber das ist wohl seine Methode, Kräfte zu sparen. Monty ist ein Routinier, sieben Jahre alt, der älteste Hund der ganzen Meute, ein richtiger Weiser. Bei jedem Halt legt er sich auf die Seite und schläft sofort ein. Der ideale Antarktishund!

Überhaupt, unsere Hunde! Kein Vergleich mit den blauäugigen, überzüchteten Huskies, den Rennchampions, die einen superleichten Ein-Mann-Schlitten in rasendem Tempo über den Schnee ziehen. Monty und seine Brüder sind Zughunde, sie laufen nicht, sie marschieren. Sie legen zwar immer mal wieder einen kleinen Ga-

Monty, mein Leithund, ist das älteste Tier aus der ganzen Meute

lopp ein, aber sie fallen dann schnell in ihren gewohnten Trott zurück, denn sie sind sehr massiv gebaut, und bei zu hohem Tempo geht ihnen einfach die Puste aus.

Dafür ziehen sie wie der Teufel! Unmöglich, mit so einem Hund an der Leine in den Straßen von Paris herumzuspazieren. Ein Ruck, und man würde hinter ihm herschießen wie der Schlitten, für den er einen vermutlich halten würde. Sie sind richtige »Elite-Zieher«, das bekommt man zu spüren, wenn man sie am Halsband packt; dann werden auch wir unweigerlich mitgeschleift, obwohl wir ja daran gewöhnt sind. Wir helfen uns, indem wir ihre Vorderpfoten vom Boden hochziehen, obwohl sie zwischen 40 und 50 kg wiegen. So kommt man leichter mit ihnen klar.

Die Hunde sind ausgesprochen gutmütig und anhänglich, auch wenn einige von ihnen einen ganz speziellen Charakter haben. Monty und Herby zum Beispiel mögen keine kleinen Kinder. Wenn

Kinder um sie herum sind, muß man höllisch aufpassen. Es könnte leicht passieren, daß sie zuschnappen. Vielleicht reizt sie die wehrlose Beute...

Aber, wie gesagt, insgesamt sind sie sehr lieb. Zahme Schoßtiere sind sie allerdings nicht...

Die Hunde kennen keine andere Wärme als die, die sie während der Zeit im Bauch ihrer Mutter erlebt haben. Sie werden im Schnee geboren, und Schnee und Kälte sind von da an für immer ihr Begleiter, denn sie verbringen ihr ganzes Leben im Freien.

Hitze vertragen sie sehr schlecht, sie kann sogar ihren Tod bedeuten. Wir haben diese traurige Erfahrung bei einem Zwischenstopp in Kuba machen müssen. Dort verloren wir zwei Hunde, ein großer Kummer für uns. Das Thermometer zeigte dreißig Grad, und unsere Hunde trugen ihren Winterpelz! Dieser Pelz besteht aus zwei Schichten, den normalen Fellhaaren, wie sie alle Vierbeiner haben, und einer dicken festen Wolle, die zusätzlich zwischen dem Sommerfell hervorsprießt. Sobald es wärmer wird, verlieren die Hunde ihre »Wolle«, in Minnesota zum Beispiel im Juli, und von dorther stammen Dreiviertel unserer Hunde. Nur ein Viertel von unseren insgesamt vierzig Hunden kommt aus dem hohen Norden Kanadas, aus Igloolik, wo sie von den Eskimos aufgezogen wurden.

Alle Hunde – und es wurden nur sehr junge Hunde ausgewählt, etwa knapp ein Jahr alt – haben mehrere Trainingswinter bei Will Steger in Minnesota verbracht, bevor sie auf die große Reise gingen. Sie haben alle Wolfsblut in den Adern, und einige sind sogar das unmittelbare Ergebnis einer Kreuzung zwischen Wolf und Hund. Wir haben nur Männchen dabei, außer natürlich Geoffs schöner Thule, auf die er nicht verzichten wollte. Hundeweibchen lassen sich nämlich im allgemeinen leichter abrichten, sie sind aufmerksamer und bringen mehr Konzentration auf. Aber es ist eine heikle Sache, eine Hündin unter die Meute zu mischen, denn natürlich gibt es Probleme, wenn sie läufig wird. In dieser Hinsicht sollte Geoff mit seiner Thule noch einigen Ärger bekommen...

Bei dem heftigen Wind in den letzten beiden Tagen haben die Hunde, die die ganze Zeit auf sehr hartem Eis gelaufen sind, nicht genügend Schnee vorgefunden, um sich ihre Schlafiglus zu graben.

Deshalb bauten wir ihnen kleine Schutzwälle. Aber am nächsten Morgen sahen wir, daß sich die Hunde einfach daneben oder sogar obendrauf gelegt hatten! Daß sie so völlig ungeschützt schlafen können, hat mich doch sehr überrascht.

Manchmal fallen die Hunde ohne ersichtlichen Grund übereinander her. Es kann dabei zu sehr heftigen Kämpfen kommen. Dann muß man so schnell wie möglich einschreiten, bevor sie sich ernsthaft verletzen. Sie packen sich nämlich schnell an der Kehle, an den Ohren, an den Schnauzen. Eine gefährliche Sache, besonders wenn die ganze Meute an der Rauferei beteiligt ist. Normalerweise bricht der Streit nur zwischen zwei oder drei Hunden aus, aber das kann sich blitzartig auf die anderen ausweiten. Man sieht dann nur noch ein Knäuel von wütenden Pelzkugeln aufeinander losfahren... Wehe, wenn man nicht sofort dazwischengeht, um die Ruhe wiederherzustellen! Und man darf sich dabei keine Blöße geben, denn falls es einem nicht gelingt, die Hunde zu bändigen, verlieren sie den Respekt vor ihrem Herrn, und das könnte böse Folgen haben.

Bis jetzt konnte ich zwei Arten von Kämpfen beobachten: die ernsthafte, verbissene Form, bei der es ums Ganze geht, und dann die kurzen Scheingefechte, die lediglich dazu dienen, die Machtverhältnisse klarzustellen. Urplötzlich stürzt sich ein Hund auf den anderen, packt ihn an der Kehle und behält seinen eingeschüchterten Rivalen fest im Griff. Der macht zum Zeichen seiner Unterwerfung keinen Mucks mehr, und damit ist die Sache erledigt. Die Rangordnung ist für eine Weile wiederhergestellt, es kehrt Ruhe ein. Das heißt, bei unseren Hunden herrscht eigentlich niemals völlige Ruhe. Selbst wenn alle schlafen, ist immer einer drunter, der von wüsten Träumen geplagt wird und um sich schlägt, und da sie jeweils zu zweit angebunden sind, fühlt sich der Nachbar belästigt und wehrt sich mit einem drohenden Grrrr!, das nichts Gutes verheißt. Für diesmal ist der Frieden wiederhergestellt, aber kurze Zeit später geht es drei Hunde weiter von vorne los... und so fort. Wir müssen ständig mit einem Auge und einem Ohr bei unseren Hunden sein, um notfalls eingreifen zu können.

Am schwierigsten ist es immer, die Gespanne auf Trab zu bringen, wenn der Schlitten nach einem Halt am Eis festgefroren ist und losgerissen werden muß. Geoff ist in dieser Hinsicht zu beneiden. Seine bezaubernde dunkelgraue Thule mit den kastanienbraunen Augen und der feinen, spitzen Schnauze kann es kaum erwarten, sich an der Spitze ihrer neun Schlittengefährten in die Riemen zu legen. Bei Keizos Gespann dagegen ist es eine echte Geduldsprobe, die Hunde dazu zu bringen, daß sie alle gleichzeitig anziehen. Er ruft »Ready, guys! O.K.!«, und wenn sie Lust haben, funktioniert es, wenn nicht, passiert gar nichts... Dann muß man sie überlisten. Das heißt, wir packen die Hauptleine direkt vor dem Schlitten und zerren die Hunde nach hinten. Sie spüren, daß etwas hinter ihnen ist, und stürmen los – in etwa gleichzeitig. Danach läuft alles wie geschmiert. Wenn der Schlitten erst in Schwung gekommen ist, braucht man nur noch das Tempo zu halten. Allerdings muß man die Spannung der Zugseile überwachen. Es gibt nämlich ein paar Schlauberger, die nur so tun, als ob sie ziehen, während sie sich in Wirklichkeit einen faulen Lenz machen. Aber wir kommen ihnen schnell auf die Schliche – selbst in Geoffs vorbildlichem Gespann gibt es so ein Schlitzohr: Poppy, ein junges Tier aus dem hohen Norden Kanadas. Er ist wunderschön, ganz weiß, und diese Augen – durchtrieben ist gar kein Ausdruck... Alle drei Schritte schaut Poppy verstohlen nach hinten, um zu sehen, ob Geoff etwas gemerkt hat, damit er notfalls so tun kann, als ob er sich kräftig ins Zeug legt. Aber er hat keine Chance, der Arme, denn ganz zufällig geht Geoff immer neben ihm.

Der Südpol ist noch fern... Mirny am anderen Ende dieses Kontinents, der so groß ist wie Europa und die USA zusammen, erscheint mir unerreichbar. Ein wahrhaft monströses Unternehmen, auf das wir uns da eingelassen haben. An diesem zwölften Tag von *Transantarctica* wird mir bewußt, wie unendlich klein und nichtig wir sind, angesichts der grenzenlosen Weite dieses menschenfeindlichen Universums.

3 Unter der Kapuze

In voller Polarkluft, den Kopf unter der Kapuze, beschränkt sich unsere Sicht auf das, was sich unmittelbar vor uns abspielt: zwölf Hunderuten, die drollig in der Luft herumwackeln, darunter zwölf runde Löcher, die ab und zu etwas fallen lassen, zwölf Pelze in kräftiger Wellenbewegung, zwölf Ohrenpaare, die fortwährend hochschnellen... Viel Gekläff und Geknurre – aber sie ziehen! Mit einer Hand halten wir uns an der Schlittenstange fest, mit der anderen stoßen wir uns mit unserem einzigen Skistock ab.

Es gibt hier viel blaues, glattes, sehr schnelles Eis – zu schnell sogar. Auf diesen unberechenbaren Marmorplatten bekommen die Schlitten ein rasantes Tempo. Und die Hunde, die keinen Widerstand mehr spüren, laufen nur um so schneller. »HO, GUYS! HO... HO...« Keizo kann sie nicht mehr bremsen. Wir klammern uns mit beiden Händen an der Schlittenstange fest, die Skier quergestellt, und versuchen, das Gefährt unter Kontrolle zu behalten. Aber es ist unmöglich, der schwer beladene Schlitten schlingert nach allen Richtungen, und wir stehen Todesängste aus, daß er die Hunde überholt und unter sich zerquetscht.

»HO, GUYS! HO... HO....« Nichts zu machen.

Und schon ist die Katastrophe da: Der Schlitten stellt sich quer und blockiert mit einem brutalen Ruck. Er hat so viel Fahrt drauf, daß er noch zwei Saltos schlägt, bevor er endlich liegenbleibt. Die Hunde sind ganz betäubt von der Wucht, mit der sie in ihrem irren Lauf gebremst wurden. Keizo ist gut zwölf Meter weit weg geschleudert worden, aber es ist ihm nichts passiert. Uff! Dagegen hat der Aufprall böse Folgen für unseren Schlitten gehabt: eine Kufe ist der Länge nach aufgeschlitzt. Keizo und ich sind völlig niedergeschmettert, und zudem stehen wir ganz allein da, denn wir waren hinter den andern, und sie haben nichts gemerkt. Sie sind schon längst hinter dem Abhang verschwunden.

Eine lange, nervenzermürbende Stunde vergeht. Endlich taucht Daho auf. Völlig aufgelöst klettert er die Piste hoch. Er ruft uns etwas zu, aber ich kann es gar nicht glauben, ich muß mich wohl verhört haben:

»Will ist gestürzt, sein Schlitten ist zerbrochen!«

Keuchend kommt Daho schließlich bei uns an und wiederholt die böse Nachricht, so daß ich wohl oder übel daran glauben muß.

»Und ihr – was ist bei euch passiert?«

»Schau dir den Schlitten an«, sagte Keizo mit völlig verzweifeltem Gesicht.

Daho ist sprachlos ...

»Was wollt ihr jetzt machen?« fragt er uns schließlich. Ich bin der Meinung, daß wir versuchen sollten, den Schaden zu reparieren. Notfalls können wir aus den beiden unversehrten Kufen von Wills Schlittenwrack und unserem Schlitten einen neuen Schlitten zusammenbasteln.

»Zu spät«, meint Daho. »Will hat seine Kufen schon auseinandergesägt. Er will sich einen Mini-Schlitten bauen.«

Scheiße! Ich bin stocksauer über diese Voreiligkeit – eine miserable Kommunikation ist das – und noch dazu in so einem kritischen Augenblick. Und wieso passiert uns das ausgerechnet heute? Warum nicht gestern – dann hätte uns das Flugzeug die beiden Ersatzschlitten mitbringen können, die im Basiscamp auf der King-George-Insel deponiert sind. Aber das nützt uns jetzt auch nichts mehr. Es bleibt nur noch eins: den Schlitten in Eskimo-Manier zu reparieren, mit Schnur und Holzschiene.

Wir haben nur das allernotwendigste Werkzeug dabei: einen Hammer, eine Handsäge, einen Bohrer, eine Mehrzweckzange und vor allen Dingen ein Schweizer Messer. Für jedes Loch, das wir bohren, brauchen wir 10 Minuten. Um 16.00 Uhr, als es bereits dunkel wird, hören wir mit dieser höllischen Flickarbeit auf – unsere Füße sind nur noch Eisklötze. Um 18.00 Uhr gebe ich die unerfreuliche Nachricht über Funk durch. John Stetson ist ziemlich betroffen, als er hört, was passiert ist. Er fühlt sich verantwortlich, denn er hat die Schlitten fabriziert. Ein Twin-Otter-Flug würde uns 20000 Dollar kosten. Unmöglich! Es bleibt uns nichts anderes übrig, als den Schlitten so gut zu reparieren, daß er noch einen Monat, bis zur Rückkehr des Filmteams, durchhält.

Heute abend habe ich Radio France Internationale gehört. Wetter: der August ist trocken und heiß ... Urlauberströme, überfüllte

Ferienorte ... drei Personen mit schwerem Sonnenbrand ins Krankenhaus eingeliefert ... CGT sträubt sich gegen verkaufsoffenen Sonntag bei Ikealäden ... etc.

Trotz allen Problemen, die wir haben, ist es doch gar nicht so schlecht hier auf diesem anderen Planeten, auf dem eine Stille herrscht wie am ersten Schöpfungstag – oder am Ende aller Zeiten ...

Heute abend ist der Mond aufgegangen, aber verkehrt herum. Die Verbindung der beiden Sichelspitzen bildet hier ein »d« (dernier quartier – letztes Viertel) für das erste Viertel des zunehmenden Mondes und ein »p« (premier quartier – erstes Viertel) für das letzte Viertel des abnehmenden Mondes. Genau umgekehrt wie auf der nördlichen Hemisphäre.

9. August 1989
– 20 °C, bedeckter Himmel, gegen 15.00 Uhr ist ein heftiger Südwind aufgekommen, Schnee.

Unter diesen Bedingungen ist es nicht einfach, draußen herumzuwerkeln. Trotzdem verbringen Keizo und ich den ganzen Tag im Freien, um unseren ramponierten Schlitten wieder zusammenzuflicken. Geoff hat in seinem Zelt an Wills Mini-Schlitten gearbeitet. Und Victor hat sich aus den Resten von Stegers Schlitten ein eigenes Gefährt zusammengebastelt. Von nun an fahren die beiden mit getrennten Schlitten. Wills Schlitten ist auf die Hälfte verkürzt, hat aber zwei intakte Kufen. Der Schlitten des Russen ist winzig klein, ein echter Notbehelf, ein Schlittenprovisorium. Will bekommt sieben Hunde, Victor fünf. Morgen schlägt die Stunde der Wahrheit für diese kühnen Machwerke ...

Mir tun die Hände weh – ich habe Stunden damit zugebracht, mit meinem Schweizer Messer Löcher in ein 25 mm dickes Brett zu bohren. Und meine Finger sind völlig zerschunden vom Seilspannen.

Trotzdem möchte ich diese Tage nicht missen, wo uns das Abenteuer seinen Rhythmus aufzwingt und uns mit seinen wahren Dimensionen konfrontiert, mit dem Unvorhergesehenen, mit all seinen unberechenbaren Launen. Aus diesen unvermeidlichen

Schwierigkeiten entsteht das »Bindemittel«, das aus einzelnen Individuen ein Team macht.

Victor schleppt einen Rest Wodka an, Daho ein undefinierbares chinesisches Gebräu, eine ziemlich exotische Mischung, aber was soll's. Wir sitzen alle sechs dichtgedrängt in Geoffs Zelt und stoßen miteinander an.

Trotz dieser explosiven Alkoholmischung lassen sich die Sorgen nicht ganz abschütteln. Keizo traut unserem geflickten Schlitten nicht so recht. Aber ich beruhige ihn und behaupte einfach, daß der Schlitten jetzt viel stabiler sei als vorher. Will befürchtet, daß sein Schlitten zu kurz ist, um über die Eisspalten zu kommen.

»Und meiner erst«, ruft Victor. »Das ist kein Schlitten, das ist ein Antarktisfloß!«

Allmählich kommen wir in Stimmung. Daho schwebt auf Wolken, weil er ein bißchen zu tief ins Glas geschaut hat. Geoff trinkt nicht, aber er braucht sich auch keine Sorgen zu machen. Er benützt einen traditionellen Nansen-Schlitten, der sich bisher bestens bewährt hat.

»Sagt, was ihr wollt, mein Schlitten hätte genausogut in die Brüche gehen können«, behauptet er mit gespielter Unschuldsmiene.

»Ja, natürlich«, seufzt Will, »unsere sind nicht besonders stabil, vor allem die Kufen. Aber man muß doch auch mal was Neues ausprobieren, oder?«

Das ewige Gerangel: britisches Traditionsbewußtsein gegen amerikanische Neuerungssucht. Das war von Anfang an so, seit wir dieses Projekt in Angriff genommen haben.

Aber inzwischen haben wir eine eiserne und allgemein akzeptierte Grundregel: Für nationale Empfindlichkeiten und Rivalitäten ist kein Platz bei unserem großen gemeinsamen Abenteuer. In der Antarktis gibt es keine Grenzen, jeder ist hier ein Weltbürger, ein freies Individuum auf einem Kontinent, der der ganzen Menschheit gehört. Damit bekennen wir uns zum Geist des Antarktis-Vertrags, einem 1961 ratifizierten internationalen Abkommen, das diesen Teil der Welt regiert. Die Antarktis muß für alle Zeiten ein Kontinent der Forschung und des Friedens bleiben. Leider schützt dieser Vertrag den weißen Kontinent nicht vor der kommerziellen Ausbeutung seiner reichen Bodenschätze, und darin liegt eine große Bedrohung für dieses einzigartige Universum.*

Wir sind hier, um auf diese Gefahr hinzuweisen. Wir wollen mit unserer Expedition die Aufmerksamkeit auf dieses Problem lenken. Wenn man aber davon spricht, die Welt »retten zu wollen«, muß man zunächst einmal beweisen, daß man fähig ist, selbst seine Machtgelüste zu vergessen. Wenn man will, daß die Antarktis ein freier Kontinent bleibt, muß man sie vor jedem Ausbeutungsversuch schützen. Das sind nicht die Utopien eines unverbesserlichen Träumers, sondern der einzig mögliche Weg.

10. August 1989
66°18'S, 62°39'W, −20 °C, keine Sicht bis um 10.00 Uhr.

Es schneit, und die Sicht ist sehr schlecht. Ein »white out«: Himmel und Eisdecke gehen ineinander über, der Horizont verschwindet, alle Konturen und Orientierungspunkte sind ausgelöscht, so daß man weder die Distanzen noch die Unebenheiten des Geländes abschätzen kann. Was tun? Aufbrechen oder warten, bis die Sicht besser wird? Ich klappere die Zelte ab. Überall dieselbe Unentschlossenheit. Einerseits möchten wir gerne aufbrechen, um unsere geflickten Schlitten zu testen, andererseits fürchten wir eine neue Bruchlandung bei diesen miserablen Sichtverhältnissen.

Schließlich entscheiden wir uns doch für den Aufbruch. Geoff fährt voraus, um das Gelände zu erkunden und uns rechtzeitig vor gefährlichen Passagen zu warnen. Will folgt ihm ziemlich dicht mit seinem Mini-Schlitten und seinen sieben Hunden, hinter ihm Victor und sein »Antarktisfloß«, Keizo und ich bilden die Nachhut. Keizo starrt wie gebannt auf die Behelfskufe. Das Eis ist immer noch blau, heimtückisch blau. Stellenweise ist es sehr schwierig, die Geschwindigkeit und die Richtung zu kontrollieren. Wir halten beide den Atem an, wir sind auf das Schlimmste gefaßt. Aber nach

* Am 4. Oktober 1991 wurde ein Umweltschutzprotokoll zum Antarktis-Vertrag verfaßt, in dem die Vertragspartner tatsächlich auf die Ausbeutung der Bodenschätze der Antarktis verzichteten.

und nach finden wir unseren normalen Rhythmus wieder. Unser »Flickwerk« besteht die Feuerprobe, sogar bei einer Durchschnittsgeschwindigkeit von 30 Meilen pro Stunde. Das ist prächtig!

Victor hängt an einem Schlittenseil und kann sich nur mühsam auf den Skiern halten. Schließlich schnallt er die Skier ab und läuft zu Fuß hinterher. Er hat eine beneidenswerte Kondition, unser Russe.

Aber plötzlich verschwindet er in einer Spalte – bis über die Hüfte. Wir bleiben vor Schreck wie angewurzelt stehen, da schießt er genauso schnell, wie er verschwunden ist, wieder heraus: Seine Hunde reißen ihn buchstäblich aus der Falle, denn sie haben nichts gemerkt und laufen einfach weiter. Uff! Nach dem trügerischen blauen Eis kommt jetzt auch noch die Angst vor den Gletscherspalten.

Für Daho ist das unebene Gelände, das wir durchqueren, eine richtige Hölle. Die chinesische Regierung hat uns mit ihm zwar einen Glaziologen ersten Ranges anvertraut, aber ein guter Skifahrer ist er nicht gerade. Um die Wahrheit zu sagen, er kann überhaupt nicht fahren . . . Seit unserem Start in Seal Nunataks verrenkt er sich die Knochen, fällt ständig auf die Nase und verheddert seine Skier ineinander. Bei jedem Sturz klammert er sich mit aller Macht an den Schlitten, den er um keinen Preis loslassen will. Tagsüber beklagt er sich nie, aber abends, in der »Sprechstunde«, vertraut er mir seine Qualen an. Er hat fürchterliche Rückenschmerzen und läßt sich von mir einen Umschlag machen, den er selber vorbereitet hat. Ein chinesisches Hausmittel natürlich. Von unserer Medizin will er nichts wissen. Er macht sich auch Sorgen, weil er in der rechten Hand und im rechten Unterarm überhaupt kein Gefühl mehr hat. Armer Daho, er hat sich immer so verbissen an seinen Schlitten geklammert, daß seine Nerven eingequetscht wurden. Jedenfalls hat er einen eisernen Griff, das muß man ihm lassen. Seine Tapferkeit ist bewundernswert.

»Mach dir keine Sorgen, Daho, du hast schon große Fortschritte gemacht, seit wir unterwegs sind. Das wird schon noch werden.«

Das ist alles, was ich ihm sagen kann. Aber es beruhigt ihn, und das ist die Hauptsache. Was soll man auch anderes tun? Er muß sich eben durchbeißen. In der Antarktis gibt es keine Schonzeit.

»Weißt du, Jean-Louis, ich hab' schreckliche Angst, daß ich euch verliere, besonders, wenn ich mit Geoff ganz hinten bin. Deshalb klammere ich mich so fest an den Schlitten«, gesteht mir Daho.

Seine Ängste sind durchaus berechtigt. Er ist schon zweimal gerade noch mit einem blauen Auge davongekommen. Kälte und Wind haben uns von Anfang an nicht geschont, und so müssen wir unterwegs unsere Kapuzen überziehen. Mit der Augenmaske aber und dem zugeschnürten Pelzrand der Kapuze ist unser Sichtfeld natürlich sehr eingeschränkt. Deshalb passiert es öfter, daß Daho stürzt und Geoff nichts davon merkt. Daho kann dann noch so laut brüllen, der Engländer hört nichts unter seiner Vermummung und fährt mit seinen Hunden einfach weiter.

Geoff hat den Chinesen schon zweimal im Blizzard verloren und weit hinter sich gelassen. Ein Alptraum. Aber selbst der gewissenhafte, wachsame Geoff kann nicht ununterbrochen auf Daho aufpassen. Die beiden fahren deshalb jetzt immer an der Spitze, wenn das Wetter schlecht ist.

Mir ist dieses Mißgeschick auch schon passiert, ich weiß nur zu gut, daß das gar nicht lustig ist. Einmal bin ich etwa eine Stunde vor unserem Tagesziel gestürzt, und Keizo hat nichts gemerkt. Zum Glück war Will direkt hinter mir, ich konnte mich an seinen Schlitten anhängen. Aber nicht lange, denn gleich darauf stürzte ich wieder. Und Will merkte wieder nichts. Ich bin dann ganz alleine zum Camp marschiert, immer den Schlittenspuren hinterher, und man kann sich vorstellen, daß ich nicht gerade in strahlender Laune dort ankam. Seit diesem Erlebnis habe ich Keizo nie wieder verloren, und das, obwohl ich während der ganzen Expedition sein Schlittenpartner war.

Daho ist zwar nicht gerade sehr sportlich, aber er hat immerhin einige Antarktiserfahrung. Er war Leiter der chinesischen Basis »Great Wall Station«, und vor allen Dingen hat er mehrere Forschungsexpeditionen mitgemacht. Aber für solche wissenschaftlichen Expeditionen werden große, relativ komfortable und gut beheizte Raupenfahrzeuge eingesetzt, so daß man vor Kälte und Wind einigermaßen geschützt ist. Daho verließ das Fahrzeug nur, um Eisproben zu sammeln. Für ihn ist es also das erstemal, daß er bei so extremen Bedingungen im Zelt kampiert und über Monate weg ein Nomadenleben führt.

Zur Zeit haust Daho mit Geoff in einem Zelt. Die Diszipliniertheit des Engländers harmoniert sehr gut mit seinem eigenen Naturell. Geoff nimmt ihn unter seine Fittiche, und das ist für den Anfang ausgezeichnet. Er hilft ihm, sich in dieser für ihn ganz ungewohnten Situation zurechtzufinden. Beim Lageraufbau ist immer einer der beiden »inside man«, der andere »outside man«, wobei jeden Tag gewechselt wird. Eine kluge Aufgabenteilung, die Geoff von der »British Antarctic Survey« übernommen hat. Der »Außenmann« sichert das Zelt, baut eine Schutzmauer, falls man mit einem Sturm rechnen muß, er bindet die Schlitten fest und schafft die Eisblöcke für das Trinkwasser herbei. Wenn das alles erledigt ist, darf er ins Zelt kommen. Der »Innenmann« hat in der Zwischenzeit schon den Kocher angestellt und das Teewasser aufgesetzt.

Daho ist entzückt von Geoffs höflichen, distinguierten Umgangsformen. Er selbst stammt aus einer sehr vornehmen chinesischen Aristokratenfamilie mit zahlreicher Nachkommenschaft. Sein Vater war Professor an der Akademie für Tiermedizin in Landju. Alle seine Brüder und Schwestern sind Ärzte, Tierärzte, Ingenieure ... Die Familie war sehr wohlhabend, bevor Mao Tse-tung »dazwischenkam«. Daho wurde während der Kulturrevolution als »Intellektueller« gebrandmarkt und zur Umerziehung in ein Landarbeiterkollektiv geschickt. Trotzdem zieht er nicht über das politische Regime seines Landes her.

»Du kannst dir gar nicht vorstellen, wie arm die Leute bei uns waren. Es gab eine Zeit, da hatte manche Familie nur eine einzige Hose für die ganze Sippe! Heute ist die Armut nicht mehr so schlimm, und ich glaube, das ist eine gute Entwicklung.«

»Und was ist mit den Ereignissen auf dem Tienanmen-Platz?« frage ich ihn. »Was hältst du davon?«

»Ach, weißt du, ihr Europäer könnt das nicht verstehen. Wir sind ein sehr altes Volk, und unsere Traditionen werden euch immer fremd bleiben ...«, erwidert er und lächelt etwas verlegen.

Dieses Lächeln kenne ich bereits. Victor, unser Russe, lächelt ganz genauso, wenn die Rede auf heikle politische Themen kommt. Man spürt dahinter etwas ziemlich Schreckliches: eine konsequente Erziehung zum Verschweigen – nur nicht dran rühren..., die unheimliche Macht autoritärer politischer Systeme...

Obwohl Geoff der »musher« ist, nimmt sich Daho die Freiheit heraus, den Hunden ab und zu Befehle zu erteilen, immer in sehr autoritärem, scharfem Ton. Aber es schadet nicht viel, denn die Hunde ignorieren ihn vollkommen. Er führt sich auf wie ein Lehrer, der eine Klasse von randalierenden Halbwüchsigen bändigen muß. Ich habe es so gut wie nie erlebt, daß er mal einen der Hunde gestreichelt hat. Vielleicht liegt es daran, daß Haustiere in China ziemlich selten sind.

Tagsüber ist Daho vollauf mit seinem Spielzeug beschäftigt, dem Meßrad. Es ist hinten am Schlitten befestigt und zeigt die Entfernung an, die wir jeweils zurückgelegt haben. Ständig liest er das Instrument ab. Daho weiß genau, wie viele Kilometer wir seit unserem Start und an jedem einzelnen Tag zurückgelegt haben, wie viele wir noch bis zum Pol hinter uns bringen müssen, oder bis zur nächsten Etappe oder bis zum Indischen Ozean... Er hat ein phänomenales Zahlengedächtnis. Eine Eigenschaft, die ihm vermutlich hilft, die gewaltigen Dimensionen dieser Umgebung auf ein menschliches Maß zu reduzieren und so der unendlichen Leere etwas von ihrem Schrecken zu nehmen. Daho zählt die Kilometer, um sich zu trösten, und wahrscheinlich sagt er sich jedesmal: Schon wieder ein Stück geschafft. Wenn es doch bloß schon zu Ende wäre!

11. August 1989
–32 °C

Ich kann mich im allgemeinen nicht über Verdauungsprobleme beklagen. Das ist hier sehr wichtig, denn man kann seinen Hintern nicht allzu lange in die Luft halten. Sobald ich aufwache, treibt mich ein dringendes Bedürfnis aus dem Zelt. Natürlich habe ich es eilig, wieder hereinzukommen, aber heute morgen kann ich dem Zauber der Halbinsel nicht widerstehen und trödle ein bißchen herum. Im Osten bläulicher Schnee, so weit das Auge reicht, hinter dem Horizont dehnt sich die Schneedecke bis zum Weddell-Meer. Im Westen sinkt der Vollmond hinter die violetten Berge. Ich fühle mich wie auf einem anderen Planeten, so als ob ich die Erde von einer fremden Galaxie aus betrachte. Alles ist ungeheuer großartig und fremd, und eine tiefe Ehrfurcht erfaßt mich. Offenbar bin ich drauf und dran, mich in die Antarktis zu verlieben.

Wie bei einer Polarversion vom »kleinen Däumling« hat ein Flugzeug in regelmäßigen Abständen bis zum Südpol Lebensmittelvorräte für uns ausgestreut. Gegen zwölf Uhr erreichen wir das zweite Depot, das seit einem Jahr hier auf uns wartet. Es ist ein aufregendes Gefühl, mitten in dieser Leere auf menschliche Spuren zu stoßen. Eine schöne Belohnung für Geoff – er hat nicht nur die Vorräte im letzten Jahr hier deponiert, sondern hat sie jetzt auch gefunden. Das Depot liegt auf einer kleiner Anhöhe, und das bedeutet, daß uns eine Abfahrt mit vollbeladenem Schlitten bevorsteht. Der Hang ist gefährlich: bläuliche Eisdecke, die schlechte Erinnerungen in uns wachruft. Keizo hat ziemliche Bedenken, und so beschließen wir, eine Bremsvorrichtung an unserem Schlitten anzubringen, das heißt, wir umwickeln die Kufen mit viel Schnur, damit uns das Gefährt nicht durchgeht.

Der Schlitten ist so schwer, daß wir ihn nicht umkippen können. Ich muß das Eis unter den Kufen mit dem Eispickel aufhacken, damit wir die Schnur durchziehen können. Ich schiebe die Schnur auf meiner Seite durch, und Keizo, der bäuchlings auf dem Eis liegt, hangelt sie auf seiner Seite wieder heraus. Eine mühsame, zeitraubende Angelegenheit, aber der Japaner ist beruhigt. Die andern sichern ihre Schlitten auf dieselbe Weise.

Einmal tief Luft holen, und los geht's ... Die Sache verläuft dann ganz glimpflich. Als wir unten sind, machen wir die »Bremsen« wieder los. Unser Schlitten ist leicht angeschlagen, wieder dieselbe Kufe, aber insgesamt hat unsere »Handarbeit« ganz gut gehalten. Wenn sich der Schlitten unter solchen Bedingungen bewährt, brauchen wir uns für die Zukunft keine Sorgen zu machen.

Heute abend bei Sonnenuntergang erstrahlt ein tiefvioletter Himmel über dem blaßblauen Eis des Alexander-Bergs. Es ist wunderschön. Ja, dieser Tag ist der schönste, den uns die Halbinsel bisher beschert hat.

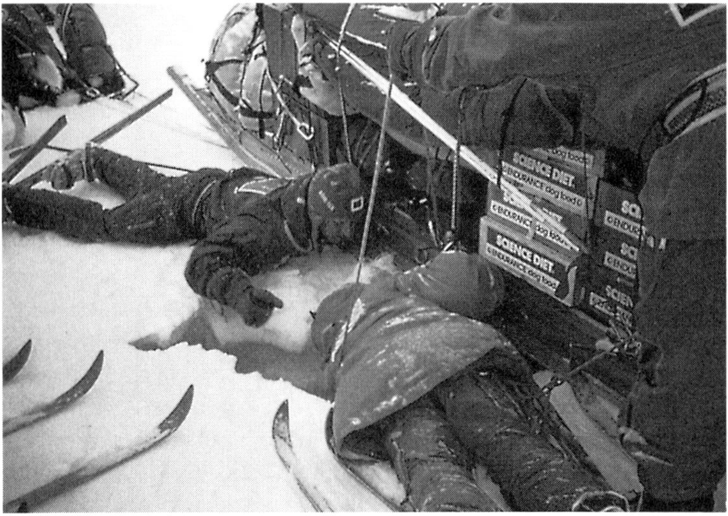

Als Bremsvorrichtung ziehen wir Schnüre unter dem Schlitten durch. Eine rechte Plackerei!

Endlich sind wir im Zelt, aber es ist verdammt kalt. Der Kocher bringt nur wenig Wärme. Die Zeltwände sind innen bis auf eine Höhe von dreißig Zentimetern mit einer Eisschicht bedeckt . . . Wir müssen dickere Kleider auspacken. Keizo kocht das Abendessen, ein japanisches Gericht. Es riecht sehr gut, aber er fürchtet trotzdem, daß mir die japanische Küche vielleicht nicht zusagt. Da irrt er sich . . . Während Keizo mit dem Abendessen beschäftigt ist, arbeite ich an einem Forschungsprogramm, das mir die Europäische Raumfahrt-Gesellschaft anvertraut hat. Täglich muß einer von uns seinen Urin über 24 Stunden hinweg sammeln und dann bei mir abliefern. Unter diesen Bedingungen ist natürlich keiner besonders versessen darauf, in die Flasche zu pinkeln. Am Ende des Tages ist der Urin hartgefroren, und ich habe die undankbare Aufgabe, das Zeug zu schmelzen, 5 ccm davon abzunehmen und in ein Teströhrchen zu füllen. Bei der Kälte muß ich mich zwei Stunden gedulden, bis ich die Probe entnehmen kann – der Urin läßt sich Zeit mit dem Auftauen.

Diese Urinsammlung dient als Grundlage für eine Reihe von Tauglichkeitstest, mit deren Hilfe die europäischen Astronauten für eine künftige bemannte Raumstation ausgewählt werden sollen. Es könnte sich dabei, wie bei uns, um sechs Kandidaten verschiedener Nationalität handeln.

13. August 1989
Bedeckter, grauer Himmel, – 35 °C.

Gestern war ich heilfroh, als wir endlich alles unter Dach und Fach hatten. So erschöpft war ich schon lange nicht mehr. Trotz unserem inzwischen recht gut eingespielten Ritual müssen wir anderthalb Stunden pausenlos schuften, bis wir uns endlich aufwärmen können. Nach dem Essen ist die Funksitzung an der Reihe, die ARGOS-Positionsbestimmung, das medizinische Forschungsprogramm, sämtliche Kleider müssen getrocknet werden … Ich hatte keine Kraft mehr, mein Tagebuch hervorzuholen. Dabei hätte ich ein wichtiges Ereignis zu vermelden gehabt: Will, Keizo und ich haben zum erstenmal in unserem Leben den antarktischen Polarkreis überschritten! Eine symbolträchtige Handlung, ein großer, aufwühlender Augenblick.

Die klimatischen Bedingungen werden immer extremer. Unsere Gesichter sind auch heute wieder ganz zerschunden von der beißenden Kälte. Meine Nasenflügel tun höllisch weh, sie haben bereits bei meiner Nordpolreise unter schweren Erfrierungen gelitten. Die eisigen Temperaturen, denen wir pausenlos ausgesetzt sind, untergraben allmählich unsere Widerstandskräfte. Ich habe Schrunden in den Fingerkuppen und Schmerzen in sämtlichen Gliedern. Wir marschieren sieben Stunden am Tag, und unser abendliches Camp ist für uns ein Asyl, ein Segen, eine wahre Wohltat. Wenn alle Arbeiten erledigt sind, versucht jeder von uns, einen Augenblick der Ruhe und Besinnung in einer möglichst bequemen oder vielmehr möglichst wenig unbequemen Haltung zu finden. Vergebliche Sehnsucht nach ein bißchen Geborgenheit und Komfort …

Keizo massiert seinen Körper mit einer Babycreme. Die Unterwäsche reizt seine Haut. Wir ziehen sie allerdings auch nie aus. Seit unserem Aufbruch habe ich weder meinen Bauch noch meine

Der obligatorische Rundgang vor dem Schlafengehen

Schenkel nackt gesehen. Keizo schläft schon, und ich bin zum Umfallen müde. Aber draußen bläst ein heftiger Südwind, und ich muß noch mal raus und nachsehen, ob alles gut befestigt ist. Es ist eisig. Ich bin schnell wieder zurück und krieche in meinen kalten, feuchten Schlafsack. Alles, aber auch wirklich alles, ist mit einer feinen Eishaut bedeckt.

Die Strapazen, die noch vor uns liegen, werden von Tag zu Tag schlimmer werden. Von jetzt an müssen wir uns schonen, denn es wird hart sein, und lang, sehr lang. Dann heißt es durchhalten um jeden Preis.

14. August 1989
Leichter Südsüdwest-Wind, −19 °C am Morgen, −29 °C um 12.00 Uhr, −20 °C um 17.00 Uhr.

Heute morgen ist der Wind ein bißchen abgeflaut. Aber heute nacht muß es sehr stürmisch gewesen sein, denn unser Lagerplatz ist dick verschneit. Die Hunde sind verschwunden! Übriggeblieben sind nur etwa dreißig kleine Schneehügel, aus denen von Zeit zu Zeit ein winziger schwarzer Punkt hervorschaut – ihre Nasen, einziges sichtbares Zeichen ihrer unterirdischen Existenz. Ein leichter Wind wirbelt die Schneeflocken vom Boden auf und schüttet die lebenden Iglus noch weiter zu. Dann müssen sich die Hunde wieder an die Oberfläche heraufarbeiten, damit ihre Nasen am Luftloch bleiben. Manchen ist das allerdings zu mühsam, sie graben einfach kleine Tunnels in den Schnee. Die Sache ist nicht ganz ungefährlich. Manchmal zum Beispiel pinkeln sie auf das Kabel, an dem sie festgebunden sind, und der gefrorene Urin kann sie so unglücklich am Boden festnageln, daß sie nicht genügend Bewegungsfreiheit haben, um sich an die Oberfläche zu arbeiten oder ihre Tunnels zu graben. Sie könnten dann leicht ersticken. An stürmischen Tagen klappert Keizo sämtliche Iglus ab, um sich zu vergewissern, daß alles in Ordnung ist.

Sobald es morgens im »Menschenlager« lebendig wird, geraten die makellosen weißen Hügelchen mit den seltsamen schwarzen Punkten an der Spitze in Bewegung. Dreißig Nasen tauchen schnaubend auf, gefolgt von dreißig schneebedeckten Schnauzen und sechzig Ohren, die rundum in einen dicken, flockigen Pelz gehüllt sind. Ein unwiderstehlicher Anblick! Als erste zeigen sich sechs Hunde aus Igloolik, die jüngsten der Meute, eine ziemlich verrückte Gesellschaft. Sie schütteln sich wie besessen, dann stürzen sie sich mit weit heraushängenden Zungen in ihre Morgentoilette, um den schützenden Schnee loszuwerden, der sie in der Nacht eingehüllt hat. Schließlich sind auch die andern auf den Beinen, und die ganze Meute schüttelt sich auf einmal. Das ist ein faszinierendes Schauspiel: Eine riesige Pulverschneefontäne steigt in die Luft auf, bevor sie unter den ersten Strahlen der blassen Morgensonne von einer leichten, launischen Brise auseinandergezogen wird.

Die Hunde werden in ganz unterschiedlichen Formationen angespannt. Jedes Team hat seine spezielle Methode. Bei Geoff und Daho werden sie jeweils zu zweit an eine einzige durchgehende Leine angeschirrt – die klassische, strenge Art. Bei Will und Victor geht es viel lockerer zu, ihre Gespanne kann man wohl am ehesten als

»Hundetraube« bezeichnen, deren Gestalt je nach Lust und Laune variiert. Keizo spannt seine Hunde in einem Fächer von jeweils drei bis vier Hunden vor.

Ganz plötzlich taucht sie vor uns auf, wie in einem phantastischen Alptraum: eine riesige, gähnende Schlucht mitten in der weißen Unendlichkeit. Ihre Umrisse sind überraschend regelmäßig, so als ob hier ein Meteor eingeschlagen hätte. Ich schätze den Durchmesser der Eisspalte, die wir vorsichtig umgehen, auf mindestens 20 Meter. Nur ja nicht zu nahe herankommen! Aber das bleibt der einzige Mißton an diesem richtigen Weihnachtsmärchen-Tag. Schneeflocken schweben sanft vom Wolkenhimmel herunter und lassen sich als funkelnde Eiskristalle auf der flachen Eiswüste nieder, in der wir, die ungebetenen Eindringlinge, Menschen und Hunde, wie absurde Krippenfiguren wirken . . .

Tatsächlich sind wir nur »Zaungäste« hier, Zeugen eines uralten, unvergänglichen Traums. Die Zeit spielt hier keine Rolle, und der Raum ist so unermeßlich, daß er jedes menschliche Vorstellungsvermögen übersteigt. Es ist überwältigend. Man ist ganz von diesem Wunder erfüllt, und zugleich fühlt man sich davongetragen, weit weg, in unendliche Fernen. Ein Niemandsland, in dem sich unser unbedeutendes kleines Ich hoffnungslos verliert, unfähig, das Gestaltlose zu begreifen.

Völlig versunken gleite ich dahin, aber dann dringt Hundegebell an mein Ohr, Will und Victor rufen mir etwas zu, und allmählich finde ich in die Wirklichkeit zurück, in die eisige, schneidende Kälte, die uns auch heute nicht losläßt, an diesem neunzehnten Tag nach den drei Seehunden der Seal Nunataks.

15. August 1989
– 20 °C, neblig, feucht, wieder ein Tag ohne Himmel!

Heute morgen liegt das ganze »Dorf« unter einer dicken Schneeschicht begraben. Es sind mindestens 20 cm.

Die Hunde müssen sich den ganzen Tag in diesem Tiefschnee abplagen, ihre Läufe sinken bis über die Hälfte ein. Aber trotzdem, wir kommen voran! Um 9.00 Uhr sind wir aufgebrochen, um 16.00 Uhr halten wir an – 25 Kilometer haben wir zurückgelegt! Unterwegs sind mir pausenlos alle möglichen Gedanken durch den Kopf gegangen, ohne daß ich diese wirre Ideenflut kontrollieren konnte. Erinnerungen an frühere Erlebnisse, Zukunftsvisionen, erste Entwürfe für neue Projekte, vage Träumereien... Mein Hirn führt ein Eigenleben. Manchmal gelingt es mir, mich eine Zeitlang mit ganz konkreten Dingen zu beschäftigen, aber bald wandert mein Geist wieder in andere Welten ab, ohne mich vorher um Erlaubnis zu fragen. Manchmal habe ich das Gefühl, daß ich dieses Abenteuer gar nicht hautnah erlebe, daß ich mich einerseits zu sehr in diesem unermeßlichen Raum verliere, andererseits von den Alltagspflichten aufgefressen werde.

Mein Denken ist während dieser langen Reise starken Schwankungen unterworfen. Gestern war ich ganz in Träume und Grübeleien versunken, heute gleicht es eher einem zähen Ringkampf mit der allerbanalsten Wirklichkeit... Es hat jedenfalls den Vorteil, daß ich mich bisher noch nicht gelangweilt habe.

16. August 1989
Neblig, immer noch 25–30 cm Neuschnee, −20 °C.

Seit unserem Aufbruch bewegen wir uns auf dem Larsen-Eisschelf voran, einem Eisplateau, das auf der linken Seite vom gefrorenen Weddell-Meer und rechts von der langen Gebirgskette begrenzt wird, die die Antarktische Halbinsel einrahmt.

Als Halbinsel wird der Finger bezeichnet, den die Antarktis in Richtung Kap Hoorn ausstreckt. Dieser Zipfel markiert die Grenze zwischen dem Atlantischen und dem Pazifischen Ozean. Die Halbinsel ist nicht sehr breit, nur 200 Meter auf unserer derzeitigen Höhe, und wir bekommen die Nähe des Ozeans zu spüren. Der Nebel, der uns ständig einhüllt, verkürzt die Tage und macht die Kälte noch unerträglicher.

Zur Zeit wechsle ich mich vorne an der Spitze mit Thule ab, die von Geoffs Kommandos dirigiert wird. Keizo hätte gern, daß sein Leithund Kutaan ab und zu die Führung übernimmt. Aber Kutaan läßt sich nur in den kanadischen Wäldern mit der Stimme lenken; in diesem Gelände, in dem es keinerlei Orientierungspunkte gibt, findet er sich nicht zurecht. Keizo hat Geoff gebeten, Kutaan abzurichten. Heute morgen hatte Kutaan seine erste Unterrichtsstunde beim »Meister«. Keizo hat sich benommen wie eine Mutter, die zum erstenmal ihr Kind in die Schule bringt. »Er ist doch so scheu«, hat er mir zugeflüstert. Aber die Lektion hat zum Glück nur zehn Minuten gedauert. Und Kutaan war die meiste Zeit damit beschäftigt, nach seinen Gespanngenossen Ausschau zu halten – wo rechts und links ist, hat ihn weniger interessiert.

Heute verzehren wir unser Mittagessen zum erstenmal gemeinsam, alle sechs um einen Schlitten versammelt. Victor, der ein sehr geselliger Mensch ist, findet diese Neuerung ausgezeichnet, obwohl wir nur wenig miteinander reden. Das hat seinen guten Grund, denn die Rast dauert kaum eine Viertelstunde, und die brauchen wir zum Kauen! Eine mühsame Angelegenheit ... Unser Essen ist ein ziemlicher Mischmasch: Trockenfrüchte, Instantsuppe, Schokolade, Mandelpaste. Das kommt alles zusammen in eine Schüssel, dann wird heißes Wasser darübergegossen, und das Zeug taut nur gerade so weit auf, daß die »Polarsuppe« eßbar ist.

Will hat Sorgen: Er beschwert sich über Victors Geschnarche. Steger ist in diesem Punkt ungeheuer empfindlich, und trotz Oropax-Kugeln kann er nicht schlafen. Was ihn stört, ist gar nicht so sehr der Lärm, vertraut er mir an, sondern die unerträglichen Schwingungen ...!

Wir haben erst 20 km zurückgelegt, weil der Schnee so tief ist, und dabei haben wir uns weidlich abgerackert. Es hat keinen Sinn weiterzumachen, wir bauen unser Camp auf.

Heute abend ist Vollmond. Er spielt mit unseren Gefühlen ... Ich denke an Sylvie, die so fern, so fern ist.

Heute nacht war sogar das russische Schnarchkonzert nur ein sanftes Säuseln, verglichen mit dem Geheul unserer Hunde. Die riesige leuchtende Kugel hat sie völlig verrückt gemacht, und sie wollten sie offenbar mit aller Macht daran hindern, in Frieden ihren Glanz zu verbreiten.

17. August 1989

Endlich schönes Wetter. Der Südwind hat die Wolken weggefegt. Aber das Thermometer zeigt minus 42 °C an. Anders als auf der

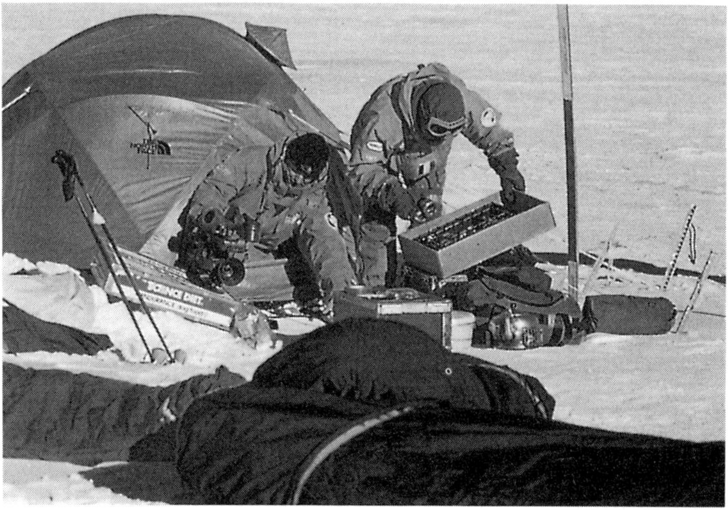

Nur 20 km haben wir heute geschafft. Aber jetzt wird ausgepackt

nördlichen Hemisphäre ist der Südwind hier eisig. Der Himmel ist tiefblau, fast nachtblau, die Luft rein und die Sicht grenzenlos ... Zur Linken dehnt sich endlos das Larsen-Eisschelf aus, bis hin zur Eiswüste des Weddell-Meers. Es ist unsichtbar, aber ganz nahe, kaum 100 km weit weg. Auf diesem Eismeer hat sich Shackleton im Jahr 1916 nach Norden zum offenen Wasser vorgearbeitet, nachdem sein Schiff »Endurance« vom Packeis zermalmt worden war. Shackleton war mit seiner Mannschaft hierhergekommen, um wie wir die Antarktis zu durchqueren. Aber er blieb im Eischaos des Weddell-Meers stecken und erreichte den Kontinent gar nicht. Daß Shackleton trotzdem seine ganze Mannschaft wieder nach Hause gebracht hat, ist einer der schönsten Triumphe in der Geschichte der Poleroberung. Das Drama hat sich hier, ganz in unserer Nähe, vor 70 Jahren abgespielt, und seither hat sich niemand mehr dorthin gewagt. Shackleton – er war wirklich ein Held ... Die Rührung überwältigt mich.

Rechts sieht man die Berge jetzt sehr deutlich. Von Berggipfeln kann man hier nicht sprechen. Es sind riesige Felspfeiler, sehr alpin, auf die sich ein Eisplateau stützt. Dort müssen wir hinauf – das Plateau liegt 2000 Meter über uns. Zwischen den Säulen aus Felsen und Eis schieben sich riesige Gletscher herunter. Über einen von diesen Gletschern müssen wir das Plateau besteigen. Das wird eine der gefährlichsten Etappen unserer Expedition sein. Und sie steht uns demnächst bevor, denn am Horizont grenzt das Larsen-Eisschelf, auf dem wir uns befinden, bereits an die Berge an.

Die Hunde plagen sich noch immer im Neuschnee ab. Daho und ich bahnen vorne zwei Spuren von der Breite unserer Schlittenkufen, um die Hunde ein bißchen zu entlasten. Es geht ihnen nicht besser als uns: Von der Feuchtigkeit beim Ausatmen ist ihre Schnauze mit einer dünnen Eishaut überzogen. In der Sonne bildet sich ein schimmernder Eisnebel um die Gespanne, denn die Hunde schwitzen trotz der Kälte. Faszinierend, wie diese Hunde unermüdlich und mit vereinter Kraft ziehen und ziehen . . .

Das ist bisher der kälteste Tag, und alle fluchen darüber. Trotz −42 °C hat Daho, unser gewissenhafter Gletscherforscher, ein Loch ins Eis gehackt, um seine tägliche Probe zu entnehmen. Triumphierend hält er uns seinen Fund unter die Nase und verkündet uns, daß an dieser Stelle seit dem letzten Sommer ein ganzer Meter Schnee gefallen sei. Das scheint also hier eine ziemlich niederschlagsreiche Gegend zu sein.

Heute abend haben sich alle sehr schnell verkrochen. Aber das Leben im Zelt ist auch keine reine Freude – die Wände sind bis auf 80 cm Höhe mit Eis überzogen. Sobald wir den Wasserkessel aufsetzen, breitet sich eine Dunstwolke aus, und wenn das Wasser kocht, wird es noch schlimmer. Man sieht seine eigenen Füße nicht mehr. Unmöglich, ohne Handschuhe einen Metallgegenstand anzufassen, denn die Haut würde sofort daran festfrieren. Den Kocher oder die Lampe nachzufüllen, ohne dabei Benzin zu verschütten, ist eine wahre Meisterleistung. Und bisher hat noch keiner dieses Kunststück vollbracht, ohne dabei etwas umzustoßen. Wegen der Kälte und mit den Handschuhen sind unsere Finger so klamm und ungeschickt, daß unweigerlich etwas umkippt – eine Katastrophe, falls es sich um eine Tasse Kaffee oder eine Schüssel Wasser handelt.

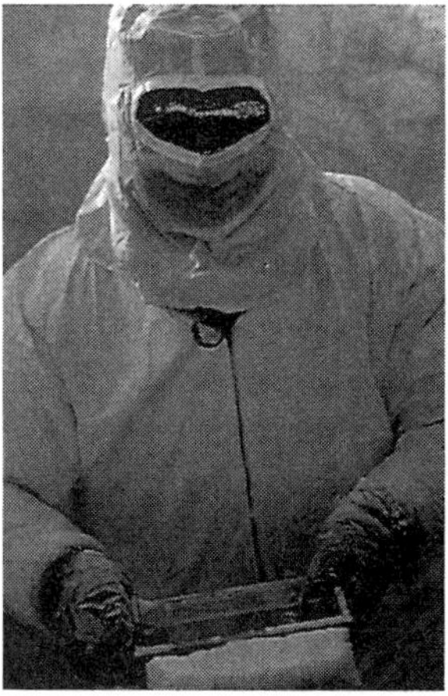

Stolz zeigt Daho seine Eisprobe, die er dem »Eisarchiv« der Antarktis entnommen hat

Um uns gegen die Kälte zu schützen, dichten wir alle Zeltöffnungen hermetisch ab, doch dann ist die Luft hier drin manchmal zum Ersticken. Selbst der Kocher will nicht mehr brennen, und man kann nicht einmal mehr ein Streichholz anzünden. Das ist dann ein sicheres Zeichen für akuten Sauerstoffmangel. Wenn unsere Augen zu jucken anfangen, wird es ernst. Trotzdem zögern wir so lange wie möglich den gräßlichen Augenblick hinaus, wo uns durch die spaltbreit geöffnete Zelttür ein eisiger, rasiermesserscharfer, entsetzlich aggressiver Luftzug ins Gesicht fährt – aber er ist unsere Rettung.

Ich habe keine große Lust, in meinen vereisten Schlafsack zu kriechen. Doch wird mir wohl nichts anderes übrigbleiben . . .

18. August 1989

Heute morgen ist das Atemloch in meinem Schlafsack verstopft, mit Eis überzogen. Ich bin am Ersticken, ich fühle mich wie eine Mumie in einem Eissarkophag. Aber lieber die nächsten paar hundert Jahre in dieser engen Zelle verbringen, als die Nase in die eisige Kälte draußen zu stecken.

– 39 °C. Wieder ein schöner Tag auf dem Larsen-Eisschelf, aber im Westen sammeln sich dicke Wolken über den Bergen. Der Schnee ist immer noch tief. Die Kältefolter läßt keinen Augenblick nach, und die Feuchtigkeit vom Ozean her macht alles noch viel schlimmer. Der Seewind treibt die Wolken manchmal bis ins Larsen-Eisschelf herein, so nahe sind wir jetzt am Meer. Man spürt die Kraft des Pazifischen Ozeans. Dieser verfluchte beißende Wind! Er reißt uns ganze Hautfetzen vom Gesicht, das wir nur unvollkommen schützen können. Der Wind stürzt sich mit unverminderter Heftigkeit auf uns. Der ewige Tropfen an der Nase friert in den Nasenlöchern fest und löst immer wieder heftige Schmerzen aus – als ob man eine Serie von brutalen Messerstichen verpaßt bekäme.

Keizo fährt mit seinem Gespann voraus, damit Kutaan sich daran gewöhnt, die Karawane anzuführen. Es ist jetzt einfacher, denn am Horizont taucht ein Orientierungspunkt auf. Wir nähern uns dem »Three Slices Mountain« – zu deutsch: »Drei-Kuchenschnitten-Berg«. Keizo, unser Benjamin, nimmt seine Rolle sehr ernst. Ich habe ihn noch nie so wachsam und konzentriert erlebt. Kutaan begreift die einfachen Befehle, die ihm sein Herr gibt, sehr schnell. Keizo ist überglücklich und lobt ihn ununterbrochen: »Good boy, Kutaan, good dog ... good dog ... UP UP UP ...«

Mir ruft er zu: »Ist er nicht phantastisch!«

Aber als ich unseren Japaner zu den Heldentaten seines Schützlings beglückwünsche, antwortet er bescheiden, wie immer: »Ja, aber Kutaan ist doch noch ziemlich unsicher ...« Wenn das kein asiatischer Perfektionismus ist!

Neuester Stand in Sachen sowjetisches Schnarchkonzert gegen amerikanische Ohrenstöpsel: Will hat die Flucht ergriffen. Er hat heute abend sein eigenes Zelt aufgestellt, damit er in Ruhe schlafen kann.

Seit 48 Stunden ist Vollmond. Hier in der Antarktis ist er von atemberaubender Schönheit. Die Hunde heulen wieder wie eine Horde Wölfe diese »Eissonne« an. Eine Nacht zwischen Tränen und Gänsehaut ...

Armer Will – er wird kein Auge zumachen!

19. August 1989

– 27 °C beim Aufstehen, – 18 °C am späten Vormittag. Der Temperaturanstieg war heute morgen so spektakulär, daß wir uns schon einbildeten, wir würden eine Zeitlang von der Kälte verschont bleiben. Illusionen, Illusionen ... Die Antarktis kennt kein Erbarmen mit dem frechen Eindringling, der sich in diese unberührte, grenzenlose Welt hineinwagt. Um 14.00 Uhr fallen Sturmböen von 100 km/h wie mit Keulen über uns her. Das Unwetter bringt unsere Karawane zum Stehen. Dann ist mit einem Schlag alles vorbei – Windstille. Wir wissen nicht so recht, was wir jetzt tun sollen. Weiterfahren? Unser Camp lieber gleich an Ort und Stelle aufbauen? Schließlich nimmt uns der Sturm die Entscheidung ab. Er greift erneut an, urplötzlich, brutal, gierig, erbarmungslos. Jetzt gibt's nur noch eins: so schnell wie möglich das Camp aufbauen. Die Zelte blähen sich auf wie Fallschirme, und wir müssen bei jedem neuen Windstoß ihren Freiheitsdrang bändigen. Nur ja nicht loslassen! Das wäre eine Katastrophe.

Als ich an diesem Blizzard-Abend zum dreiundzwanzigsten Mal die Funkantenne herausziehe, taucht Will mit einem Fotoapparat in der Hand auf. Er lächelt mich an, als ob er sagen wollte: Hängt dir das nicht allmählich zum Hals raus? Mir platzt gleich der Kragen ... Es sind immer dieselben Handgriffe, jeden Abend, hundertmal und mehr. Ich habe das fünfundsechzig Tage lang bei meiner Nordpolreise gemacht, vierundsechzig Tage während der Grönland-Expedition, bei jedem Wetter, unermüdlich ... Als Will sein Foto geschossen hat, nutzt er eine kurze Windstille, nur um zu mir herüberzukommen und mir hinzuwerfen: »Und wir haben noch sechs Monate vor uns!«

Im selben Augenblick fegt die nächste brutale Sturmböe über uns weg und verschluckt meine Antwort.

Aus Erfahrung weiß ich, daß unweigerlich der Tag kommt, an dem ich es aus vollen Zügen genießen kann, hier zu sein, so lange Zeit unterwegs zu sein. Die langsame Durchquerung der großen Wüste dehnt die Zeit und weitet den Geist, sie schenkt einem Gelassenheit und Ausdauer.

20. August 1989

Ein schöner Tag. Der Sturm hat die ganze Nacht gewütet und die Schneedecke mit einer harten Kruste überzogen. Phantastisch! Die

Hunde kommen leichter voran, und wir finden jetzt einen gleichmäßigen, zügigen Rhythmus, ohne das ständige Gefühl, gefoltert zu werden, das uns alle so zermürbt hat. Wir haben wieder Mut und Selbstvertrauen. Der »Three Slices Mountain« ist jetzt schon deutlich zu sehen. Am Fuß dieses Bergs hat Geoff im letzten Jahr unseren Nachschub Nr. 3 deponiert. Bis zum Abend müßten wir die Stelle bequem erreichen. Das Depot ist unser Tagesziel. Eine spannende Sache, wir sind alle ganz kribbelig.

Geoff, der vorne die Spur zieht, hält plötzlich an. Was ist los? Er reißt die Arme hoch und fuchtelt mit den Skistöcken herum. Irgendwas stimmt nicht, soviel ist sicher. Wir bringen unsere Hunde in ein paar Dutzend Metern Entfernung zum Stehen. Geoff macht mir ein Zeichen, daß ich ein Seil bringen soll. Ich ahne schon, was passiert ist. Ein Notfall. Ein paar Hunde sind in eine Spalte gestürzt. Ich stelle mir vor, wie sie sich im Fallen endlos um sich selber drehen, um schließlich auf dem Grund zu zerschellen . . .

4 Im Reich der Todesfallen

Ich nähere mich ganz behutsam den Rändern der Spalte. Drei Hunde hängen in ihrem Geschirr, sie drehen sich wie Spinnen über dem Abgrund. Geoff und ich packen zusammen das Seil und ziehen mit aller Kraft. Eine schwere Last! Sie sind noch dran, vielleicht verletzt, aber sie leben! Wir holen ganz langsam das Seil ein. Endlose Minuten vergehen. Dann tauchen die Hunde auf, Aber – eins der Geschirre ist leer. Einer von den dreien ist verschwunden. Spina! Es ist entsetzlich. Ich könnte heulen vor hilfloser Wut.

Daho hat seine Skier abgeschnallt und ist auf die Spalte zumarschiert, ohne daß wir etwas gemerkt haben. Jetzt beugt er sich über den Abgrund. Geoff sieht ihn und schreit: »Stop! Keinen Schritt weiter!« Unser Chinese ist komplett verrückt – so ein bodenloser Leichtsinn. Es gibt nichts Heimtückischeres als die oft überhängenden, von unten her ausgehöhlten Ränder einer Eisspalte. Noch eine Bewegung, und der Boden wäre unter Dahos Füßen eingestürzt. Und dann hätte er Spinas Schicksal geteilt . . . »Geh zum Schlitten zurück und rühr dich nicht von der Stelle«, befiehlt Geoff in einem Ton, der keinen Widerspruch zuläßt.

Unendlich vorsichtig wage ich mich näher heran, um einen Blick auf den Grund der Spalte zu werfen. Ich spüre den Widerstand der Schneeschicht unter meinen Füßen, jeden Augenblick kann sie unter meinem Gewicht einbrechen. Aber sie hält. Noch zwei Schritte, und ich kann mich über den Abgrund beugen. Aber ich habe keine Hoffnung. Noch ein Schritt... Meine Augen spähen in die Schlucht hinunter. Man kann nicht einmal bis zum Grund sehen. Allmächtiger! Auf einer weißlich schimmernden Schneebrücke, einem eingezwängten Eisblock, entdecke ich einen schwarzen Fleck: Spina! Er lebt! Wie durch ein Wunder ist er dort aufgeschlagen und hat auf diesem schmalen Refugium ausgeharrt. Ich lasse mich schnell am Seil hinunter, das die anderen oben fest und sicher halten. Behutsam taste ich mich zu ihm hin. Der Hund ist unversehrt, erstaunlich ruhig. Sein Blick bricht mir fast das Herz. Er schaut mich mit flehenden Augen an, als ob er sagen wollte: Bring mich hier raus... »Ruhig, Spina, ganz ruhig...« Ich flüstere so ruhig und sanft wie möglich auf ihn ein. Ich habe schreckliche Angst, daß er in Panik gerät und um sich schlägt, sobald ich meine Hand nach ihm ausstrecke. Aber nein, die Angst nagelt ihn auf der Stelle fest. Da, ich habe ihn. Wenn er sich bloß nicht wehrt! Jetzt muß ich ihm sein Geschirr überstreifen – wenn er nervös wird, wenn er durchdreht, wenn er nur eine falsche Bewegung macht, wenn er sich losreißt... dann bedeutet das den Todessturz. »Braver Hund, lieber Hund, was bist du doch für ein braver Kerl, keine Angst, es wird alles gut, hörst du, Spina, alles wird gut... ruhig, ruhig, schön still sitzen, bleib ja schön sitzen...« Pausenlos bete ich meine Litanei herunter. Spina hört mir aufmerksam zu, er bleibt brav liegen – geschafft! Ich habe ihm das Geschirr übergestreift. Spina ist gerettet! Gemeinsam steigen wir wieder hoch. Ich weine vor Freude.

Wir erwarten alle, daß der Hund nach diesem Alptraum völlig groggy ist, vielleicht sogar einen Schock hat. Aber keine Spur davon! Er schüttelt sich, wie ein Hund sich eben schüttelt, und wedelt freudig mit dem Schwanz, als er seine Schlittengefährten wiedersieht. Und es ist ganz offensichtlich, daß er unverzüglich aufbrechen möchte, so als ob gar nichts gewesen wäre. Wir sind überrascht, aber höchst zufrieden und beschließen, unsere Route umgehend fortzusetzen. Die Psyche dieser Tiere wird uns wohl immer ein Rätsel bleiben. Dieser dramatische Zwischenfall, dramatisch jedenfalls für uns, scheint bei Spina keinerlei Folgen hinterlassen zu haben. Nichts unterscheidet ihn jetzt von seinen Brüdern, die eifrig neben ihm her trotten.

Während wir endlos dahingleiten, wird mir plötzlich ein weiterer Umstand bewußt: die vollkommene Stille, in der sich der fatale Sturz und die anschließende Rettungsaktion abgespielt haben. Keiner der Hunde hat gebellt, keiner hat auch nur den kleinsten Schrekkenslaut von sich gegeben. Deshalb hatten wir solche Angst, denn natürlich dachten wir zuerst, daß sie tot seien. Seltsam, diese Stummheit! Vielleicht ist es eine Form von Würde, die sie im Augenblick äußerster Gefahr zeigen, ein stoischer Mut angesichts des Todes, des Ausgelöschtwerdens. Ich neige fast zu dieser Ansicht, denn diese Rasse zeichnet sich durch eine ganz außerordentliche Charakterstärke aus. Mein Respekt vor diesen Tieren wird zusehends größer, je weiter wir in die Antarktis vordringen und gemeinsam den Gefahren der Eiswüste trotzen.

Gegen 16.00 Uhr erreichen wir endlich »Three Slices«. Wir halten nach dem 3 Meter langen Fahnenmast Ausschau, den Geoff im Dezember 1988 hier aufgepflanzt hat, damit wir das Depot leichter finden. Aber – nichts zu sehen. Geoff holt sein Beweisstück hervor: ein Foto von dem beflaggten Fahnenmast mit dem Berg als Hintergrund. Anhand des Fotos versuchen wir den damaligen Standort und Blickwinkel zu rekonstruieren. Geoff ist hundertprozentig sicher, daß das Depot hier sein muß, in unserer unmittelbaren Nähe. Auf dem Schlitten stehend, suche ich die Umgebung mit meinem Fernglas ab. Nichts. Wir beschließen, den ganzen Sektor sorgfältig durchzukämmen. Aber unsere stundenlange Suche ist vergeblich, wir finden nichts. Geoff ist untröstlich. Er entschuldigt sich bei uns. Er macht nicht viele Worte, aber sein »sorry about that« klingt so niederschmetternd, daß es einen Stein erweichen könnte. Der Pilot war anscheinend nicht sonderlich kooperativ, als

Geoff den Nachschub deponierte. Die Lagerung auf freiem Feld war nicht ideal, und Geoff mußte mit diesem Sektor vorliebnehmen.

Wir halten unverzüglich eine »Krisensitzung« ab. An der Bilanz ist nicht zu rütteln: Die Verpflegung für Menschen und Hunde reicht noch genau 10 Tage! Das nächste Depot ist noch acht Tagesreisen entfernt – falls das Wetter schön bleibt. Bei klarem Himmel können wir ab dem 25. August mit dem Filmteam rechnen, das heißt, sie können uns Ersatz mitbringen. Keine Panik also, so lange halten wir schon durch ...

Am Abend Funkkontakt mit Criquet in Puntas Arenas. Er hat eine Erklärung für das geheimnisvolle Verschwinden unserer Vorräte. Er sagt, einer englischen Expedition sei vor einigen Jahren dasselbe Mißgeschick passiert – im selben Sektor. Das Eis ist hier gewaltigem Druck ausgesetzt, und es wandert. So ließe sich die Tatsache eventuell erklären, daß unser Depot sich nicht mehr genau an derselben Stelle befindet. Jedenfalls erleichtert diese Erklärung Geoffs schlechtes Gewissen ein bißchen. Wie die Arktis wandert auch die Antarktis an manchen Stellen.

Die ganze Nacht fühle ich mich in die Packeisfelder des Nordpols zurückversetzt. Ich höre wieder die dumpfen unterirdischen Explosionen, das bedrohliche Knirschen im Eis ... Und dann die quälende Angst, daß direkt unter dem Zeltboden eine heimtückische Spalte aufbricht und mich mit Haut und Haar verschlingt! Wenn es nur schon morgen früh wäre!

Teuflische Antarktis! Unsere Jagd nach dem nächsten Lebensmitteldepot müssen wir vorläufig abblasen. Ein heftiger Sturm ist aufgekommen, er erreicht Spitzen von bis zu 120 km/h. Der Himmel ist klar, aber vor uns, in der Horizontalen, ist die Sicht auf höchstens 15 Meter eingeschränkt. Nun beginnt ein langes Warten in den Zelten. Wir denken nicht mehr. Wir bewegen uns nicht mehr. Wir fallen in den Winterschlaf. Wir lauern kaum noch darauf, daß sich der Wind legt. Es ist gar nicht so übel, sich gehenzulassen, alle körperlichen und geistigen Funktionen auf ein Minimum zu reduzieren. Das ist wie ein schützender Kokon, an dem alle Angriffe von außen abprallen. Abenteuer umgekehrt – volle Kraft zurück. Die Parole heißt jetzt, jede Anwandlung von Tatendrang, jeden Hauch von Unmut einzudämmen, ein unerschütterliches inneres Gleichgewicht zu finden. Aber das ist viel verlangt, nachdem wir alle unsere Instinkte auf den täglichen Kampf mit Hindernissen und Gefahren aller Art eingestellt haben.

Gegen 11.00 Uhr bessert sich das Wetter. Will und Victor halten es nicht mehr aus, sie kriechen aus ihren Schlafsäcken und suchen eine ganze Stunde lang nach den Spuren des verschwundenen Nachschubs. Sie kommen mit leeren Händen zurück, aber zumindest haben sie Dampf abgelassen.

Für unseren temperamentvollen, geselligen Victor ist diese erzwungene Untätigkeit eine Qual. Victor mit seiner langen, blonden Mähne ist der Wikinger der Expedition. Er strotzt nur so vor Energie und Lebensfreude. Bezeichnend für ihn ist seine »Polardusche«. Jeden Morgen reibt er seinen splitternackten Körper mit Pulverschnee ab, ganz egal, wie kalt es ist. Victor ist ungeheuer großzügig, völlig offen, ausgesprochen pflegeleicht, und er hat einen unwiderstehlichen Humor. Er hat aber auch eine sehr empfindsame Seite, er ist ein Dichter, feinfühlig und intelligent.

Victor ist der geborene »Freiwillige«. Je schlimmer die Lage, desto größer seine Energie und Geistesgegenwart. Er wird mit jeder Schwierigkeit fertig, und seine menschliche Wärme bewährt sich in jeder Situation, selbst in der äußersten Gefahr. Er ist ein echter Pionier, immer an vorderster Front. Ich vertraue ihm blind.

Dabei hatte ich einen anderen Mann im Auge, als ich vor zwei Jahren in Moskau die großen diplomatischen Manöver startete – nämlich Dimitrj Schparo, der wie Will und ich den Nordpol erobert hatte, und zwar an der Spitze einer »privaten« Expedition (so was gibt es!).

Aber ich bekam ihn nie zu sehen, er war unauffindbar. Alles schien sich gegen mich verschworen zu haben, bis mich das Schicksal statt dessen dem Genossen Victor in die Arme trieb – der später völlig unbekümmert zugab, daß ich tatsächlich das Opfer eines schlauen Ablenkungsmanövers geworden war.

Dimitrj Schparo hat dann nach meinem Moskaubesuch einen entrüsteten Artikel veröffentlicht, in dem er der sowjetischen Polar-Gesellschaft vorwarf, sie hätten mich am Flughafen abgefangen und

Auch bei −40°C läßt sich Victor seine tägliche Polardusche nicht nehmen

schlichtweg entführt. Und das war nicht gelogen. Die Verschwörer hatten ganze Arbeit geleistet.

Victor wurde mir also von den sowjetischen Behörden mehr oder weniger aufgezwungen. Heute, hier in der Sturmhölle, muß ich sagen, daß ich es nicht im mindesten bedaure. Der offizielle Vertreter der UdSSR wird unsere Karawane fünf Monate lang mit unerhörter Kraft und Ausdauer durch die Eiswüste führen. Und es ist verdammt hart, bei jedem Wetter, bei Windstärken, wenig schwächer als wir sie gerade erleben, vorauszulaufen und die Route zu öffnen. Man muß sich mit dem Kompaß orientieren, oft auf gut Glück, denn man sieht nicht viel, manchmal gar nichts. In Maske und Kapuze eingezwängt, ist es nicht einfach, den Kompaß abzulesen. Und es kostet enorme Überwindung, sein Gesicht aus der Vermummung herauszuschälen und der Kälte und dem Wind preiszugeben, wohl wissend, daß man es teuer bezahlen wird.

Victor liebt Hunde, und die Hunde lieben ihn. Er packt sie und trägt sie mit ausgestreckten Armen vor sich her – er läßt keine Gelegenheit aus, seine Muskelkraft zu demonstrieren. Die Hunde geraten dabei regelrecht in Ekstase...

Ich selber war, besonders am Anfang, in dieser Hinsicht sehr zurückhaltend. Ich wollte unseren drei »mushern«, Geoff, Keizo und Will, nicht ins Handwerk pfuschen. Aber Victor hat sich mit solchen Skrupeln nicht belastet. Die Tiere haben ihn auf der Stelle akzeptiert, und unsere »musher« stört es nicht im geringsten...

Es gibt allerdings Augenblicke, da führen Victors unbändige Körperkräfte unweigerlich zur Katastrophe: Wehe, wenn er mit zerbrechlichen Gegenständen hantieren muß! Alles, was er in die Hand nimmt, geht früher oder später in die Brüche. Sechs kaputte Thermometer gehen auf sein Konto. Ich weiß noch gut, wie er mir eines Tages im Sturm zubrüllte: »Wir müssen die Windgeschwindigkeit messen«, und – krach! –, schon war das Instrument an seinem Kopf zertrümmert.

Victor ist 39 Jahre alt und Familienvater, aber er war bereits zweimal in der Arktis und viermal in der Antarktis. Er ist Wissenschaftler – Kernphysiker –, aber Polarforscher aus Leidenschaft... und Dichter. Bei jedem Geburtstag beglückt er uns mit Oden,

Victor bei der Arbeit

Hymnen und Balladen, die er speziell für diesen Anlaß geschrieben hat.

Victor ist bei uns allen der große Favorit. Wir beten ihn an!

22. August 1989

Immer noch bedeckter Himmel. Eine schwarze Wolkenwand verhüllt die Berge, die jetzt schon ganz nahe vor uns sind. Das flache Larsen-Eisschelf haben wir bald endgültig hinter uns. Jetzt müssen wir auf der verschlungenen Route, die Geoff auf der Karte eingezeichnet hat, das 2000 Meter hohe Plateau besteigen. Der Weg führt über eine ganze Reihe von Gletscherpässen, ein steiles Auf und Ab, vor dem uns angst und bange ist. Aber am meisten fürchten wir die Eisspalten, diese Schreckgespenster. Wie lange wird dieser Aufstieg dauern? Wir haben keine Ahnung: eine Woche, zehn Tage? Heute wird es ernst. Keiner sagt etwas, obwohl wir alle an nichts anderes denken – wir haben so oft darüber gesprochen! Und Spinas Sturz ist uns noch viel zu frisch im Gedächtnis, als daß wir gelassen bleiben könnten. Gegen diese Ängste hilft nur eins: handeln.

Das Abenteuer beginnt! Der Stub-Paß ist die erste Etappe, die wir bewältigen müssen. Der Aufstieg beginnt unten im Tal, aber in welchem? Mehrere Täler tun sich vor uns auf. Graue Wolkenschleier behindern die Höhensicht, und es ist nicht einfach, die Richtung zu bestimmen. Die Karte hilft uns auch nicht weiter, denn der Maßstab ist viel zu groß. Geoff zögert und trommelt uns alle zu einer Lagebesprechung zusammen. Er erläutert uns die Situation ... Demokratie verpflichtet!

»Sind alle damit einverstanden, daß wir dieses Tal nehmen?«

Kein Einwand. An unserem Zögern, an den häufigen Pausen spüren die Hunde, daß etwas in der Luft liegt. Das peitscht sie auf, sie sind sehr ungeduldig. Ich gehe voraus. Ein heftiger Wind fegt vom Berg herunter und wirbelt Schneefontänen auf, die mein Gesicht zu einer Eismaske erstarren lassen. Ich marschiere, ohne viel zu sehen, und versuche, mich im selben Bewegungswinkel zu halten. Die Hunde ziehen – schneebedeckt, die Beine fest in den Boden gestemmt, mit gekrümmten Rücken, dicht gedrängt wie die vordere Reihe einer Rugbymannschaft, und man spürt einen starken Zusammenhalt im Gespann. Quinta, sonst ein richtiger Nichtsnutz, ist heute erstaunlich konzentriert und eifrig. Hin und wieder fange ich einen verstohlenen Blick von ihm auf – er ist mächtig stolz auf sich, genau wie seine Brüder übrigens auch. Tiere und Menschen bilden eine vollkommene Einheit. So stark habe ich das bisher noch nie empfunden.

Rechts erahne ich ein großes Felsmassiv ganz in meiner Nähe, links stürzen gewaltige Gletscherkaskaden in den Abgrund. Immer noch keine Spalte ... und allmählich, nach dreistündigem Aufstieg, wird der Berghang flacher – wir haben den ersten Paß erreicht. Erleichterung breitet sich aus. Auf der anderen Seite ist die Sicht zwar nicht besser, aber es scheint eine gute Abfahrtspiste zu sein. Wir umwickeln unsere Schlittenkufen mit Schnur, sicher ist sicher, und los! Es war eine weise Vorsichtsmaßnahme, denn es geht fast senkrecht bergab! Um vier Uhr sind wir praktisch unten, und ohne jedes Problem, hurra! Es war auch Zeit, denn es wird schon dunkel. Heute abend stellen wir unser Camp mitten in den Bergen auf, und das hebt unsere Stimmung gewaltig. Auch die Hunde sind aufgekratzt nach diesem abenteuerlichen Tag; das war heute etwas anderes als der Marsch auf dem eintönig flachen Gelände des Eisschelfs.

23. August 1989

Heute sind ungefähr zehn Hunde in Spalten gestürzt, aber zum Glück sind sie alle in ihrem Geschirr hängengeblieben. Keine Verletzungen! Ja nicht einmal der Schreck war besonders groß. Sobald wir sie herausgeholt hatten, trotteten sie weiter, als ob nichts geschehen wäre. Nur wir standen jedesmal Todesängste aus, und der ständige Streß machte uns ziemlich fertig.

Nach einem mehr als fünfstündigen Aufstieg bauen wir unser Camp auf dem Wilson-Paß auf. Es ist wunderschön hier. Ganz unten verliert sich der endlose, flache Larsen-Eisschelf in der Ferne. Er liegt hinter uns! Das schwindende Licht taucht die türkisblauen Gletscher in einen rosigen Schimmer. Die Berge werfen ihre ewigen, ins Unermeßliche verlängerten Schatten an den violetten Abendhimmel. Es sind kaum − 8 °C bei Nachteinbruch. Alle Sterne strahlen am Himmel, und Victor schlendert herum und pfeift uns ein Liedchen vor.

Das Wetter hat sich heute dreimal geändert: − 25 °C heute morgen, leicht bedeckt; gegen Mittag − 17 °C, eisiger Wind, und heute abend ist es schön und sehr mild, − 8 °C! Höchst seltsam, denn in dieser Höhe und im Winter müßte es bei einem so klaren Himmel eigentlich eiskalt sein. Wir sind auf das Schlimmste gefaßt – auf der antarktischen Halbinsel ist das Wetter völlig unberechenbar.

24. August 1989

Das Wetter ist immer noch prächtig, aber dafür steht uns jetzt eine äußerst gefährliche und riskante Etappe bevor: der Abstieg vom Wilson-Paß. Ein endloser Steilhang.

Die Sturzfahrt beginnt. Wir sausen in einem Affentempo hinunter. Keizo und ich versuchen verzweifelt, den Schlitten unter Kontrolle zu halten. Hört das denn nie auf? Es ist wie ein Alptraum, aus dem man vergeblich zu erwachen versucht. Wir bremsen unsere Gespanne, so gut wir können, aber wir sind machtlos gegen den plötzlichen Unabhängigkeitsdrang der Hunde. Sie laufen wie verrückt, als hätten sie überhaupt kein Gespür für die Gefahren, die auf uns lauern. Wenn sich vor uns plötzlich eine Spalte auftut, sind wir verloren ...

Und doch ist es auch etwa wie ein Tanz, bei dem nur Instinkt und Intuition im Spiel sind, so daß die Angst bisweilen in den Hintergrund tritt und einer ungeheuren Faszination Platz macht: Wir sausen so leicht und schwerelos dahin, als ob alles ganz von selber ginge.

Ich atme auf, als ich das Ende dieser höllischen Piste näher kommen sehe ... Aber verflixt noch mal! Da vorne lauert ein wahrer Horror auf uns: bläuliches, tückisches Eis, ein spiegelglattes Chaos. »Ho ... Ho ... Ho!« Keizo schreit sich die Lunge aus dem Hals, um seine Hunde zu bremsen, aber die wollen nicht hören. Wir entgehen um Haaresbreite der Katastrophe. »Ho ... Ho ... Ho ...« Uff, das Gespann kommt allmählich zum Stehen. Wir drehen uns um. Also doch: Geoffs und Wills Schlitten sind umgestürzt. Hoffentlich ist nichts kaputtgegangen ... Es dauert eine Weile, bis sie die Schlitten umgedreht und alles in Ordnung gebracht haben, aber dann fahren sie sofort wieder los. Offenbar sind sie mit dem Schrecken davongekommen. Will hebt den Arm, das ist ein gutes Zeichen. Wir können weiterfahren.

Aber schon bricht das nächste Drama über uns herein. Sodapop ist in einer Gletscherspalte verschwunden. Blankes Entsetzen steht in Geoffs Augen, als er das leere Geschirr entdeckt ... Sodapop ist einer seiner Lieblinge. Sehr vorsichtig und behutsam, wie immer in solchen Fällen, nähern wir uns dem Abgrund. Unglaublich! Auf dem Grund der Spalte, 25 Meter weiter unten, läuft Sodapop hin und her. Als ob er wütend wäre, daß er in die Falle getappt ist!

Während Geoff angeseilt hinunterklettert, um den Hund zu bergen, bleibt Daho in Habachtstellung neben seinem Schlitten stehen. Anscheinend hat er seine Lektion gelernt! Und zwar gründlich – wann immer wir in Zukunft auf eine Spalte stoßen, rührt er sich nicht

Geoff rettet Sodapop aus einer Gletscherspalte

vom Schlitten weg, es sei denn, einer von uns fordert ihn extra dazu auf. Er ist eben ein gehorsamer Schüler.

Die Hunde legen wieder einmal ein erstaunliches Benehmen an den Tag, während wir uns um die Rettung ihres Gefährten bemühen. Sodapops Schicksal scheint sie völlig kaltzulassen. Die einen legen sich ungerührt hin und schlafen, die anderen balgen sich fröhlich herum. Einmal können Keizo und ich gerade noch einen »wilden Start« verhindern. Diese Irren waren drauf und dran, direkt auf den gähnenden Schlund loszustürmen. Anscheinend wittern sie gar keine Gefahr in diesen teuflischen Fallen, die sich aus der Tiefe vor ihnen auftun. Es ist wirklich verblüffend.

Sodapop taucht wieder auf, sehr ruhig. Er nimmt seinen Platz im Gespann ein, als ob nichts geschehen wäre – genau wie Spina. Seltsam … Wahrscheinlich leben die Hunde so sehr in der Gegenwart, daß sie den Augenblick der Gefahr restlos vergessen, sobald er vorüber ist. Und mit der Erinnerung verlieren sie auch die Möglichkeit, die Gefahr beim nächstenmal rechtzeitig zu erkennen …

Ich gehe voraus und versuche, eine einigermaßen sichere oder jedenfalls nicht ganz so gefährliche Route zu finden. Aber wieder kommen wir nur ein paar hundert Meter weiter. Diesmal verschwinden Sam und Yeger in einer dieser verfluchten, heimtückischen Spalten. Es sind Wills Hunde. Zum Glück sind sie im Geschirr hängengeblieben und baumeln nun kläglich über dem gähnenden Abgrund. Wir verlieren keine Sekunde, wir ziehen, was das Zeug hält. Yeger überrascht uns mit einer richtigen Akrobatennummer. Er hangelt sich geschickt an den Wänden der Spalte hoch, indem er sich abwechselnd mit den Hinter- und Vorderpfoten abstößt, während wir von oben kräftig nachhelfen. Ich staune immer wieder über diese Tiere. Man muß bei ihnen auf alles gefaßt sein.

Sam, der zweite Hund, den wir diesmal aus der Spalte gerettet haben, hat übrigens eine abenteuerliche Vergangenheit hinter sich. Als Will mit seinem Gespann in Alaska unterwegs war, tauchte eines Tages ein Wolf auf, der dem Schlitten in respektvollem Abstand folgte... Aber es war gar kein Wolf, sondern ein Hund, wie Will schließlich zu seiner Überraschung feststellte. Das Tier blieb den ganzen Tag hinter ihm. Am nächsten Morgen war es immer noch da, aber die Entfernung hatte sich beträchtlich verringert. Der Hund wagte sich näher und näher heran. Am dritten Tag fing Will ihn ein und streifte ihm ein Halsband und ein Geschirr über. Und der Vagabund trat seinen Dienst an, als ob er nie etwas anderes gemacht hätte... Wahrscheinlich ein verirrter Eskimohund. Will taufte ihn Sam und behielt ihn. Sam und Yeger werden übrigens die einzigen Hunde der Welt sein, die beide Pole erreicht haben, falls unsere Expedition erfolgreich ist. Sam hat Will 1986 zum Nordpol begleitet, und jetzt ist er auf dem Weg zum Südpol... Sam hat eine sehr eigenwillige Art zu ziehen: immer ein bißchen schief und verquer. Er unterscheidet sich überhaupt in seinem Verhalten deutlich von den anderen Hunden. Man merkt, daß er nicht dieselbe Erziehung hat, er ist in gewisser Weise ein »einsamer Wolf« geblieben... Aber Will hat ihn ganz besonders ins Herz geschlossen, Sam ist ein Privilegierter, der sich alles erlauben darf, sogar nach Herzenslust faulenzen...

Das Filmteam ist heute nachmittag mit der Twin Otter gelandet, dem Flugzeug, das »nach Abenteuer riecht«. Es weckt in mir eine

Flut von Erinnerungen an meine Nordpol- und Grönlandexpeditionen. Ich freue mich riesig über das Wiedersehen mit meinen guten alten Freunden Laurent, Bernard und Damien. Sie bringen uns Lebensmittel mit. Höchste Zeit, denn wir waren schon ziemlich knapp dran. Außerdem einen Schlitten für Will und Victor und natürlich unsere Post. Laurent ist während der ganzen Expedition unser »Postbote«. In meiner privaten Post ist ein Brief von Sylvie dabei. Gott sei Dank, ich habe schon sehnsüchtig darauf gewartet. Hier ist jede Nachricht doppelt so kostbar wie sonst, aber ein Liebesbrief – das ist der Gipfel der Seligkeit.

25. August 1989

Mobil Oil Inlet! Ich weiß nicht (und will es auch nicht wissen), warum dieser höllische Gletscher einen so prosaischen Namen hat – den Namen einer Erdölgesellschaft. Jedenfalls ist es das heimtückischste Gelände, auf das wir bisher gestoßen sind: alle zehn Meter eine Spalte! Zum Glück konnten Will und Victor ihre Schlittenwracks austauschen, denn sie waren viel zu kurz, um damit einigermaßen sicher über die Schneebrücken zu kommen.

Heute morgen ist die Sicht gleich Null, und weil es nichts zu filmen gibt, gehen Bernard und Laurent voraus, um im dichten Nebel die Spur zu ziehen. Laurent Chevalier (Kamera) und Bernard Prud'homme (Ton) sind ein bewährtes Abenteuerfilm-Gespann, meiner Meinung nach das beste der Welt. Beide sind erfahrene Alpinisten. Wir gleiten dahin wie Gespenster in einer ungewissen, zwielichtigen Welt. Daß Bernard vorausfährt, beruhigt mich. Der »Präsident« (er ist Vorsitzender der Bergführer-Vereinigung von Chamonix) ist ein Gletscherkenner ersten Ranges. Er kann auf 25 Jahre Bergerfahrung zurückblicken, auf Expeditionen in alle Gegenden der Erde, er hat alles erlebt, alles gesehen, alles erklettert. Mit diesem sanften Zwei-Meter-Riesen an der Spitze wäre sogar eine Expedition in die Hölle nichts weiter als ein Verdauungsspaziergang, und ich würde ihm jederzeit mit verbundenen Augen folgen.

Heute ist nur einer unserer Hunde in eine der gähnenden Spalten gestürzt, und Gott sei Dank ist er in seinem Geschirr hängengeblieben. Aber im Gegensatz zu den anderen war Buffy doch ziemlich erschüttert. Er hat sogar ein bißchen gestöhnt, bevor Will und Victor ihn aus seiner prekären Lage über dem Abgrund befreiten. Buffy ist empfindsamer und anfälliger als die anderen Hunde, er leidet auch mehr unter dem schlechten Wetter. Während der Grönland-Expedition im letzten Jahr war er ziemlich schlecht beieinander, und er sollte uns eigentlich nicht in die Antarktis begleiten, aber im letzten Winter hatte er sich so positiv entwickelt, daß Will ihn dann doch mitnahm.

Kurz bevor wir anhalten, verbiegt Will die Kufe seines nagelneuen Schlittens. Das hat uns gerade noch gefehlt! Aber diese Schlitten sind einfach zu hoch. Wir müssen sie unbedingt stabiler machen. Morgen tritt das Schweizer Messer wieder in Aktion!

26. August 1989

Den ganzen Morgen reparieren wir im dichten Schneegestöber Wills Schlitten – alle sechs! Wie immer, wenn Schwierigkeiten auftauchen, hält unser Team eisern zusammen. Die Arbeit dauert schrecklich lange, und erst gegen Mittag geben wir das Zeichen zum Aufbruch. Immer noch dichter Nebel. Darüber ist keiner sonderlich entzückt, am allerwenigsten Geoff, unser Navigator.

»Jetzt kommt der gefährlichste Teil unserer Expedition«, kündigt er uns an.

Ich übernehme die Führung und orientiere mich mit dem Kompaß, denn man sieht wirklich gar nichts. Von der großen Felswand, die unmittelbar rechts von mir liegen muß, ist keine Spur auszumachen. Damien, Laurents Assistent, sichert mich mit einem Seil. Wir kommen nur sehr langsam voran. Es ist verrückt, ich bilde mir dauernd ein, daß es um mich herum nur so von Spalten wimmelt, obwohl ich keine einzige sehe. Ein Gefühl, als ob man sich am Rand eines Abgrunds bewegte, in ständiger Todesangst und einzig auf seinen Instinkt angewiesen. Ich muß jedes Zeichen blitzschnell erkennen und einordnen, bevor ich den nächsten Schritt riskiere, und ständig befürchte ich, daß mir ein Fehler unterlaufen könnte. Ich verliere jeden Zeitbegriff in dieser undurchdringlichen Nebelwelt, alle meine Sinne sind in höchster Alarmbereitschaft. Ich kämpfe gegen eine Mauer aus Angst an.

Hoffentlich hält Wills Schlitten nach dieser zeitraubenden Reparatur!

Als die Sonne endlich durchbricht, habe ich das Gefühl, daß mir das Licht der Wirklichkeit die Augen versengt. Dabei sind es nur ein paar helle Strahlen, die den Nebel zerteilen und den Blick auf die Berge freigeben. Wir haben es geschafft!

Der Oger ist hinter uns, er verschwindet in der Steilwand und löst sich im Nebel auf. Wir haben das Mercator-Plateau erreicht! Ein gewaltiges Sammelbecken gigantischer Gletschertäler. Wir sind alle wie gelähmt, wie auf der Stelle festgewurzelt, stumm, überwältigt – von soviel Schönheit. Wir bleiben gut zehn Minuten reglos stehen, in den Anblick dieser Eiswildnis vertieft. Nach dem endlosen Tunnel, durch den wir uns hinaufgearbeitet haben, kommt uns das Licht, das diese Gipfelwelt so plötzlich hervortreten läßt, beinahe überirdisch vor.

Aber die Hunde sind nach dem langen Aufstieg ausgehungert und rufen uns lautstark in die Wirklichkeit zurück. Sie verlangen ihr Fressen. Man kann das Geschrei kilometerweit hören. Wie jeden Abend spannen wir zuerst die Taue, an denen die Hunde nachts angebunden werden: pro Gespann ein durchgehendes Seil. Zwei große Aluminiumplatten dienen als Verankerung. Die Taue werden mit einer Seilwinde so straff wie möglich gespannt. Das Ganze muß sehr solide sein, denn der Tumult, der jetzt kommt, ist unbeschreiblich.

Wir binden die Hunde der Reihe nach vom Schlitten los und hängen sie an das Tau an, wobei wir immer zwei Meter Abstand lassen, denn sonst könnte es leicht passieren, daß sie sich gegenseitig die Bäuche aufschlitzen. Ihre tägliche Belohnung bekommen sie von den »mushern« zugeteilt, also von Geoff, Will und Keizo. Die Hunde geraten in einen unglaublichen Aufruhr, sobald sie den Futterbehälter sehen. Geoffs Hunde ein bißchen weniger als die andern, for sure; sie sind gut erzogen und zerren deutlich weniger an den Ketten ... Wenn das Fressen schließlich ausgeteilt wird, bricht ein wahrer Höllenspektakel los. Die Hunde überschlagen sich vor Freude, sie springen herum wie verrückt, und das Gezerre an den Ketten ist unbeschreiblich. Jeden Abend beten wir, daß die Taue dieses eine Mal noch halten. Gar nicht auszudenken, was passieren würde, wenn sie tatsächlich einmal reißen sollten – die ganze Meute würde über uns herfallen ... Klar, daß wir diese Abfütterungsprozedur so schnell wie möglich hinter uns bringen. Bei diesen wilden Bestien trödelt kein Mensch freiwillig herum, und wir passen gut auf, daß wir unsere Finger nicht zu nahe an ihre scharfen Zähne bringen. Sie schlingen die hartgefrorenen Blöcke in einer unglaublichen Geschwindigkeit hinunter, 6000 Kalorien auf einen Satz. Die Hunde sind ganz verrückt nach ihrem »Antarktismenü«, einem rechteckigen Block von 10 cm Seitenlänge. Allerdings kennen sie auch nichts anderes, außer den Hunden, die in Kanada geboren sind, und die haben sich sehr schnell an dieses Futter gewöhnt. Wenn die hungrigen Raubtiere gesättigt sind, kehrt endlich Ruhe ein – jedenfalls einigermaßen ...

Die Nacht ist schön, es sind −32 °C. Ich habe es jetzt eilig, in mein Zelt zu kriechen und ein wenig Ruhe zu finden.

27. August 1989

Der Mercator, ein 800 m hoher, flacher Gletscher, schiebt sich auf halber Höhe zwischen die verschneiten Plateaus, die die Antarktische Halbinsel abschließen. Wir brauchen den ganzen Tag, um ihn zu überqueren. Wir kommen ohne Schwierigkeiten voran, die Hunde brauchen sich nicht allzusehr anzustrengen. Ohne den geringsten Zwischenfall erreichen wir am Abend den Fuß des Weyerhäuser, einen 60 km langen Gletscher, die letzte Etappe vor dem Halbinsel-Plateau. Heute bin ich hinter dem Schlitten hergefahren und konnte mich ausgiebig mit Bernard Prud'homme unterhalten. Wir kennen uns sehr gut. Ich habe schon einige Expeditionen mit ihm zusammen gemacht, und er war auch bei unserer großen Grönlanddurchquerung mit dabei. O ja, wir haben viele gemeinsame Erinnerungen. Aber wir sprechen vor allen Dingen über die Zukunft, darüber, was wir mit unserem Leben anfangen wollen. Bernard ist 46, er wird demnächst Vater, und das bedeutet, daß sich für ihn sicher einiges ändern wird, wenn er nach Chamonix zurückkehrt.

Was mich betrifft, so glaube ich, daß ich diesem Abenteuerleben treu bleiben werde, daran ändert auch das Älterwerden nichts. Die Sehnsucht nach grenzenloser Weite und Einsamkeit wird mich nie verlassen ...

Dasselbe wünsche ich auch Will zu seinem 45. Geburtstag. Wir feiern ihn nach Einbruch der Dunkelheit, alle sechs unter einem Zelt, und wir singen das Lied, das Victor für diesen Anlaß verfaßt hat: »Six people goes« ...

29. August 1989
– 27 °C

Aufbruch zur Besteigung des Weyerhäuser. Die Piste ist einfach, ohne Überraschungen – na ja, abgesehen von ein paar klaffenden Spalten. Zur Linken eine riesige Gletscherkaskadenmauer, die zwischen 800 und 1000 m hoch ist. Das Filmteam hat sich den Spaß gemacht, uns daneben zu filmen – sechs lächerliche Zwerge, von einer Riesenhand in diese überdimensionale Landschaft geschleudert. Die Gegenwart der Filmleute belastet die Atmosphäre im Camp. Bernard und Damien, die unsere ganze Mannschaft bereits seit zwei Jahren kennen, geben sich zwar Mühe, so unaufdringlich wie möglich zu arbeiten, aber ein Minimum an technischem Aufwand läßt sich eben bei den Aufnahmen trotzdem nicht vermeiden. Laurent, der Perfektionist, wiederholt praktisch jede Einstellung zweimal, wir müssen ständig warten, und wenn man bei –30°C herumsteht, kommt einem jede Minute wie eine Ewigkeit vor. Das wirkt sich nicht gerade positiv auf die Gemüter aus, zumal die Filmerei sowieso zu Unstimmigkeiten unter uns führt. Einige haben das Gefühl, daß sie nie gefilmt werden, und das kratzt ihr Ego an, ja sie leiden regelrecht darunter. Geoff dagegen ignoriert ganz einfach die Kameras. Er will von der ganzen Sache nichts wissen, denn für ihn ist Laurents Arbeit nichts weiter als Sensationsmache und Effekthascherei. Aber da tut er ihm unrecht. Laurent verlangt nie von uns, daß wir uns in Szene setzen. Meistens ist Will derjenige, der Vorschläge für gestellte Szenen macht. Das ist typisch für den Aufbau amerikanischer Dokumentarfilme, bei denen alles genau geplant und im voraus festgelegt ist. Bei Will merkt man sofort, daß er seine Interviews auf das amerikanische Fernsehen zugeschnitten hat. Er hat eine bewährte Technik: Er setzt mit vollendeter Natürlichkeit ein Knie auf den Boden, faßt lässig einen der Hunde am Halsband und drückt ihn zärtlich an sich. Dieses Getue hat mich anfangs schockiert, aber inzwischen kenne ich das Szenario, kein Problem mehr...

31. August 1989
−28 °C

Ich führe mit dem Kompaß die Karawane an. Ein eisiger, schneidender Wind bläst mir schräg ins Gesicht, das nur noch eine einzige taube Fläche ist, in die ab und zu ein Messerstich fährt. Ich habe Erfrierungen an den Nasenflügeln. Es ist hart, sehr hart, sich bei dieser Großattacke voranzuarbeiten, aber wir müssen bis heute abend den Weyerhäuser hinter uns bringen und das Lebensmitteldepot erreicht haben – wir brauchen es dringend. Geoff hat diesmal keine Bedenken, er hat es auf einem weithin sichtbaren Felsen am Rand des Plateaus angelegt. Aber heute abend ist die Sicht zu schlecht, so daß wir nicht genau feststellen können, wo wir sind. Ich marschiere weiter mit dem Kompaß, Bernard im Schlepptau. Aber nach 5 km geben wir auf. Es läßt sich unmöglich feststellen, ob wir 1 km oder nur 100 m von unseren Vorräten entfernt sind. Besser, wir halten an und bauen das Camp auf.

In jedem von uns schwelt insgeheim die Wut. Aber man muß sich zusammenreißen und weitermachen, als ob alles in bester Ordnung wäre: die Zelte aufbauen, essen, schlafen, sonst wäre die Atmosphäre unerträglich.

Wenn das Wetter mitmacht, wird die Filmcrew morgen abgeholt. Einerseits werden mir meine französischen Freunde fehlen, andererseits wird es sich auf unser Team sicherlich positiv auswirken. Die vielen kleinen Eifersüchteleien wegen ein paar lächerlichen Filmstreifen werden dann bald vergessen sein, und wir werden wieder unsere innere Gelassenheit und unseren gewohnten Rhythmus finden.

1. September 1989
−27 °C

Alle sind k.o. Der Sturm treibt uns in die Zelte, wo wir halb tot vor Müdigkeit in die Schlafsäcke kriechen. Von Südsüdosten her tobt es, als ob sich die Pforten der Hölle aufgetan hätten. Ein unbeschreiblicher Horror! Der Blizzard treibt einen »ice fog« vor sich her, einen Eisnebel, der sich überall festsetzt, überall eindringt. Ich darf gar nicht dran denken, daß das Depot vielleicht nur ein paar Meter von uns entfernt ist, im Schnee vergraben, unsichtbar . . .

Trotz Sturm empfange ich Puntas Arenas. Criquet sagt mir, daß Henry, der Pilot der Twin Otter, in Rothera, einem englischen Stützpunkt 300 km weiter im Norden, auf seinen Einsatz wartet. Gut, daß er dort zwischengelandet ist, denn er hätte uns bei dem katastrophalen Wetter niemals gefunden.

Keizo verwöhnt uns mit einer Pfanne Popcorn.

3. September 1989
– 20 °C

Auf den Sturm folgen Nebel, die sich aber relativ schnell verziehen. Die Jagd nach den Lebensmitteln ist eröffnet! Ich mache mir nicht die geringsten Sorgen, denn ich erinnere mich noch genau an Geoffs Worte, als wir unser letztes Depot so verzweifelt suchten: »Das nächste Depot können wir jedenfalls nicht verfehlen, ich habe einen todsicheren Ort über einem Felssockel ausgesucht.« Aber leider werden seine Worte von der Wirklichkeit unerbittlich widerlegt – mit einem eisigen »Nein!«. Keine Spur von unserem Nachschub. Wir durchkämmen die Gegend in allen Richtungen, wir suchen jeden Fleck Meter für Meter ab – vergeblich, wieder stehen wir mit leeren Händen da.

Als das Wetter sich bessert, sage ich dem Piloten, daß er kommen soll. Aber als er bei uns eintrifft, sind die Wetterbedingungen bereits wieder katastrophal. Das Flugzeug kreist über unserem Sektor, ohne uns zu finden. Was soll der Pilot machen? Weiter da oben herumkreisen, bis es für einen Augenblick besser wird? Nein, es gibt nur eine Möglichkeit: Er soll zu unserem nächsten Depot fliegen, erstens, um nachzuprüfen, ob es noch da ist, und zweitens, um uns genügend Vorräte für die nächsten Tage mitzubringen. Zum Glück haben wir derartige Probleme einkalkuliert und in weiser Voraussicht sehr zahlreiche Depots angelegt. Der Pilot meint, daß er genug Treibstoff hat, um hinzufliegen; es bedeutet eine Flugstunde für ihn (für uns einen mehr als einwöchigen Marsch!). Aus Sicherheitsgründen bittet mich Henry, in Funkkontakt mit ihm zu bleiben. Nach einer knappen Stunde gibt er mir die gute Nachricht durch: Er hat das Depot gefunden, er hat Lebensmittel dabei, und er kommt zurück.

Das Glück bleibt uns auch weiterhin treu, die Twin Otter taucht am Himmel auf, schießt zwischen zwei Nebelschwaden herunter und setzt in einer riesigen Schneefontäne auf dem Boden auf. Wir sind erleichtert, aber die Frage, was mit dem anderen Depot passiert ist, ist damit nicht beantwortet. Nach den Fluginstrumenten sind wir einwandfrei genau an der Stelle, die der Pilot angegeben hat, der den Nachschub im letzten Dezember hier abgesetzt hat. Hat er sich eine falsche Position notiert? Das ist die einzig denkbare Erklärung. Sonst müßten wir uns mit der Vorstellung anfreunden, daß eine Geisterexpedition vor uns herzieht und uns nach und nach unsere kostbaren Lebensmittel wegschnappt! Guten Appetit, meine Herren ...

Geoff steigt zu Henry in die Maschine, um mit ihm den Sektor zu überfliegen und abzusuchen. Es ist immer noch sehr neblig, und das macht die Sache nicht gerade einfacher. Das Depot läßt sich auch aus der Luft nicht aufspüren. Geoff wird abgesetzt, die Filmmannschaft steigt in die Maschine, und das Flugzeug verschwindet wieder im Nebel. Unsere Vorräte reichen aus bis Lane Hills, dem nächsten Depot, vorausgesetzt, daß wir nicht herumtrödeln ...

Trotzdem, auch wenn die Lage vorläufig noch nicht bedrohlich ist, dieses wiederholte unerklärliche Verschwinden unserer »Lebensmittel« löst eine schleichende Angst in mir aus, die ich nicht so schnell loswerde. Kein Wunder, denn die Nahrung wird unter diesen extremen Bedingungen geradezu zum Symbol des Überlebens. Außerdem hat mich der Abschied von unserem Filmteam ziemlich mitgenommen. Am Abend ist das Maß voll – ich fühle mich so einsam und verlassen, daß ich fast in diesen Gefühlen ertrinke. Auf einmal fehlt alles – Nahrungsmittel und Zuneigung, und ich werde die Erinnerung an Bernards und Laurents endlose Umarmungen nicht los, gefolgt vom Dröhnen des Motors, diesem unheilvollen Geräusch, das sich allmählich in den Wolken verliert ...

Plötzlich taucht Geoff auf, er lädt uns alle in sein Zelt ein. Eine Initiative, die für mich genau zum richtigen Zeitpunkt kommt, denn in Geoffs Zelt kann man sich über mangelnde menschliche Wärme bestimmt nicht beklagen. Nicht einmal ein Mitglied der Geisterexpedition könnte sich hier noch dazwischenquetschen ...

Mr. Somers beginnt mit einer hochoffiziellen Entschuldigung für das Mißgeschick mit den beiden verschwundenen Depots (von »Three Slices« und Weyerhäuser).

»Halb so schlimm«, unterbricht ihn Victor. »Die Hunde haben genug zu fressen, und wir haben genug zu trinken! Also ...«

»Ich habe was ganz Besonderes anzubieten«, fügt Daho hinzu.

»Was denn?« fragt Will sehr interessiert.

»Einen Wein, den der Pilot von der chinesischen Basis Great Wall Station mitgebracht hat ...«

Ich schenke den Wein ein und goutiere. Ein schwerer Rotwein, schmeckt ausgezeichnet.

Wir stoßen miteinander an. Keizos Augen funkeln. Er trinkt auch gern. Das gibt diesem ganzen Schnee um uns herum ein bißchen Farbe und verjagt für eine Weile die trüben Gedanken. Wir lassen uns gerne ablenken. Manche Spannungen lösen sich nach ein, zwei Gläschen in Wohlgefallen auf. Solche Gelegenheiten sind allerdings sehr selten ...

Eine Flasche chilenischer Pisco taucht plötzlich aus der Versenkung auf. Daho hat für Eis gesorgt – er hackt den Block in Stücke und verteilt sie in unsere Gläser. Das Eis wird uns jedenfalls nicht ausgehen. Heute abend herrscht Babylon in der Antarktis. Wir singen aus vollem Hals, was uns gerade einfällt – zu mehr sind wir nicht mehr fähig.

4. September 1989
–27 °C

Mein Gott, nie wieder! Trotz Kapuze, trotz dem Pelz unter der Kapuze, trotz der Mütze unter dem Pelz der Kapuze jagt mir ein Schauer nach dem anderen über die Kopfhaut. Von meinem Brummschädel und dem unwiderstehlichen Bedürfnis, mein Frühstück dem Schnee zu vermachen, will ich lieber gar nicht reden ...

Den ganzen Tag schleppe ich mich mühsam dahin. Im Gegensatz zu den Hunden, die mit einer Rekordleistung aufwarten: Fast 30 km legen wir auf dem Plateau zurück, obwohl es gar nicht so »platt« ist. Am Abend stellen wir unsere Zelte auf einer Kuppel auf, die über die Berge im Westen emporragt. Auf der anderen Seite, im Osten, steigt eine gigantische weiße Wand auf; sie erreicht eine Höhe von 3000 m. Der Mond steht wieder am Himmel, immer noch verkehrt herum. Die Landschaft ist von einer unbeschreiblichen Schönheit.

5 Die katabatische Windfolter

5. September 1989
– 32 °C

Wir bewegen uns auf dem riesigen, von Tälern durchzogenen Plateau fast auf derselben Höhe mit den Bergen. Die Schneekruste ist brüchig, sehr anstrengend. Aber das Wetter ist prächtig und entschädigt uns reichlich dafür. Im Osten spüren wir sogar die Nähe des Pazifik!

Kutaan führt am Nachmittag drei Stunden lang die Karawane an – Geoffs Lektionen haben Früchte getragen. Keizo, der Kutaan nur mit der Stimme dirigiert, ist hoch erfreut. Und ich bin selig in dieser Landschaft! Dieses Panorama ruft Erinnerungen an Patagonien in mir wach. Doch plötzlich kommt Will auf mich zu, und ich sehe ihm an, daß ihn etwas beschäftigt. Er schlägt mir vor, mich von Keizo zu trennen und mit ihm zu fahren. Victor soll an meiner Stelle mit meinem japanischen Freund weiterreisen. Ich antworte mit einem glatten »Nein«. Man kann nicht immer alles umwerfen, nur weil es Will gerade in den Kram paßt. Ich weiß, ich hätte taktvoller sein sollen, aber was soll's. Es ist eine Frage des Gleichgewichts, das sich bei einer solchen Expedition nur mühsam herauskristallisiert und immer gefährdet bleibt. Ich spüre schon seit einiger Zeit, daß Will die Gespräche mit mir unter vier Augen sehr schwierig und anstrengend findet, und vermutlich wirft er mir insgeheim vor, daß ich gar nichts dazu beitrage, die Kommunikation zu erleichtern.

Anscheinend haben wir alle das Bedürfnis, uns in unserer eigenen Welt, in unserem eigenen Mikrokosmos zu verbarrikadieren, nur so ertragen wir diese grenzenlose, feindselige, schwindelerregende Leere, die uns umgibt.

Will und ich sind Gefangene dieses kühnen Unternehmens, das wir gemeinsam ins Leben gerufen haben, und in der Wirklichkeit der Polarwelt, in der es praktisch keine Bezugspunkte gibt, vollzieht sich ein merkwürdiges Phänomen: Ich verkrieche mich in mein Schneckenhaus! Ich verschließe mich immer mehr in mir selbst. Alles ist so verwirrend, fremd und feindselig hier, daß der Gedanke, unsere Alltagsroutine auch nur im mindesten anzutasten, für mich geradezu bedrohliche Ausmaße annimmt.

Steger reagiert umgekehrt. Unser Alltagsritual scheint ihn zu erdrücken und auszulaugen. Er braucht ganz offensichtlich neue Impulse. Wahrscheinlich liegt es an den ungeheuren Schwankungen seiner wahrhaft »labyrinthischen« Persönlichkeit. Er ist nie zufrieden, immer auf der Suche nach etwas Neuem, nach etwas anderem. Vielleicht hat es aber auch mit seiner Herkunft zu tun? Er ist das »enfant terrible« einer jungen Nation, wir anderen dagegen tragen alle die Last einer tausendjährigen Geschichte auf dem Bukkel. Kein Wunder, daß uns der Übermut schon jetzt vergangen ist, noch bevor wir überhaupt richtig unterwegs sind . . . Das erdrükkende Erbe, die Last unserer jeweiligen Herkunft, ist vielleicht der geheime Schlüssel zu unserem gesetzteren Verhalten. Die Wüste konfrontiert jeden unerbittlich mit sich selbst, zwingt uns, zu unseren Wurzeln zurückzukehren.

6. September 1989
−27 °C

Heute morgen ist Wind aufgekommen, er bläst aus Südsüdost, wird stärker, flaut wieder ab. Sollen wir aufbrechen? Dableiben? Unschlüssigkeit bei uns allen. Man könnte auch sagen, eine geheime Angst, die uns die Brust zuschnürt, sehr unangenehm. Es wäre sicher besser für uns, wenn wir diesem lähmenden Zustand sofort ein Ende machen und uns zu einer Entscheidung durchringen würden . . . und wir schaffen es immer noch nicht. Dabei haben wir uns während unserer Grönland-Expedition oft genug bei viel schlimmerem Wetter durchgeschlagen! Dieser Gedanke bringt uns alle mit einem Schlag auf die Beine, und wir fangen trotz aller Ungewißheit mit den Vorbereitungen für den Aufbruch an. Aber nach wenigen Minuten nehmen die Zweifel wieder überhand ... nein, wir sollten doch lieber aufgeben ...

Also schmoren wir im Zelt, mit dem unbehaglichen Gefühl, daß wir doch unbedingt weiterfahren müssen, koste es, was es wolle, und jeder schluckt stumm seine Wut hinunter. Einfach unerträglich, dieses Hin und Her, diese sinn- und ziellose allgemeine Entschlußlosigkeit!

Was mich betrifft, ich koche vor Wut. Schließlich kann ich Will überzeugen, daß wir unsere lange Route von jetzt an im Grönland-Rhythmus angehen müssen, wenn wir je ans Ziel kommen wollen. Die andern geben mir recht, und das genügt, um uns wieder auf Trab zu bringen. In einem zweiten Anlauf – dem letzten für heute – bereiten wir uns zur ... Attacke vor. Aber draußen nagelt uns der tobende Wind auf der Stelle fest. Und wieder überfällt uns die Mutlosigkeit ...

Es ist, als ob die Antarktis sich vorgenommen hätte, uns zu verschlingen, uns hilflos in ihrem riesigen weißen Spinnennetz zappeln zu lassen. Wenn man bedenkt, daß wir eine Woche früher als geplant zum Weyerhäuser gekommen waren! Aber bei unserem gegenwärtigen Tempo laufen wir Gefahr, den Zeitplan nicht einhalten zu können. Ich schwöre mir bei allem, was mir heilig ist, daß wir morgen einen unerbittlichen Gewaltmarsch einlegen werden!

7. September 1989

Hilfe! Man sieht nicht einmal mehr die Schlitten von unserem Zelt aus! Von Süden her attackiert uns der Wind mit brutalen Sturmböen, er pfeift und tobt, als ob er uns beweisen wollte, daß er unsere nichtigen Menschenleben ganz in seiner Gewalt hat.

Zwei Gestalten tauchen auf, sie kriechen beinahe auf Händen und Füßen durch den Blizzard, in dem hoffnungslosen Versuch, dem Zorn des Himmels zu entrinnen. Wer ist es? Endlich erkenne ich Will und Geoff, als sich die beiden Gestalten unserem Zelt nähern.

Es ist die Hölle! Und ich kann mir schon denken, warum sie kommen. Wir werden eine Lebensmittelrationierung für den leider nur zu wahrscheinlichen Notfall ins Auge fassen müssen. In Zukunft werden wir unterwegs nicht mehr bequem aus der Luft versorgt werden, wie beim letztenmal, als uns das Filmteam neue Vorräte mitbrachte. Bis Ellsworth wird kein Flugzeug mehr für uns starten und uns aus der Patsche helfen! Die Bilanz ist beängstigend: Seit dem 1. September haben wir nur einen einzigen Tagesmarsch zurückgelegt. Wir fangen allmählich zu phantasieren an, die erzwungene Untätigkeit führt zu schweren Schlafstörungen. Wir tun nichts anderes als warten, warten und noch mal warten.

Heute lese ich meinen »Monde diplomatique« von vorne bis hinten und von hinten bis vorne ... Das ist meine persönliche List im Kampf gegen den Stumpfsinn, aus dem man so schwer wieder herausfindet. Ich stoße auf einen Artikel, der mich sehr fasziniert: »Eine Zukunft für den Planeten erfinden«, und ich verbringe Stunden damit, dieses Thema von allen Seiten zu betrachten.

8. September 1989
–38 °C heute morgen, –40 °C heute abend.

Keine Wolke am Himmel! Von dem brüllenden Horror gestern ist nur ein leichter Südwind geblieben, eisig zwar, aber verglichen mit gestern geradezu eine Wohltat. Geoff und seine Thule fahren voraus und öffnen uns die Route. Wir schießen dahin wie Kanonenkugeln.

Gegen Mittag bietet uns die Antarktis ein berauschendes Schauspiel: Alle hohen Gipfel verdoppeln sich auf der Eisfläche, als würden sie von einem Zauberspiegel eingefangen, während die etwas niedrigeren Bergspitzen zu schweben scheinen, als wollten sie sich über den Horizont erheben. Wir wissen, daß die obere Luftschicht diese optischen Täuschungen durch die Lichtbrechung hervorruft. Das ändert aber nichts daran, daß der Anblick grandios ist und die unglaublichsten Trugbilder in der Phantasie aufsteigen läßt.

Wir fahren weiter, bis es dunkel wird, beflügelt von der Zauberwelt der Traumbilder, die uns unsere Phantasie vorgaukelt, aber zugleich halb tot vor Erschöpfung. Kein Wunder, nach einem Dauerlauf über eine Strecke von 37 Kilometern!

Heute abend schimmert der Schnee auf dem Mount Charity blaßrosa, die Felswand, die im Schatten liegt, himmelblau. Ein zartes Farbenspiel, eine richtige Märchenkulisse. Gegen Sonnenuntergang färbt sich der Himmel grellviolett. Die Luft hat die gläserne Reinheit eines Libellenflügels. Schweigen . . .

9. September 1989
−27 °C

Puh! Wo ist die Libelle geblieben? Alles ist schneebedeckt. Am Boden schauen nur die schwarzen Punkte aus den maßgeschneiderten Iglus hervor. Beim ersten »Ratsch« der Zeltreißverschlüsse strecken die mutigsten Iglubewohner ihre Köpfe hoch. Zu komisch sehen sie mit ihren Schneekappen aus.

Der Wind greift von Südosten an, dann zur Abwechslung von Norden und schließlich aus Nordwest – die reinste Wetterfahne . . . Das bedeutet nichts Gutes. Aber trotz der 60 km/h, dann 80 km/h, drehen wir dem Wind eine lange Nase und legen immerhin 43,5 km zurück! Die Helden dieser verrückten Jagd sind wieder einmal Thule und ihr Herr, die wie besessen an der Spitze der Karawane dahinsausen.

In meinem Kopf findet eine heftige Diskussion statt. Ich gebe gerade eine imaginäre Pressekonferenz, aber ich muß sagen, die Fragen der Journalisten sind manchmal so absurd und realitätsfern, daß ich richtig böse werde und wild in der Luft herumgestikuliere. Keizo sieht es und zwinkert mir verschwörerisch zu. Womit schlägt er sich gerade herum? Ich weiß es nicht, aber im japanischen Lager scheint auch nicht gerade der reine Seelenfrieden zu herrschen. Wenn man Stunde um Stunde zusammen an einem Schlitten hängt, entwickelt man einen siebten Sinn für das, was im anderen vorgeht, eine Art »Polartelepathie«. Ein verblüffendes Phänomen. Aber schon hagelt es wieder aggressive Fragen: »Docteur Etienne, was soll das Ganze eigentlich?« – »Haben Sie ein wissenschaftliches Ziel?« – »Sind Sie ein Abenteurer?« – »Und was haben Sie nach dieser Durchquerung vor?« Ruhe, bitte! Ruhe! Gut möglich, daß Keizo an meiner Stelle geantwortet hat . . .

10. September 1989
– 25 °C

Ein Orkan! Wir werden von Sturmböen bis zu 150 km/h attakkiert... Es ist zum Fürchten! Die Sichtweite liegt unter einem Meter, denn ich kann nicht einmal die Zeltpflöcke sehen, und dabei hängt unser Leben von ihnen ab. Wenn sie bloß halten...

Der Schnee hat sich gierig zwischen die Trennwände unserer doppelten Dachplane gedrängt, und jetzt, wo er gefroren ist, bildet er einen harten Panzer. Der letzte Schrei, wir wohnen in einem Iglu! Das hat seine Vorteile: Lärmschutz – es dämpft ein ganz klein bißchen das Sturmgebrüll – und natürlich Kälteschutz. Aber jeder Vorteil bringt auch einen Nachteil mit sich, und die Medaille hat eine sehr häßliche Kehrseite: Alles, was bisher gefroren war und in Frieden geruht hat, schmilzt bei den beträchtlich höheren Temperaturen. Wir schmoren jetzt in einer Kloake... Die Wände triefen buchstäblich vor Nässe, während sie von den wütenden Sturmböen durchgepeitscht werden. Alles wackelt und bebt, und bei jedem neuen Stoß prasseln bösartige kleine Sturzbäche vom Dach herunter. Diese »Wasserspiele« stundenlang ertragen zu müssen kommt einer chinesischen Folter gleich. Nachdem ich mich lange genug in meinem Schlafsack herumgequält habe, beschließe ich, mein kostbares Tagebuch hervorzuholen. Kaum habe ich es aufgeklappt, da ist es auch schon völlig aufgeweicht. Das ist zuviel – ich habe jetzt wirklich die Schnauze voll! Das Schlimmste an einer Polarexpedition ist nicht das Vorwärtskommen am Tag, denn dafür sind wir gut ausgerüstet, und da wir uns ja die ganze Zeit bewegen, ist die Kälte erträglich. Nein, das Schlimmste ist diese trostlose enge Zelle hier, die sich neuerdings wie ein Eissumpf gebärdet!

Der Tag ist endlos. Um die Mittagszeit wagt sich Keizo aus dem Zelt, um seinen Hunden einen Besuch abzustatten. Er kriecht auf allen vieren hinaus, die Angst im Nacken, denn das ist, als ob man plötzlich in den fürchterlichen Luftsog einer startenden Düsenmaschine gerät. Man verliert in diesem Mahlstrom sofort jeden Raumbegriff und jeden Orientierungssinn. Die kleinen Hunde-Iglus haben sich in regelrechte Schneewälle verwandelt. Der Lärm ist so ohrenbetäubend, daß Keizo die kurzen, trügerischen Atempausen zwischen den wütenden Attacken des Orkans abwarten muß, um zu lauschen, ob irgendwo vielleicht ein verzweifeltes Jaulen vernehmbar ist. Zum Glück hat er nichts dergleichen gehört, sagt er mir, als er wieder zurück ist. Aber er gibt zu, daß er das merkwürdige Gefühl hat, einem Alptraum entronnen zu sein, und ich sehe noch deutlich das Grauen in seinen Augen. Sein Blick ist beängstigend starr. Ich muß an meine eigenen Horrorvisionen damals am Nordpol denken, und will mir mein Gesicht in so einem Augenblick lieber gar nicht vorstellen. Zum Glück war ich allein, ich konnte mich weder sehen noch im Blick eines anderen spiegeln... Es ist auch wirklich zum Fürchten, wenn man hilflos diesen grausamen, erbarmungslosen Naturgewalten ausgeliefert ist, und ich finde, Keizo hat einen bewundernswerten Mut bewiesen, als er sich in diese Hölle hinausgewagt hat.

Aber dann siegt die »Routine der Antarktis-Mumien«, wie ich es insgeheim nenne. Man liegt in seinem Sarkophag, man döst vor sich hin, man erstarrt in einem dämmrigen Halbschlaf, man schreckt wieder hoch. Das Zelt ist noch da. Einen Augenblick lang hatte ich geglaubt, daß es von einem besonders brutalen Keulenschlag weggefegt worden sei. Die Minuten dauern Stunden...

Schließlich kommt die Nacht, aber die Zeit hat in diesem Chaos keine Bedeutung mehr, es könnte genausogut immer noch Tag sein. Verfluchter Mist! Ruhig, Jean-Louis, sage ich mir. Nur nicht ungeduldig werden, nur nicht durchdrehen. Es sind ja nur noch 40 km bis zum nächsten Depot, und dabei ist es dir doch so unerreichbar erschienen! Aber trotzdem, wenn ich mich nicht irre, haben wir seit dem 1. September von zehn Tagen sechs im Zelt verbracht! Was habe ich eigentlich hier verloren? Zermürbt vom Warten, kommt mir das »schöne Leben«, das ich seit fünfzehn Jahren führe, auf einmal völlig absurd und lächerlich vor. Als ob sich ein fremdes Wesen in mich eingeschlichen hätte, um mir die Faszination und Schönheit dieses Abenteuers zu rauben. Gütiger Himmel, nur eine winzige Atempause! Wenn wir doch nur endlich aufbrechen könnten!

11. September 1989

Der Orkan hat sich in einen Sturm verwandelt. Eine vorübergehende Flaute heute morgen hat uns aufatmen lassen, wir hatten schon gehofft, daß wir aufbrechen könnten, aber dann ging es von vorne los. Um 9.00 Uhr liegen wieder sechs frustrierte Mumien in ihren Stoffsärgen.

Ich habe eine schlechte Nacht verbracht. Seit über einer Woche quälen mich Geldsorgen und organisatorische Probleme und rauben mir den Schlaf. Alle Schwierigkeiten, die mit unserem Mammutunternehmen verbunden waren, gehen mir wieder durch den Kopf. Als ob ich nun, nach dem ersten Antarktismonat, die ganzen Vorbereitungsarbeiten, mit denen ich mich zwei Jahre lang herumgeschlagen habe, noch einmal machen müßte! Und wenn ich zurückkomme, fängt die verfluchte Jagd nach dem Geld wieder von vorne an.

In solchen selbstkritischen Momenten erspare ich mir nichts, und ich werfe mir nachträglich meinen Egoismus vor, mit dem ich mich die letzten zwei Jahre in dieses Projekt verbissen habe. Wenn man ganz und gar auf ein solches Abenteuer zulebt, wird das zur Obsession, und man schließt sich unwillkürlich vom Rest der Welt ab. Aber ich habe mir da auch eine schwere Verantwortung aufgeladen, und die Probleme waren von Anfang an so vielfältig und verwickelt, daß eine solche Haltung nahezu unvermeidlich war. Es handelte sich dabei im Endeffekt um einen notwendigen Schutzmechanismus, nicht um eine bewußte Abgrenzung gegenüber meinen Freunden.

»Transantarctica« auf die Beine zu stellen war weiß Gott keine Kleinigkeit. Sie ist zweifellos eine der größten und bedeutendsten privaten Expeditionen der gesamten Polargeschichte. Um diese gewaltige Maschinerie in Gang zu setzen, mußte ich viel von mir selbst, von meiner Zeit, meiner Kraft opfern und mich ganz und gar auf dieses Ziel einstellen.

Als der Traum schließlich konkrete Formen angenommen hatte, mußten wir erst einmal die nötigen Gelder dafür auftreiben . . .

Entdecker wurden zu allen Zeiten finanziell unterstützt, von ihren Regierungen, von den Banken, von reichen Mäzenen, den

Sponsoren früherer Zeiten. Unsere heutigen Mäzene sind die Industriekonzerne. Wer bei einem Sponsor vorspricht, muß aber den Beweis liefern, daß er das Engagement, die Entschlossenheit, die Qualifikationen mitbringt, um das Projekt erfolgreich durchzuführen.

Diese Verführungsphase ist entscheidend. Man trifft nicht immer auf Anhieb auf den idealen Sponsor, und da heißt es hart bleiben. Es ist eine gute Schule . . .

Aber was ist eigentlich ein guter Sponsor? Man könnte es vielleicht so sagen: Ein guter Sponsor erkennt sofort das Potential, das in einem bestimmten Projekt steckt, und die Chance für sein Unternehmen, dieses Potential für neue Public-Relations-Formen zu nutzen, die viel mehr Faszinationskraft besitzen als die herkömmliche Werbung. Das »Sponsoring« ist ein Abenteuer, bei dem die Partner die Begeisterung für ein Projekt teilen, aber auch das Risiko, daß es eventuell mißlingt. Und das bedeutet für den Expeditionsleiter einen Verlust an Glaubwürdigkeit, für den Sponsor möglicherweise einen finanziellen Verlust. Um das finanzielle Risiko gering zu halten, machen heute immer mehr Werbemanager ihre Reklamefeldzüge vor dem Start, so daß einige phantastische Projekte, die mit einem Riesenaufwand an die Öffentlichkeit gebracht werden, hinterher stillschweigend im Sand verlaufen. Was die Risiken angeht, so muß man dem Sponsor reinen Wein einschenken, man muß sich darüber im klaren sein, daß die Katastrophe keinem etwas nützt, und man darf sich von einem Sponsor niemals zu einem Fehler drängen lassen.

Zum Glück geht in den meisten Fällen alles gut über die Bühne. Meine Sponsoren UAP, ELF, DAMART und SAFT haben keinen Augenblick gezögert, meine zweite, erfolgreiche Nordpolexpedition im Jahr 1986 zu finanzieren, obwohl mein erster Versuch gescheitert war. Sponsoring funktioniert nur auf der Basis gegenseitigen Vertrauens. Aber abgesehen von diesem grundsätzlichen Einverständnis, müssen die Rollen der beiden Partner klar definiert sein: Der Expeditionsleiter hat die Aufgabe, sein Projekt erfolgreich durchzuführen, und der Sponsor nützt das Abenteuer, das er finanziert, für Werbezwecke oder als Test für seine Produkte.

Die meisten Mißverständnisse entstehen dadurch, daß es keine klare Rollendefinition gibt. So gehört Direktwerbung für den Sponsor keineswegs zu den Pflichten eines Abenteuerreisenden. Dagegen ist es üblich, daß er das Markenzeichen des Sponsors auf seinen Kleidern trägt.

»Transantarctica« hat 25 Millionen Francs gekostet, das Boot nicht eingerechnet. Wir haben ein »joint venture« zwischen einem amerikanischen Unternehmen, der französischen Gesellschaft »Hauteurs et Latitudes« und dem sowjetischen Polarexpeditionen-Verband ins Leben gerufen. Die Hälfte der Summe wurde für die Expedition verwendet, die andere Hälfte für die internationale Kommunikation und das Trainingsprogamm. Wir haben zwei Jahre lang etwa 20 Angestellte beschäftigt. Die Filmproduktion wurde einer französischen Gesellschaft anvertraut, den »Films d'ici«, unter der Leitung von Yves Jeanneau, der sich als fähiger Partner erwiesen hat, trotz der anfänglichen Bedenken der amerikanischen Fernsehsender. Die Filmserie wird in 52 Ländern ausgestrahlt, in Frankreich über Antenne 2.

Unser erster Sponsor war, wie bereits bei meiner Nordpolreise, die Versicherungsgesellschaft UAP. Die Firma GORETEX, zunächst nur technischer Partner für die Polarkleidung, wurde im Lauf der Vorbereitungen zu unserem wichtigsten Verbündeten. DAMART und SAFT, meine getreuen Nordpol-Sponsoren, haben auch die Südpolreise mitgemacht.

Will Steger hat ein in den USA sehr verbreitetes Finanzierungssystem praktiziert. Er hat seinen Namen an einen riesigen Konzern (TARGET) verkauft. Target hat eine ganze Reihe von Produkten unter die Lupe genommen, die mehr oder weniger mit dem Begriff »Abenteuer« in Verbindung gebracht werden können, dann eine Marktanalyse erstellt, und nachdem sie sich von der Machbarkeit des Unternehmens überzeugt hatten, haben sie einen »Vorschuß« auf den geschätzten künftigen Gewinn bezahlt.

Für mich persönlich kommt eine solche Finanzierungsform nicht in Frage. Ich will mich nicht vom Publikum »konsumieren« lassen – wenn die Leute ein Produkt mit meinem Namen kaufen, wäre das für mich so, als ob sie einen Teil von mir selbst kauften . . ., und das bekommt man nie zurück. Ich habe diesbezüglich eine einfache Grundregel: Wenn ich etwas gefühlsmäßig nicht bejahen kann, lehne ich es ab. Die anderen Partnerländer haben die Expedition unterstützt, so gut sie konnten. China hat uns einen Chinesen gegeben. Kein Geld, aber dafür haben sie uns bei unserer Ankunft auf der King-George-Insel ein paar Tage in ihrer Basis »Great Wall Station« beherbergt. Und uns mit Gelée Royale gefüttert, einem Stärkungsmittel und Aphrodisiakum . . .

Die Russen haben viel zur Logistik beigetragen, wodurch unser Polarsegler ein bißchen in den Hintergrund gedrängt wurde. Sie haben den Treibstoff in die Antarktis transportiert, sie haben uns mit der legendären Iljuschin zum Startpunkt geflogen, und sie werden uns am Ende der Durchquerung auf der Strecke Wostok-Mirny unter ihre Fittiche nehmen.

Bis wir diese Zone erreichen, die momentan noch mehr als 3000 km entfernt ist, müssen wir uns in Geduld üben. Wir können im Augenblick nichts tun, nur warten, warten – wie sechs Einsiedler in ihrer Klause. Die Nachbarzelte zu besuchen kommt einer lebensgefährlichen Extremtour gleich, wir können uns nur in voller Polarausrüstung in die Hölle draußen wagen. Wappnen wir uns also mit Geduld . . .

12. September 1989
–14 °C

Nanu? Ist das nur eine unverhoffte, barmherzige Atempause oder endlich ein längerer Waffenstillstand in diesem weißen Krieg, den die Antarktis mit solcher Wut gegen uns führt? Der Wind ist abgeflaut, und wir stürzen aus den Zelten. Wir trauen unseren Augen nicht: Unser Lagerplatz hat sich in eine ungestalte Alptraumlandschaft verwandelt. Alles liegt unter einer dicken Schneeschicht, zwischen den Schlitten und den Zelten haben sich riesige Schneeverwehungen gebildet. Wir werden uns erst einmal als Schneeräumungskommando betätigen müssen. Zwei gute Stunden Schneeschaufeln liegen vor uns, bis unsere Ausrüstung aus ihrem mehrtägigen Winterschlaf wieder auftauchen kann. Wir finden Kutaan in einer richtigen Eisgrotte – maßgeschneidert natürlich. Er ist in Bestform! Er war auch gut geschützt zwischen den glatten Wänden seines Muschelhäuschens. Sein Fell ist erstaunlich sauber. Kutaan gehört wie Oclock zu den Hunden, die sich furchtlos unter dem Schnee »einbunkern«. Monty und Konsorten dagegen spielen gar nicht gern den »Eismaulwurf«, sie arbeiten sich immer wieder an die Oberfläche empor. Sie sind in einem unbeschreiblichen Zustand: Dicke Eisbrocken hängen an ihrem Fell – die Eiszeitmonster sind wiederauferstanden! Nach den Schaufeln treten jetzt die Hundestriegel in Aktion, und nach und nach sehen die Hunde wieder wie richtige Hunde aus. Nachdem wir sie von ihrer Eiskruste befreit haben, vor allen Dingen die Stellen, an denen das Geschirr scheuert, machen wir uns auf den Weg. Es ist schon 10.00 Uhr, als die Schlitten sich in Bewegung setzen. Dieser Sektor wird uns immer in böser Erinnerung bleiben. Wir sind entzückt, daß wir endlich abhauen können, und verlieren keine Sekunde ... Man kann unseren Aufbruch schon beinahe als Flucht bezeichnen.

Und dann die absolute Katastrophe! Um die Mittagszeit beginnen die Feindseligkeiten von neuem. Der Wind fällt mit einer unglaublichen Wucht über uns her. Wir sind völlig niedergeschmettert. Keine Sicht mehr, nur eine weißliche Masse ... In Sekundenschnelle verlieren wir Geoffs Spur – er ist alleine vorausgefahren. Will und Victor sind hinter uns ebenso plötzlich verschwunden, als ob sie sich verabredet hätten. Ich mache mir ziemliche Sorgen um unseren Engländer. Es gibt nur eine Lösung: das Zelt so schnell wie möglich aufstellen und warten, in der Hoffnung, daß sich das Wetter bald bessert.

Zwei Stunden vergehen, die Spannung ist unerträglich. Keizo und ich sind völlig zermürbt, wir kochen vor Wut über unsere Hilflosigkeit. Das Toben des Blizzards läßt und läßt nicht nach ...

Plötzlich taucht Geoff vor uns auf, allein, zu Fuß. Man kann sich vorstellen, wie erleichtert wir sind! Geoff hat Gott sei Dank nicht den Kopf verloren, das heißt, er hat angehalten. Er hat sein Zelt aufgestellt und dann die einzig mögliche Strategie befolgt, um zu uns zurückzufinden – eine Methode, die sich bereits in Grönland bewährt hat. Er hat alle verfügbare Schnur zu einer »life line« zusammengeknotet und sich mit allem bewaffnet, was sich im

Stilleben unter trübem Himmel. Wieder sind wir ins Zelt verbannt

Schnee aufpflanzen läßt . . ., und dann vorwärts – hier einen Ski und da einen Skistock als Orientierungspunkt in den Schnee gerammt –, und so hat er uns wiedergefunden.

Kurze Zeit später flaut der Wind ab . . . Es ist zum Haareausraufen – als ob sich der Himmel gegen uns verschworen hätte. Wir verfluchen ihn von ganzem Herzen, denn jetzt ist es entschieden zu spät, um wieder aufzubrechen.

Aber am nächsten Morgen sind wir wieder ins Zelt verbannt, und das Warten beginnt aufs neue . . . Ein ständiges Wechselbad von Resignation und ohnmächtiger Wut, eine Geduldsprobe, die sich zu einem regelrechten Überlebenskampf auszuwachsen droht.

14. September 1989
– 27 °C

Wir haben Lane Hill gefunden! Nach drei Stunden Marsch können wir jetzt endlich die Hand nach unseren kostbaren Vorräten ausstrecken. Schon der bloße Anblick löst in uns eine tiefe Genugtuung, ja einen regelrechten Freudentaumel aus. Es ist eine beinahe kindliche Reaktion, diese unbändige Freude, endlich den heißbegehrten, langersehnten Schatz entdeckt zu haben. Wie eine Bande von Polpiraten machten wir uns über die Schatzkisten her – die hauptsächlich mit Pemmikan und Futterblöcken für die Hunde gefüllt sind. Aber jetzt und hier, unter diesem trübseligen Himmel, in diesem sterilen Schnee, sind sie von unschätzbarem Wert. Wir sind in Hochstimmung, als wir die kostbare Beute aufteilen, und die wilden Bestien, die uns auf unserem Raubzug begleiten, stimmen in unser Triumphgeschrei mit ein . . .

Als wir uns wieder auf den Weg machen, sind unsere Schlitten erheblich schwerer, aber alle Gespanne wühlen sich mit entwaffnender Begeisterung aus dem weichen Schnee heraus. Sowohl bei den Vierbeinern als auch bei den Zweibeinern herrscht wieder Selbstvertrauen und eiserne Disziplin! Bis sechs Uhr abends marschieren wir in einer einfach unvorstellbaren Euphorie, wenn man bedenkt, wie niedergeschlagen wir in den letzten Tagen waren.

15. September 1989
– 27 °C

Es beginnt wie die berühmte Szene in Fellinis »Amarcord«, als der Phantomstier seiner Kindheit aus dem Nebel auftaucht. Dieselbe wattigtrübe, geheimnisvolle Atmosphäre, nur daß hier mit Sicherheit kein Tier erscheinen wird. Auf dem antarktischen Plateau gibt es kein Leben, und nur unsere irregeleitete Phantasie gaukelt uns durch eine Nebelspirale hindurch die schemenhaften Umrisse eines Zugvogels oder eines verirrten Yeti vor . . .

Gegen Mittag löse ich Geoff beim Spuren ab. Will gesellt sich zu mir. Er ist heute ungewohnt friedfertig, geradezu heiter, ein angenehmer Gesprächspartner. Wir laufen Seite an Seite auf unseren Skiern dahin und reden.

»Hallo, Écho Tango! Hallo, Écho Tango! Hörst du mich?« Mein Herz macht einen Satz: Écho Tango war mein Funkrufname am Nordpol. Michel Franco, der mich auf meiner Nordpolreise mit fester Stimme durch so viele Gefahren und Katastrophen begleitet und geführt hat, ruft mich von Puntas Arenas. Unser Schiff »UAP Antarctica« ist endlich in tadellosem Zustand eingetroffen, perfekt gerüstet für die Fahrt in die patagonischen Meerengen. Kurze Zeit später schaltet sich Jérome Poncet ein, der uns auf seiner Falklandinsel empfängt. Ich war immer sehr fasziniert von seinen Pionierfahrten mit der berühmten »Damien«, die er zusammen mit Gérard Janichon durch die antarktischen Gewässer gesteuert hat. Ein aufwühlender Abend, alte Freunde, gemeinsame Erinnerungen ... Aber als ich gerade die Funkkontakte abbrechen will, verkünden mir Michel, Criquet und Jean Collet, der Kapitän des Polarseglers, daß sie jetzt alle zusammen zum Essen ins Restaurant gehen! Und wir? Wir hocken in unserem Zelt und essen schon zum siebtenmal in dieser Woche unsere Nudeln mit Käse. Gefangen in einer riesigen Tiefkühltruhe ...

Ein bißchen frustriert gehe ich hinaus, um den Himmel zu betrachten. Wir haben Vollmond, aber er ist von Nebelschleiern verhüllt. Schade, wir sehen ihn heute zum letzten Mal, im Oktober gibt es keine Nacht mehr ...

6 Schaffen wir es?

16. September 1989
–22 °C

Heute mittag geht es schon wieder los, der Nordwind fällt mit 30–40 km/h über uns her. Er fährt uns mit voller Wucht in den Rücken. Man sieht fast nichts. Es ist, als ob man eine unsichtbare Rutschbahn hinunterpurzelt, mit der köstlichen Aussicht, daß man sich dabei auch noch heillos verirren könnte ... Auf einmal beschleunigt der Schlitten, und wir schießen jetzt in einem endgültig unkontrollierbaren Tempo dahin. Der Schlitten macht wilde Sätze, wir geraten immer öfter ins Schleudern. Plötzlich liegt Monty auf dem Rücken, alle viere in der Luft, und Arrow hat sich losgerissen. Eine höllische Abfahrt! Monty rutscht auf dem Rücken weiter, wir können nichts tun, wir krümmen uns über den lächerlichen Schlittengriffen, in der Hoffnung, daß wir nicht umkippen. Wir sind halb tot vor Angst. Wir bieten unsere ganze Kraft auf, um das prekäre

Gleichgewicht zu wahren. Als wir endlich zum Stehen kommen, stürzt Keizo sofort zu Monty hin, um ihn zu beruhigen und zu untersuchen. Zum Glück scheint dem Hund nichts zu fehlen, er wedelt fröhlich mit dem Schwanz, es sieht fast so aus, als ob ihm die Salto-Nummer und die anschließende Rutschpartie auch noch Spaß gemacht hätten.

Wir bringen unser Mittagessen in wenigen Minuten hinter uns, denn wir schlucken mindestens soviel Schnee wie Trockenfrüchte und Pemmikan.

Laut Geoff befinden wir uns in einer Art Korridor zwischen zwei Gebirgszügen, daher der chaotische Strudel der katabatischen Winde, die völlig unberechenbar sind und genauso schnell wieder verschwinden, wie sie losbrechen. Es ist auch wirklich mehr als ein Wirbelsturm, der uns mit einer bisher nicht gekannten Heftigkeit erfaßt. In der Vertikalen kommt zwischendurch manchmal die Sonne zum Vorschein, aber in der Horizontalen, in Menschenhöhe, hat das nur die Wirkung, daß wir buchstäblich geblendet sind, wie ertrunken in dieser schweren Pulverschneeschicht. Geoff muß immer wieder auf seinen Schlitten klettern, um die Berge in dieser weißen, tobenden Masse aufzuspüren und nachzuprüfen, ob unsere Route stimmt.

Der Marsch geht weiter. Es ist eine seltsame Reise. Als ob die Realität zwei Gesichter hätte und auf zwei verschiedenen Etagen angesiedelt wäre. Ich träume manchmal von einem magischen Fernrohr, mit dem ich in die obere Welt schauen könnte – die uns arme, herumirrende Erdlinge mit souveräner Verachtung behandelt –, und sei es auch nur, um ein kleines Stückchen Himmel zu erhaschen . . .

Als wir endlich anhalten, um unser Camp aufzubauen, ist der Kampf mit den Elementen keineswegs zu Ende. Im Gegenteil, es kommt noch schlimmer. Ein wahres Kunststück, unter diesen Bedingungen ein Zelt aufzustellen! Wir brauchen zwei Stunden dazu. Und drinnen – keine Erholung für unsere Muskeln. Das Zelt ist mit einer dicken Schneeschicht gepanzert, die wir schleunigst abbürsten müssen, bevor sie schmilzt. Eine endlose Plackerei. Wir schaffen soviel Schnee wie möglich fort, bevor wir den Kocher anzünden. Aber das ist vergebliche Liebesmüh, alles tropft, alles ist feucht, alles ist aufgeweicht. Ein Teufelskreis.

Zum Glück können wir unseren Antarktiskoller im Wodka ertränken. Heute abend feiern wir Victors Geburtstag. Er ist 41 Jahre alt geworden.

17. September 1989
– 15 °C

Der Wind gönnt uns keine Atempause. Ich habe das dumpfe Gefühl, daß dieser Tag ein Alptraum wird. Ich besuche als erstes Geoff in seinem Zelt, in dem ausnahmsweise einer der Hunde geschlafen hat – Sawyers. Er war gestern abend sehr erschöpft, die lange Schlechtwetterperiode hat ihm zugesetzt. Sawyers ist ein scheues, ungeselliges Tier. Selbst Geoff darf ihm nicht allzu nahe kommen. Bei den Hunden ist es nicht anders als bei den Menschen – den Unzugänglichen, Verschlossenen merkt man lange nichts an, bis sie auf einmal völlig am Ende sind. Geoff war ziemlich überrascht, denn während der Grönland-Expedition war Sawyers prima in Form. Heute morgen geht es ihm besser. In der Zeltwärme sind die Schneekrusten auf seinem Fell geschmolzen. Geoff hievt ihn auf den Schlitten, denn laufen darf Sawyers heute nicht. Der Hund scheint diesen Komfort sehr zu genießen, und er beobachtet mit kindlicher Neugier alles, was um ihn herum geschieht.

Wir beginnen den Abstieg von einem Paß – weiß der Himmel, wie er heißt – in den »Gutenko Mountains«, und wir müssen uns durch eine trübe Schneewand hindurcharbeiten. Meine Vorahnung hat mich nicht getrogen. Das hier ist die Hölle! Wir verlieren uns zehnmal hintereinander aus den Augen und müssen auf allen vieren vorwärtskriechen, um die Spuren des vorausfahrenden Gespanns zu finden. Die Hunde sind uns keine Hilfe mehr, auch sie sind völlig blind und unfähig, der richtigen Spur zu folgen. Es ist mehr als hart, es ist der pure Wahnsinn! Allmählich geht es ums nackte Überleben. Am Abend nagelt uns der fürchterliche Wind auf der Stelle fest, er fällt mit 120 km über uns her, eine Terrorattacke, in der sich alle Furien der Lüfte gegen uns verschworen haben. Und der Kampf mit dem Zelt ist noch schlimmer als am Abend davor.

Wir versuchen, Funkkontakt mit dem Boot aufzunehmen, das jetzt auf hoher See sein muß. Leider ohne Erfolg. Offenbar lassen sich die Frequenzen von Land und Meer nicht aufeinander abstimmen ... Ich koche vor Wut. Die »UAP Antarctica« ist unser mobiles Basiscamp, für unsere Sicherheit da. Und was machen sie? Eine Vergnügungsfahrt um Kap Hoorn. Das Schiff ist mit den modernsten Kommunikationstechnologien ausgestattet – es hat uns ein Vermögen gekostet! –, aber sie haben nicht einmal ein Funkgerät, mit dem sie uns erreichen können! Ich wüte gegen Michel Franco, der für die technische Ausrüstung der UAP verantwortlich ist. Wenn dieses Schiff bei der Summe, die es uns jeden Monat kostet, nicht in der Lage ist, uns über Funk zu assistieren, kann es ebensogut direkt nach Frankreich zurückfahren, sobald wir den Südpol erreicht haben ...

18. September 1989
– 25 °C

Ein Wunder! Die Sonne überflutet das weite Plateau mit den vereinzelten, majestätischen Bergen, die wie Fabelwesen aus dem Eis aufragen. In der Ferne, im Osten, kann man sogar die Adelaide Island ausmachen. Die Antarktis hat wirklich eine unerhörte Gabe, sich in Szene zu setzen, einmal grausame Vernichtung, dann wieder strahlendes Wunder. In dem Augenblick, in dem wir drauf und dran sind, dem weißen Horror zu erliegen, präsentiert sie uns über Nacht ein vollkommen anderes Gesicht. Es ist beinahe zu schön, um wahr zu sein. Wir sind alle ein wenig abwesend, fast zu ruhig, wie in Trance. In Wirklichkeit versuchen wir, nach der pausenlosen Aggression in den letzten zehn Tagen wieder neue Kräfte zu schöpfen. Sawyers geht es jedenfalls besser. Er springt fröhlich um uns herum.

Am Abend kein Windhauch ... Die grenzenlose Stille um uns herum ist lastend und beinahe quälend, denn unsere Ohren sind noch voll vom Chaos der letzten Tage.

Was für ein Leben! Die Abenteuerlust muß schon tief verwurzelt sein und bis in die früheste Jugend zurückreichen, wenn ein Mensch solche brutalen Kontraste ertragen und das Ungeheuerliche daran auch genießen können soll. Hinter unserer gegenwärtigen Existenz steht nichts anderes als das Bedürfnis, die eigenen Grenzen immer weiter und weiter hinauszuschieben, ein Bedürfnis, das sich bereits sehr früh bei mir entwickelt hat. Ein ganz spezielles Lebensgefühl. Nur eine Eiswüste wie die Antarktis kann diese Sucht voll zur Entfaltung bringen, mit ihrem brutalen Wechselbad von Todesangst und Ekstase.

19. September 1989
– 32 °C

Ein schöner, langer und friedlicher Vormittag, jedenfalls für die Menschen. Für die Hunde leider nicht, denn das Terrain ist praktisch nie eben. Vor jedem Berg, dem wir uns nähern, bildet der Boden große Wellentäler. Die Tiere sind lustlos, und Keizo, dessen Geduld unerschöpflich ist, redet ihnen ununterbrochen gut zu, macht ihnen Mut, feuert sie an. Ich staune, wie gut er sich mit den Hunden verständigen kann, und schließlich wird seine Mühe belohnt. Chinook ist jetzt vorne, damit Kutaan sich ein bißchen erholen kann. Bei Kutaan haben sich gestern Symptome einer Darmentzündung gezeigt, eine typische Streßerscheinung. Kutaan ist sehr scheu, ohne großes Selbstbewußtsein, und seine schwierige Aufgabe als Leithund hat ihn vermutlich zu sehr belastet. Ich habe Keizo geraten, ihn vorläufig von dieser Verantwortung zu befreien, und Keizo war einverstanden. Chinook, der mit stolz aufgerichtetem Schweif vorausläuft, macht gar keinen ängstlichen Eindruck, aber besonders brillant ist er nicht in seiner neuen Rolle. Seine Initiativen sind sehr eigenwillig und bringen ihn oft von der richtigen Spur ab, und manchmal macht er einfach kehrt und jagt seine drei Gefährten in der hinteren Reihe, Oclock, Kutaan und Kuka. Ein richtiger kleiner Satan, dieser Chinook. Er ist erst zwei Jahre alt, ein schönes Tier mit einem verwirrenden Blick, denn er hat verschiedenfarbige Augen, das linke braun und das rechte blau. Er trägt seinen Kopf sehr hoch, und wenn er sich hinlegt, kreuzt er seine Vorderpfoten. Er ist unsere Antarktis-Sphinx, wenn er auch nie sehr lange reglos und rätselhaft daliegt. Er ist sehr verspielt und springt bei jeder Gelegenheit begeistert auf. Ein liebebedürftiges Tier und ein Weltmeister im Abschlecken. Schon morgens in aller Frühe springt er einem ohne Vorwarnung ins Gesicht und schlabbert alles ab, was übersteht, besonders die Brille, die dann sofort zufriert. Dann muß man ihn kraulen. Es ist manchmal ziemlich lästig, aber bei Chinook kommt man nicht darum herum.

Gegen Mittag habe ich plötzlich heftige Schmerzen in der rechten Bauchseite. Der Anfall wiederholt sich. Ob es eine Blinddarmentzündung ist? Davor habe ich höllische Angst. Wir sind hier so isoliert, daß die Folgen katastrophal sein könnten. Ich krümme mich über dem Schlitten zusammen und halte mich auf den Beinen, so gut es geht, bis wir endlich Mittagspause machen. Während der Rast kauere ich mich mit angezogenen Beinen hin, und, Gott sei Dank, es geht vorüber. Blinder Alarm. Ich habe den Verdacht, daß es an unserer Grundnahrung, dem ewigen Pemmikan, liegt. Übrigens muß ich gestehen, daß wir beide, Keizo und ich, die kristallklare Luft fortwährend mit unseren »Abgasen« verpesten... Wenn ich mir vorstelle, daß wir noch mindestens fünf Monate lang dieselbe Nahrung zu uns nehmen werden – das kann heiter werden.

21. September 1989
−26 °C

Um die Mittagszeit ist der x-te Sturm ohne jede Vorwarnung über uns hereingebrochen. Ich bin heute vorne, ich arbeite mich in zusammengekrümmter Haltung voran, um mich gegen den Ostwind zu schützen, der mir wütend in die Seite fährt. Aber die Sicht ist sehr eingeschränkt, und wir müssen immer öfter anhalten. Keizos Hunde, besonders Kuka in der vorderen Reihe, weigern sich, in diesen Sturmböen weiterzumarschieren, die ihnen die Flanken durchpeitschen. Man kann es ihnen nicht verdenken. In ihrer Höhe, also 50 cm über dem Boden, leiden sie viel mehr unter den Schneefontänen, die der Sturm aufwirbelt. In den Zwangspausen, die uns die Gelegenheit geben, die Schlitten umzugruppieren, legen sich die Hunde mit dem Rücken zum Wind auf den Boden, jeweils zu zweit aneinandergedrängt, um sich ein bißchen zu wärmen.

Höchste Zeit, daß wir endlich Schluß machen. Wir können uns

Kuka und Kutaan schmiegen sich aneinander, wie es die Hunde in Notsituationen und Kälte immer tun

kaum noch auf den Beinen halten bei diesem Sturm. Reden ist vollkommen unmöglich, denn die Böen reißen uns jedes Wort vom Mund. Es ist unbeschreiblich.

Heute abend bläst es mit 180 km. Funkkontakte sind unmöglich. Ein solches Unwetter haben wir bisher noch nicht erlebt. Diesmal arbeiten wir einen Katastrophenplan aus, für den Fall, daß . . .

Wir bergen alle unsere Sachen im Zelt, damit wir für den schlimmsten Fall gerüstet sind, das heißt, falls die Zelte reißen. Dann stecken wir unseren Kopf nicht in den Sand, sondern in den Schlafsack, aber selbst dort werden wir kräftig durchgerüttelt. Bei jedem neuen Keulenschlag auf die Zeltwände fährt die Angst in die Glieder. Mein Gott, ob wir das überstehen?

21. September 1989

Herbstanfang – in Europa färben sich die Blätter allmählich gelb, die Tage werden kürzer, der beißende Rauch von verbranntem Laub steigt einem in die Nase, kühle Nächte und Morgennebel . . . Aber sonst bleibt das Wetter schön und mild, bevor der Winter endgültig seinen Einzug hält ...

Aber hier in der Antarktis beginnt jetzt der Frühling. In der südlichen Hemisphäre ist auch die Reihenfolge der Jahreszeiten umgekehrt. Nach einer Orkannacht, die wir Gott sei Dank überlebt haben, tobt jetzt immer noch der Sturm. In unsere Zelte verbannt, zählen wir die Tagesrationen, die uns noch bleiben. Das nächste Depot, Saven, hat Henry, unser Pilot, angelegt, und zwar im Blindverfahren. Jetzt macht er sich Sorgen, genau wie wir übrigens. Werden wir es finden? Oder wie bei den letzten beiden Depots mit leeren Händen dastehen? In diesem Fall müssen wir die Hunde auf knappere Rationen setzen, und unsere nächste Etappe wird sich dann bis zum Vorratslager auf dem Mount Rex verlängern. Eine Aussicht, die uns Angst macht. Die Tiere haben seit einigen Tagen sowieso schon Hunger, zur Zeit reicht ihnen nicht einmal ein ganzer Block. Wir müßten ihnen eigentlich zwei geben können, aber das ist völlig unmöglich, solange wir nicht die Vorräte von Saven zur Verfügung haben. Noch schlimmer: Wenn das Wetter so bleibt, müssen wir sie auf einen halben Block setzen. Das ist hart für die Tiere. Ich würde sie am liebsten dicht zusammengedrängt sehen, Seite an Seite und Rücken an Rücken, damit sie sich wärmen können, und damit ihre Lebensgeister wieder erwachen, aber das ist utopisch. Gestern haben sie es ganz spontan so gemacht, aber solche reinen Instinkthandlungen lassen sich wohl kaum beeinflussen.

Keizo langweilt sich an diesem endlosen Tag, an dem es nichts zu tun gibt. Er hat nur ein Buch mit japanischen Liedern mitgenommen, in dem er jetzt blättert. Ich höre ihm gern zu, aber meistens singt er nicht laut, um mich nicht zu stören. Eines der Lieder, das vom Wind erzählt, ist ganz besonders schön.

Was mich betrifft, so verliere ich mich in der Zukunft. Ich denke an den Erebus, einen antarktischen Vulkan, und ich träume davon, in seinen Krater hinabzusteigen, zu den Ufern des Lavasees, um dort einen Film zu drehen ...

23. September 1989
−32 °C

Gestern konnten wir endlich wieder aufbrechen, nachdem wir Stunden damit verbracht hatten, unser Camp aus dem Schnee herauszuschaufeln und anschließend noch die Hunde zu striegeln. Und dieser ganze Aufwand für magere 16 Kilometer! Die Tiere waren bald wieder mit einer Eiskruste überzogen, besonders die Schnauzen und die Flanken, die schutzlos den Windstößen ausgesetzt waren. In ihrer derzeitigen Verfassung – abgemagert, kraftlos, lustlos – war das für die Hunde eine Qual.

Heute bläst nur noch ein leichter Ostwind, aber er deckt uns dafür mit *ice fog* und *white out* ein. Die Antarktis hat nicht aufgegeben, sie hat nur ihre Foltermethode geändert. Wir sehen nichts mehr oder so gut wie nichts. Um die Mittagszeit ist es noch schlimmer, ein leichter Nordwind treibt die Temperatur auf −26 °C hoch, und ein Graupelhagel geht auf uns nieder.

Der *white out*, der die Grenzen zwischen Himmel und Schneedecke völlig auslöscht, bringt uns fast zur Verzweiflung. Wir versuchen, uns anhand der Karte zu orientieren, aber es ist unmöglich, draußen die eingezeichneten Berge zu erkennen, obwohl sie doch ganz in der Nähe sein müssen. Wir marschieren in einem schummrigen Tunnel, zwischen unsichtbaren Felsformationen eingezwängt. Es ist erdrückend, quälend ... Von Zeit zu Zeit verschlingt uns ein Abhang und reißt uns in die Tiefe. Die Hunde verknäueln sich ineinander, die Schlitten brechen ständig aus, wir klammern uns krampfhaft fest, während wir auf unseren Skiern dahingleiten. Die Stöße und das Gerüttel werden immer schlimmer. Ist das vielleicht die letzte Abfahrt meines Lebens? Wir sausen bergab, immer tiefer, es nimmt gar kein Ende ... Geschafft! Der Nebel teilt sich, aber was wir sehen, läßt uns den Atem stocken: kaum zwei km von unserer Route entfernt ein einziges Eischaos mit senkrechten Schluchten am Ausgang! Wenn wir da hineingeraten wären, wären wir jetzt tot ... Diese Zone ist noch gefährlicher als das Spaltenterrain vorher.

Zum Glück kann Geoff, unser Navigator, mit seinem Kompaß, den er auf dem Schlitten installiert hat, das Schlimmste verhindern.

Thule ist ihm dabei eine große Hilfe, sie hält die Richtung sehr genau und zuverlässig. Kutaan folgt unbeirrbar ihrer Spur. Keizo hat ihn wieder an die Spitze gesetzt, als seine Darmkolik nur noch eine böse Erinnerung war.

Zwischenbilanz: Wir sind so weit im Rückstand, daß wir ein Flugzeug bemühen müssen, wenn das Depot von Saven ausfällt. Es wäre bei diesen unberechenbaren Wetterbedingungen viel zu gefährlich, bis zum Mount Rex weiterzumarschieren.

24. September 1989
−16 °C

Wieder im Zelt! Um 11.00 Uhr wütet der Sturm mit unbeschreiblicher Gewalt. Ich lehne mich gegen die Zeltwand, die den Sturmböen zugekehrt ist, und bei den heftigsten Keulenschlägen wirft es mich sogar vornüber. Phantastisch, jetzt bin ich schon zum Zeltpflock avanciert! Wenn ich meinen Posten verlasse, stürzt alles zusammen, die Zeltplane reißt, und in wenigen Sekunden sitzen wir im blanken Eis, in einer Horrorwelt ...

Keizo geht angeseilt aus dem Zelt. Er will versuchen, eine kleine Schutzmauer gegen die Attacken der katabatischen Winde zu bauen. Vergebliche Mühe! Er kann sich mit der Schaufel in der Hand nicht einmal auf den Beinen halten. Das Zelt rattert und knattert unter dem Eishagel, den der Orkan vor sich herfegt. Ich sitze immer noch mit dem Rücken zur Wand, ich habe keine andere Wahl. Von den anderen haben wir keinerlei Nachricht. Ich hoffe nur, daß Geoffs Pyramidenzelt standhält, und ich frage mich, ob Will so wie ich den lebenden Zeltpflock spielen muß. Dann dürfte die Atmosphäre zwischen ihm und Victor ziemlich geladen sein ...

Plötzlich kriecht ein Schneemann durch die Zeltöffnung herein. Es ist Keizo, weiß von Kopf bis Fuß. Da wir hier drinnen ein bißchen ins Schwitzen kommen, fängt er unverzüglich zu schmelzen an. Er tropft und tropft und tropft, alles ist klatschnaß, die Kloake ist uns sicher, aber unser Japaner sieht allmählich wieder wie ein Mensch aus, obwohl immer noch kleine Sturzbäche an ihm herunterströmen.

Ich muß an die Prophezeiungen der Meteorologen denken. Nach dem Weyerhäuser müßte es auf dem antarktischen Plateau eigentlich schön sein, wenn auch kälter. Wenn man den »Wetterfröschen« glauben will, war es in dieser Gegend noch nie so schlecht und stürmisch, wie wir es jetzt erleben. Wir befinden uns derzeit auf 73 ° südlicher Breite am Fuß der Halbinsel. Aber ich glaube, daß wir erst um den 80sten südlichen Breitengrad herum dem Einfluß der Meeresstürme im nördlichen Sektor entkommen werden. Ich kann es kaum erwarten, bis es endlich soweit ist, während ich mich gegen die hysterisch knatternde Zeltwand stemme und mir allen Ernstes einbilde, daß sich die Antarktis mit einer Tracht Prügel auf meinen armen Hintern rächt. Eine Vorstellung, die meinem Zeltgenossen immerhin ein leises Lächeln entlockt . . .

Eine halbe Stunde verstreicht. Im Zelt gibt es kein trockenes Plätzchen mehr, auf dem man sich niederlassen könnte. Keizo, der ja sowieso schon klatschnaß ist, will sich noch einmal hinauswagen. Er macht sich Sorgen um die Hunde. Bei dem fürchterlichen Getöse könnten sie noch so laut um Hilfe rufen – wir würden sie hier drinnen nicht hören.

Kaum hat Keizo den Reißverschluß aufgezogen und einen Arm hinausgestreckt, da packt ihn der Wind und zieht ihn buchstäblich hinaus. Keizo wird zu Boden geworfen und auf dem glatten, harten Eis herumgefegt. Auf allen vieren rudert er zu den lebenden Iglus hinüber – zum Glück scheint alles in Ordnung zu sein. Einigermaßen beruhigt kommt er zurück und verkündet mir grinsend, draußen seien es nur – 8 °C, und vor allen Dingen, welch eine Überraschung, es schneit! Später fragt mich Criquet über Funk, ob ich in der Lage sei, ihm ein genaues Datum für unsere Ankunft in Patriot Hills zu nennen, wo die internationale Presse uns erwarten wird. Ich platze fast vor Wut.

»Hör zu«, fauche ich ihn an, »ich bin seit heute morgen bloß noch eine lebende Zeltstange, und du willst, daß ich den Antarktis-Manager spiele und Pressekonferenzen organisiere!«

»Aber Papi . . .«

»Schon gut. Bloß gibt es da ein kleines Problem . . .«

»Wieso, was ist los?«

»Ich fürchte, ich habe meine Sekretärin zu lange warten lassen, sie ist eingefroren ...«

»Sag mal, was erzählst du denn da?«

»Und weißt du, was das schlimmste ist?«

»Nein!«

»Sie hat meinen Terminkalender ...«

Komisch, auf einmal wechselt Criquet abrupt das Thema. Ich kann zwar manchmal noch scherzen, aber die Einsamkeit lastet immer mehr auf mir, mit jedem Tag wird der Schmerz grausamer. Ich leide unter Liebesentzug. Die Sehnsucht nach Sylvie verfolgt mich genauso beharrlich und unbarmherzig wie die Antarktisstürme ...

25. September 1989
– 34 °C

Es bläst noch ziemlich heftig, aber wir brechen trotzdem auf, koste es, was es wolle. Victor läuft voraus und erkundet die Route. Daho und ich marschieren hinter dem Russen her, wir machen die Sklavenarbeit, das heißt, wir stampfen mit unseren Skiern eine Spur in den tiefen, weichen Schnee, wir trampeln und trampeln und trampeln, damit die Hunde leichter vorankommen. Um zwei Uhr nachmittags stellen wir mit Hilfe des Zählers fest, daß wir nur elende fünf Kilometer geschafft haben. Geoffs und Wills Gespanne marschieren brav, aber Keizos Hunde streiken. Was ist nur los? Ich kehre zu meinem Japaner zurück, wir schieben den Schlitten, wir feuern die Hunde an, aber selbst die kräftigsten Gesellen wie Monty, Herbie und Kuka ziehen nicht mehr! Will, Victor, Daho und Geoff frieren beim Warten fast ein, während wir vor Anstrengung ins Schwitzen kommen. Irgendwann kommt uns plötzlich ein Verdacht, und wir versuchen sogar, den Schlitten umzudrehen. Es könnte ja sein, daß ein paar Kotklumpen an den Kufen festgefroren sind, so daß der Schlitten nicht mehr richtig gleitet? Aber die Kufen sind völlig blank und glatt. Nein, es hat keinen Sinn, sich noch länger etwas vorzumachen: Das ist eine Rebellion! Die Tiere haben offenbar einmütig beschlossen, unseren Marsch zu boykottieren. Keizo ist völlig außer sich. Das hat uns noch gefehlt: der Aufstand der Hunde! Wenn sich diese rebellische Stimmung auf die anderen Gespanne ausbreitet, sitzen wir schön in der Tinte...

Das Katastrophen-Szenario in meinem Kopf nimmt immer schwärzere Formen an, ich werde bestimmt nicht so schnell einschlafen. Nur 13 Kilometer haben wir geschafft, und das unter den schlimmsten Strapazen. Wir müssen unbedingt etwas tun, damit unsere Expedition nicht im Chaos endet. Aber was?

26. September 1989
−8 °C

Als ich aufwache, pfeift mir der Wind so wütend in die Ohren, daß mir fast das Trommelfell platzt. Ich weiß sofort, was los ist. Ich mache die Tür einen Spaltbreit auf und werfe einen Blick hinaus. Man sieht nicht einmal mehr den Schlitten, den wir nur ein paar Meter weiter weg deponiert haben. Heute kommen wir bestimmt nicht weiter. Ein wenig später taucht Victor auf. Er hat den Weg von Zelt zu Zelt sorgfältig markiert, denn wir sollen uns alle bei ihm und Will zu einer Krisensitzung treffen. Also machen wir uns für diese lebensgefährliche Tour fertig. Dann stolpern wir los, tasten uns zwischen einem in den Schnee gerammten Ski und einem Eispickel durch. Wir arbeiten uns blind voran, aber schließlich erreichen wir ohne allzu große Schäden das amerikanisch-sowjetische Lager.

Dort kommen wir schnell zu einer Entscheidung, der einzig möglichen: Wir müssen von jetzt an ein zügigeres Tempo anschlagen und unsere Hunde durch hyperleichte und mobilere Marschtechnik einigermaßen bei Kräften halten. Wir werden die erschöpftesten Tiere »auf Urlaub« schicken und nur das allernötigste Ausrüstungsmaterial behalten. Das bedeutet im Klartext: zwei Schlitten, von 14 Hunden gezogen. Mit unseren drei Schlitten verlieren wir uns viel zu oft aus den Augen, wir müssen ständig aufeinander warten. Und bei drei Männern pro Schlitten müßten wir einen erheblich besseren Rhythmus finden. Wir beschließen einmütig, ein Flugzeug kommen zu lassen, das 15 Hunde (von 39) nach Puntas Arenas bringen soll. Wenn dann bloß die angeforderte Twin Otter so schnell wie möglich kommt! Schlimmstenfalls müßten wir sonst die »Urlauber« auf halbe Ration setzen, denn wir haben nur noch vier Tagesrationen für die Hunde. Sie bekommen dann statt 6000 Kalorien pro Tag nur noch 3000, damit können sie auskommen, wenn sie nicht arbeiten müssen, und wenn sie erst an ihrem »Kurort« sind, werden sie das Nahrungsdefizit schnell wieder aufholen.

Als wir Victors Zelt verlassen, flüstert er mir zu: »Gib dem Kleinen einen Schluck Wodka, er ist ja völlig durcheinander...« Der »Kleine« ist Keizo, unser jüngstes Expeditionsmitglied. Es stimmt, er sieht ziemlich mitgenommen aus, obwohl er behauptet, daß er mit den Entscheidungen, die wir getroffen haben, einverstanden sei. Schließlich finde ich heraus, daß er sich wegen der geringen Entfernung, die wir bisher zurückgelegt haben, Gewissensbisse macht. Es verschlägt ihm sogar den Appetit. »My stomach is bad«, klagt er mit schmerzverzerrtem Gesicht. Ich versuche ihn zu beruhigen und ihm vor allem seine Schuldgefühle auszureden. Nach und nach überwindet Keizo sein Stimmungstief...

Was ist nur los heute abend? Dumpfes Donnergrollen dringt an mein Ohr. Sind wir in ein tropisches Gewitter geraten? Diese theatralische Geräuschkulisse ist hier jedenfalls völlig fehl am Platz... Aber es ist nur das morbide Klatschen und Knattern der Zeltplane, ein »tropischer« Hagel trommelt pausenlos auf das Gewebe, das auf eine solche Behandlung so fern vom Äquator bestimmt nicht gefaßt war! Es sind kaum −8 °C draußen, und »drinnen« trieft es vor Nässe – Sturzbäche von allen Seiten –, als ob wir irgendwo im amazonischen Dschungel kampieren würden statt in der Antarktis.

Mit einer Schnur, die vom Dach zum Boden führt, installiere ich ein Abflußsystem im Zelt. Das ganze Eis, das sich in sämtlichen Taschen und Nähten und an den Wänden gesammelt hat, schmilzt in einem atemberaubenden Tempo. Als wir einschlafen, prasselt es immer noch...

27. September 1989
−12 °C

Immer noch im Zelt. Allmählich wird das zum Dauerzustand. Manchmal fühle ich mich so schwach wie ein Rekonvaleszent, der seit ewigen Zeiten im Bett vor sich hinvegetiert. Eine Schwäche, die sich nach und nach im ganzen Körper breitmacht, die sich heimtükkisch in alle Muskeln und Nervenstränge einschleicht und manchmal sogar den Kopf lahmlegt. Es ist furchtbar. Wir schmoren in den Verliesen der Antarktis, und der einzige Lichtblick besteht darin, daß wir uns gegenseitig in unseren »Kerkern« besuchen können. Zum Beispiel waren Geoff und Will gerade bei uns, und das Jammern und Stöhnen wollte kein Ende nehmen – ein vierstimmiger Klagegesang, der aber immerhin eine gewisse befreiende Wirkung hat. Und uns bewußt macht, daß wir uns kaum noch den Himmel und die Sonne vorstellen können! So unwahrscheinlich kommt es uns vor, daß wir sie je wieder sehen werden. Fliehen! Nach Süden, zum Südpol fliehen, das ist unser einziger Gedanke, und dieser Gedanke ist unsere Rettung, denn er möbelt uns wenigstens ein bißchen auf. Im Süden muß es schön sein, falls es das auf der Erde überhaupt noch gibt.

Im Grunde genommen liefert uns diese ewig gleiche Tagesroutine in einem watteähnlichen Tunnel den Beweis, daß die extremen Temperaturen und die heftigen Winde in den Polarregionen gar nicht die schlimmsten Belastungen darstellen. Nein, es ist der Zeitfaktor, der einem letztlich am meisten zu schaffen macht. Ein Unternehmen wie »Transantarctica« erfordert darum auch ein langes Training, ein ungeheures Maß an Ausdauer und Disziplin. Es ist nichts für die Eiligen oder Unentschlossenen, für die Abenteuertouristen, die im Schnellverfahren alles mitzunehmen versuchen. Eine Polarexpedition setzt unbedingte Hingabe voraus.

Und heute abend ist Südwind aufgekommen, der Atem der Hoffnung, ein Zeichen, daß das Wetter umschlagen könnte . . .

7 Der Wundervogel

28. September 1989
– 16 °C

Geoff und Daho wachen um 2.30 Uhr morgens auf. Zu ihrer großen Erleichterung ist der Wind endlich abgeflaut. Aber das ganze Camp liegt unter einer 50 cm dicken Schicht Neuschnee, die der Wind

Jeden Abend muß, egal bei welchem Wetter, das Zelt aufgestellt werden. Man darf nicht zu lange draußen bleiben, sonst holt man sich Erfrierungen

aufgehäuft hat. Das bedeutet Schneeschaufeln im Akkord. Keizo und ich tauchen erst um vier Uhr aus dem Zelt auf. Wir haben nicht einmal den Wecker gehört, der vor einer Stunde geklingelt hat, so erschöpft sind wir von den übergroßen Spannungen und Strapazen in der letzten Zeit. Und Will weigert sich ganz einfach, seine Nase vor 7 Uhr aus dem Zelt zu strecken. Es überrascht mich nicht, er bleibt wie immer seiner Devise treu, daß man unnötige Anstrengungen möglichst vermeiden sollte... Aber wenn schon, die Stimmung ist prima, wir können endlich HANDELN! Wir stürzen uns auf unsere Schlitten, und die große Wegwerf-Aktion wird in totaler Euphorie gestartet. Lebt wohl, Ersatzzelte, wir behalten nur eins von den vieren, die wir mit uns herumgeschleppt haben. Weg mit der eisernen Lebensmittelreserve – wir lassen den Inhalt einer ganzen Speisekammer auf dem Eis zurück. Fort mit den Benzinreserven für unsere Kocher – in Zukunft werden wir sie eben nur noch brennen lassen, bis die gröbste Nässe ausgetrocknet ist und unsere Mahlzeiten fertig sind... Mit besten Grüßen an das Expeditionsteam, das zufällig einmal hier vorbeikommt und all diese Schätze entdeckt. Damit haben sie ausgesorgt, es ist alles da, was sie brauchen: ein Dach über dem Kopf, Nahrung, Kleider... und äußerst preisgünstig! Mit jedem Gegenstand, den wir herausziehen und beiseite legen, fühlen wir uns leichter und unbeschwerter, es ist wie ein Rausch. Höchste Zeit, daß wir uns ein bißchen bremsen, wir sind drauf und dran, die gesamte Ausrüstung über Bord zu werfen. Unsere hyperleichte Marschtechnik ist eine ausgezeichnete Sache, gewiß, aber nur mit der Zahnbürste bewaffnet den Südpol erobern zu wollen... nur nicht übertreiben! Kurz vor dem Aufbruch packt uns übrigens die Reue, und jeder wühlt im Haufen des Nachbarn, ob da nicht doch noch etwas Brauchbares zu finden ist...

Um 8.30 Uhr setzt sich die Karawane in Bewegung, aber unsere Euphorie hält nicht lange vor. Der Nordwind, dieser wandelnde Alptraum, bläst wieder, und bald reicht die Sicht nur noch bis zum nächsten Schlitten. Um 10.00 Uhr geht nichts mehr... Criquet verkündet über Funk, daß das Flugzeug nicht kommen kann. Wieder zieht die schwarze Stimmung bei uns ein und droht uns zu lähmen.

Gegen Mittag sind die Wetterbedingungen bereits katastrophal. Will ist schlichtweg angewidert. »Wir schaffen das nie!«

»Ich habe da eine Idee . . .«, sage ich zögernd.

»Noch mehr Ballast abwerfen?«

»In gewisser Weise, aber du wirst bestimmt schockiert sein.«

Will meint, darauf käme es jetzt auch nicht mehr an, so wie die Dinge stehen.

»Ich habe mir überlegt, ob wir vielleicht zwei von uns zurückschicken sollten . . .«

»Zwei Männer weniger, meinst du! Aber . . .«

»Ich weiß, das wird einen ziemlichen Einbruch in unserem Team bedeuten.«

»Oder den totalen Zusammenbruch. Und außerdem, wen willst du auswählen?«

»Wenn ich das wüßte . . .«

»Freiwillig geht bestimmt keiner, soviel ist sicher, auch wenn die Reise noch so hart ist!«

»Es wäre doch nur, bis wir die Halbinsel überquert haben.«

»Trotzdem, was glaubst du, wie frustriert die zwei ›Verbannten‹ sein werden . . .«

Wir schweigen bedrückt. Schließlich schlage ich vor, daß wir den Gedanken für den äußersten Notfall im Hinterkopf behalten sollten. Will ist einverstanden, und wir beschließen, den anderen lieber nichts davon zu sagen, kein Wort, wir wollen nicht, daß von jetzt an sozusagen jeder mit einem Damoklesschwert über dem Nacken herumläuft.

Im Prinzip und laut Karten müßten wir den Mount Wang endlich hinter uns gebracht haben. Aber nachprüfen läßt sich das nicht, höchstens raten, denn der Horizont ist seit zehn Tagen die reine Utopie . . .

Das Futter für die Hunde reicht jetzt nur noch zwei Tage. Das nächste Depot ist 17 km entfernt, und das Flugzeug sitzt in Puntas Arenas fest. Die Stimmung ist auf dem Nullpunkt. Keizo ist die einzige Ausnahme, er ist sehr stolz auf seine Hunde, die heute eine ungewöhnliche Ausdauer und Zähigkeit an den Tag gelegt haben. Will dagegen ist frustriert; denn seine Hunde lassen merklich nach.

Die Berechnung der Distanzen ist für die meisten von uns inzwischen zu einer bedrohlichen Übung geworden. Ist unsere Expedition zum Scheitern verurteilt? Es wird sich nur zu bald herausstellen.

29. September 1989
– 10 °C

Der Rückzug der geschlagenen Armee... Wir halten um 2.00 Uhr nachmittags an, nachdem wir nur 6 km zurückgelegt haben. Bei diesem kläglichen Resultat tun wir besser daran, die Hunde zu schonen und Lebensmittel zu sparen, während wir auf das Flugzeug warten, das in Rothera bereitsteht. Henry, der Pilot, ist jedoch optimistisch. Über Funk versichert er uns, daß es überall schön sei, außer in dem Sektor, in dem wir uns gerade befinden. Ein schöner Trost – hier sind in zwei Tagen 85 cm Neuschnee gefallen. Aber trotzdem, es freut uns, daß überall sonst die Sonnenbrillen in Aktion treten!

Ins Zelt verbannt, höre ich Radio France Internationale, um mich abzulenken, aber ich habe bald genug von der erdrückenden Nachrichtenflut, zumal die meisten Meldungen erschütternd negativ sind. Nichts funktioniert auf diesem Planeten, überall Kriege, Konflikte, Gewalt – eine wahre Untergangsstimmung. Es ist absurd, ich liege hier völlig erschöpft mitten in der Antarktis und quäle mich mit den Problemen der ganzen Welt herum! Besser abschalten und sich so schnell wie möglich vor diesem irrsinnigen Radiogekrächze in Sicherheit bringen. Und statt dessen dem weißen Nichts Auge in Auge gegenübertreten, endlich ja zu dieser Leere sagen und sie ohne Wenn und Aber akzeptieren. Ich merke immer deutlicher, daß Zerstreuungen jeder Art in der Antarktis fehl am Platz sind. Hier zählt nur eins: sich der Herausforderung stellen, sich Schritt für Schritt vorwärts zu kämpfen, ganz bewußt in das Chaos der inneren Stürme eintauchen, sich eine absolute »Polarseele« schaffen.

30. September 1989
– 12 °C

Als ich die Augen aufmache, kann ich es kaum fassen: Die Sonne scheint! Ein schwacher Strahl dringt durch die Zelttür – Keizo, der bereits draußen ist, hat sie offengelassen. Wahrscheinlich nimmt er ein Sonnenbad! Ich schnappe fast über vor Glück, ich nehme schnell einen Briefblock zur Hand und schreibe an Gott und die Welt, in der Überzeugung, daß das »Post«flugzeug jeden Augenblick landen wird.

Mein erster Brief geht an Steph. Steph, unser Schutzengel in Paris, der Mann, der zu Hause unermüdlich über uns und unser Wohlergehen wacht. Steph, der Unersetzliche, dessen Gutmütigkeit keine Grenzen kennt und der geradezu beschämend hilfsbereit und herzlich ist. Ein Mensch, der alle Kanten glättet, alle Mißtöne und Hindernisse im Handumdrehen aus der Welt schafft, die mit einem Mammutunternehmen wie Transantarctica unweigerlich verbunden sind. Ein richtiger Magier, der tausend Dinge auf einmal macht. Er bringt sich dabei zwar in die unmöglichsten Situationen, aber er zieht sich immer aus der Affäre – *immer*! Das Wort »nein« existiert ganz einfach nicht in seinem Vokabular, er sagt immer ja, und dann jongliert er mit seinen unzähligen »Ja« herum . . . 24 Stunden am Tag reichen kaum aus, um mit all den Folgen, die daraus entstehen, fertig zu werden. Alle Leute sind irgendwann bitterböse auf ihn, und jeder, der mit ihm zu tun hat, verflucht ihn regelmäßig, weil er zum Beispiel vergißt, wichtige Nachrichten weiterzuleiten. Er hat tausend Geheimnisse, hält keinen auf dem laufenden, macht sich selten Notizen, vergißt alles mögliche – aber es geht immer gut aus. Er ist imstande, den Teufel und den lieben Gott an einen Tisch zu bringen, so unwiderstehlich ist seine Überzeugungskraft.

Mein lieber Steph,
in aller Eile ein paar Zeilen an Dich, denn das Flugzeug muß jeden Moment kommen. Es ist 8.00 Uhr auf dem Antarktis-Plateau, und heute zeigt sich die Sonne wieder – zum erstenmal seit einer Ewigkeit. Wie du weißt, war der September einfach schrecklich: pausenlos heftige Stürme, Schnee und Eisnebel, die Sicht gleich Null. Es ist die Hölle, der Schnee dringt überall ein, verbrennt einem das Gesicht und die Augen. Wir sind fortwährend mit Bürsten und Trocknen beschäftigt. Alles ist feucht, die Zelte können jeden Augenblick zerreißen, Ausruhen unmöglich, wir

müssen ununterbrochen auf der Hut sein, unbeschreiblich die Strapazen, denen wir ausgesetzt sind! Trotzdem versuchen wir, weiterzukommen, koste es, was es wolle ...

Als die Twin Otter landet, stürzen wir uns als erstes auf die Hundenahrung. Es sind geradezu »historische« Rationen, man könnte sie in einem Antarktismuseum ausstellen, Abteilung »Expeditionen«. Sie stammen aus dem Jahr 1957! Alte, völlig verrostete Dosen, von der British Antarctic Survey in Rothera eingelagert. Aber die Hunde werden sich mit Genuß über diese gut konservierte Mischung aus Fett und Fisch hermachen. Dann kommt der spannendste Teil: die Post. Manche Nachrichten sind vom letzten Juli (hat Steph wieder einmal zugeschlagen?). Wir lesen sie wieder und wieder, geradezu andächtig. Diese Blätter bringen uns so aus unserem mühsam hergestellten emotionalen Gleichgewicht, sie bedeuten einen solchen Bruch mit unserer mittlerweile vertrauten Einsamkeit, daß jedes Wort sich verklärt, eine beinahe körperlich greifbare Bedeutung bekommt, ein ganzes Füllhorn von Gefühlen über uns ausschüttet.

Dann sagen wir zu unseren »Urlaubern« Lebewohl und wünschen ihnen eine schöne Zeit an ihrem chilenischen »Kurort«. *Good luck,* Junior, Buffy, Chamony, Tommy, Gordy (Wills Gespann). *Sayonara,* Cassa, Arrow, Kutaan, Odin, Kuka, Oclock (Keizos Gespann). *Good bye,* Sawyers, Kaviac, Sodapop (Geoffs Gespann). Auf Wiedersehen in Patriot Hills!

Es wird Nacht. Wir trinken chilenischen Pisco. Henry hat ihn mitgebracht. Alle fangen an zu singen, wenn auch reichlich falsch. Dieser Alkohol hat es in sich! Und der Gesang macht mich ganz verrückt – irgendwas stimmt hier nicht, wahrscheinlich ist der Plattenspieler kaputt ... Oder vielleicht die Stromleitung? Und überhaupt, wieso gibt es in dieser Kneipe nur Männer ...?

Lieber die Augen schließen. Ich stelle mir die Erdkugel vor und uns selbst als winzige schwarze Pünktchen auf dem sechsten Kontinent. Meine ganze Wut, meine ganze Verzweiflung und Verlorenheit in den letzten Tagen ist wie weggeblasen. Im tiefsten Herzen weiß ich, dies ist der Ort, an dem ich schon immer sein wollte, und ich weine vor Rührung ...

2. Oktober 1989
– 23 °C

Die beiden letzten Tage waren wir wieder im Zelt eingesperrt. Die Sicht ist so miserabel, daß Henry mit seiner Twin Otter nicht einmal das Treibstoffdepot erreicht hat. Unser Pilot mußte eine wilde Landung riskieren und an Ort und Stelle eine Notunterkunft aufschlagen, und das mit 15 Hunden am Hals! Zum Glück konnte Henry bald wieder starten und ist mit seiner Meute heil und unversehrt in Rothera angekommen.

Heute morgen brechen wir endlich auf, obwohl wir ziemliche Bedenken haben, denn die Schneeverwehungen sind tief, brutal. Pulverschnee, soviel man nur will. Victor, Daho und ich gehen voraus, um die Piste zu bahnen. Keizos Schlitten wurde hinten abgesägt – nur kein überflüssiges Gewicht mitschleppen! Nachdem nun doch keiner von uns in die Verbannung geschickt wurde, behalten wir lieber drei Gespanne. Die größere Mobilität von Keizos »verkürztem« Schlitten müßte eigentlich verhindern, daß wir uns ständig aus den Augen verlieren. Fünf Hunde reichen zum Ziehen aus. Geoff hat nur noch neun Hunde für seinen ebenfalls erheblich leichteren Schlitten. Will behält zehn Hunde.

Alles wäre soweit bestens, denn jetzt kommt Wind auf, so daß die Pulverschneeschicht ein bißchen eingeebnet wird. Aber dann gibt es plötzlich Streit. Will, dessen Hunde sichtlich zu kämpfen haben, fängt an, sich über seine Gepäcklast zu beschweren. Er findet, daß er zuviel schleppen muß. Und Geoff wirft ihm vor, daß er nicht streng genug mit seinen Hunden ist. Es gibt ein heftiges Wortgefecht. Der ewige Konflikt zwischen zwei unversöhnlichen Temperamenten. Zum Glück schaltet sich Victor ein, er bringt alle zum Lachen, und der leidige Zwischenfall ist bald vergessen.

Am Abend taucht dann allerdings ein echtes Problem auf. Von jetzt an müssen je drei Männer in einem Zelt leben, und das ist bestimmt keine reine Freude. Zu zweit war es schon hart an der Grenze des Erträglichen, was die Bewegungsfreiheit und ein Mindestmaß an Privatsphäre anging. Und zudem wird nun die ganze gut eingespielte Routine über den Haufen geworfen. Aber trotzdem versuchen wir, gute Miene zum bösen Spiel zu machen ... Die drei ausgebreiteten Schlafsäcke decken den ganzen Zeltboden ab. Wo stellen wir jetzt den Kocher auf? Höchste Zeit, denn wir sind von Kopf bis Fuß voller Schnee. Was soll's, wir lassen uns trotzdem nieder. Aber sofort taucht das nächste Problem auf: Wie schaffen wir es, daß wir alle drei unsere Beine ausstrecken können? Wir einigen uns auf eine recht wacklige Lösung, die aber das Problem für eine Weile regelt: Zwei von uns kreuzen ihre Beine, der dritte streckt die seinen quer dazu aus. Es dürfte gar nicht so einfach sein, sich eine plastische Vorstellung von diesem verschlungenen Gebilde zu machen ... Jedenfalls, es funktioniert, vorausgesetzt, daß jeder auf die anderen Rücksicht nimmt, das heißt, sich so wenig wie möglich bewegt und nicht allzu sehr ausbreitet. Nach diversen anderen Klimmzügen installieren wir den Gott des Zeltes, den Kocher, wir zünden ihn an, und ... alles ist feucht, voller Dunst etc. Zu dritt scheint sich der Effekt zu verzehnfachen. Und ausgerechnet jetzt muß Daho, der rein gar nichts sieht, in diesem schummrigen Nebel nach seiner Brille suchen. Normalerweise legt er sie an einen Platz, den er mit geschlossenen Augen findet, aber in der neuen Umgebung ist er völlig verloren. Ich habe dasselbe Problem mit meiner Taschenlampe, kurz, es ist das komplette Chaos. Wir werden verdammt viel Geduld aufbringen müssen, bis wir uns neu organisiert haben. Zum Glück bewahrt sich Daho einen ansteckenden Optimismus, und vor allen Dingen entpuppt er sich als hervorragender Koch. Nachdem wir sein üppiges chinesisches Gericht verspeist haben, versuchen wir, ein wenig Schlaf zu finden. Zu dritt ist das alles andere als einfach, denn wir stoßen ständig gegeneinander, wenn wir uns umdrehen. Und zu allem Übel kommen wir fast um vor Hitze. Aber bei den gnadenlosen Temperaturen, die uns weiter südlich erwarten, kann sich das noch in einen unschätzbaren Vorteil verkehren ...

8. Oktober 1989
– 30 °C

Vier Tage in einem nervenzermürbenden Wind, der uns pausenlos attackiert hat – allerdings nie so schlimm, daß wir ins Zelt flüchten mußten. Die Hunde scheinen immer öfter am Ende ihrer Kräfte zu sein, sie sind völlig ausgelaugt von den heftigen Windstößen, die sie von der Seite her überfallen und mit einer einseitigen Schneekruste überziehen. Um sich davor zu schützen, schwenken sie spontan herum, manchmal so weit, daß sie dem Peiniger glatt den Rücken zukehren. Dann müssen wir anhalten, in der Hoffnung, daß wir sie wieder auf die richtige Route bringen können, bevor das Nachbargespann aus unserem Blickfeld verschwunden ist. Meistens ist die Mühe allerdings vergeblich. Und das heißt, daß wir auf allen vieren durch den Schnee kriechen und die Spuren der Schlittenkufen oder die Abdrücke der Hundepfoten suchen müssen. Und während ich mich auf diese Weise vorwärtsbewege, weiß ich, daß hinter dem vollkommen undurchsichtigen Nebelvorhang ein anderer »Vierbeiner« meiner Gattung sich ebenfalls blindlings auf die Suche nach mir macht. Wir warten nur darauf, daß wir eines Tages mit der Stirn aufeinanderprallen. Das wäre der Clou, aber bisher haben wir uns immer rechtzeitig entdeckt, etwa einen Meter vorher, denn unsere »Außerirdischen-Kluft« ist nicht zu übersehen. Es ist furchtbar komisch, aber lachen können wir trotzdem nicht, weil unsere Gesichter unter der Kapuze und der Maske nur noch schmerzverzerrte, vom Schnee malträtierte Grimassen sind – alte Erfrierungen werden erbarmungslos wieder zum Leben erweckt.

Manchmal verfehlen wir uns, selbst wenn der Umkreis, in dem sich die beiden Schlitten »verloren« haben, kaum 100 Meter überschreitet. Dann gibt es nur eins: zum Ausgangspunkt zurückkehren, sich gut anseilen und sorgfältig den ganzen Sektor durchkämmen, bis wir aufeinanderstoßen. In dieser Situation ist es ungeheuer wichtig, daß die Hunde ruhig bleiben und sich nicht von der Stelle rühren. Leider passiert das nie!

Am Abend dieses 8. Oktober, dem 73. Tag unserer Expedition, ist der Wind plötzlich abgeflaut – wie durch Zauberhand. Die Stille kommt uns beinahe unheimlich vor, als ob etwas Wesentliches in unserer Umgebung plötzlich fehlte... Gegen 17.00 Uhr ist mir etwas Aufregendes begegnet. Zuerst dachte ich, es sei eine Halluzination: Eine riesige graue Masse trat ganz langsam aus den Nebelschwaden hervor. Es hat ziemlich lange gedauert, bis ich begriff, was es war, denn ich hatte jegliches Gefühl für Distanzen verloren. Ich rief Keizo zu: »Sieh mal, ein Berg!«, und er schrie vor Freude laut auf. Wie ein Seemann, der nach einer endlosen Ozeanreise zum erstenmal Land sichtet. Etwas später ist mir ein zweites Wunder begegnet, das mich mindestens genausosehr aus der Fassung brachte. Ich sah tatsächlich einen Vogel um unser Camp kreisen, *sah* ihn wirklich! Dieses Lebenszeichen mitten in der Wüste, im Nichts, war wie ein phantastischer Gruß aus der bewohnten Welt. Ja, wir sind noch auf der Erde, auf dem Planeten der Menschen . . .

Seit drei Tagen sind wir wieder zu zweit im Zelt. Das Zusammenleben zu dritt war einfach unerträglich. Das Zelt ist der einzige Ort, an dem wir ein bißchen Ruhe und Frieden finden können, die einzige Hoffnung auf ein Mindestmaß an Komfort, die uns hilft, die brutalen Attacken der Elemente zu ertragen. Es ist die letzte Reminiszenz an den Archetyp »Haus«, ein unentbehrlicher Begriff für ein menschliches Wesen, das diesem lebensfeindlichen Universum schutzlos ausgeliefert ist.

Keizo ist aus unserem Zelt ausgezogen, er wohnt jetzt bei Geoff. Sein erster Kommentar: »Wie in der Kaserne.« Man kann sich also vorstellen, wie spontan und ungezwungen es im englischen Lager zugeht . . . Daho, dem diese Disziplin so gut behagt hat, ist jetzt bei Will. Seine neue Umgebung scheint ihn völlig zu verunsichern, er findet sich gar nicht zurecht und leidet wohl darunter. Steger ist so unberechenbar, so chaotisch und nachlässig, daß sich der arme Chinese wie der Diener und Sklave eines launischen Tyrannen vorkommen muß, und das ist wahrhaftig kein angenehmes Gefühl für einen Abkömmling der Himmelskaiser . . . Ich hoffe, daß das mit der Zeit ein bißchen besser wird, aber bei Will habe ich da doch meine Zweifel! Wenn die Lage sich zuspitzen sollte, werden wir wohl eingreifen müssen. Ich teile mein Zelt jetzt mit Victor. Unsere »Wohngemeinschaft« gestaltet sich problemlos, großzügig, fröhlich, auch wenn ich entdeckt habe, daß Victor mindestens so dickköpfig ist wie ich. Zum Glück lachen wir viel, das löst Spannungen und schleift Kanten ab, die bei dieser Enge sonst schnell sehr scharf und verletzend wirken könnten.

Es ist 23 Uhr in dieser antarktischen Pseudo-Nacht. Der Halbmond steht hoch am Himmel. Ich denke beim Einschlafen an den

Wundervogel von heute nachmittag und stelle mir vor, daß er noch da ist, ganz nahe, daß er vielleicht auf einer Zeltstange sitzt und ich sozusagen nur die Hand nach ihm auszustrecken brauche.

9. Oktober 1989
– 30 °C

44 km geschafft! Das ist ein Rekordtag. Und »schönes« Wetter – jedenfalls für diese Gegend (alles ist relativ), auch wenn sich der Nebel über der Eisfläche hartnäckig hält. Criquet hat mir über Funk berichtet, daß in Paris derzeit eine Pressekampagne gegen die Ausbeutung von Zugtieren lanciert wird, und daß man uns systematisch wegen des Einsatzes von Schlittenhunden bei unserer Expedition zu diffamieren versucht. Ich habe mich den ganzen Tag darüber geärgert. Als ob wir unsere Tiere kaltblütig ausbeuten würden! Wir sind monatelang in dieser Eiswüste unterwegs, und das setzt eine außergewöhnliche Beziehung zwischen Mensch und Hund voraus, vor allem aber gegenseitige Zuneigung. Hier geht es nicht darum, »Mirza« abends nach den Fernsehnachrichten einmal um den Block zu führen, sondern um ein ständiges, enges Zusammenleben, bei dem man Freud und Leid miteinander teilt. Unsere Hunde sind Entdecker und Abenteurer, genau wie wir, die Menschen. Genau wie wir Zweibeiner leisten sie ihren Beitrag dazu, die Antarktis zu erobern. Wir sind vollkommen voneinander abhängig. Den Leuten, die gegen unsere Expedition demonstrieren, ohne auch nur zu wissen, worum es geht, möchte ich gerne sagen: »Ich lebe mit unseren Hunden ein wunderschönes, faszinierendes Abenteuer – macht es mir nicht kaputt!«

10. Oktober 1989
– 26 °C

Heute wieder 44 km zurückgelegt! Wenn wir dieses Tempo durchhalten, erreichen wir morgen den Mount Rex. Die Eisdecke, auf der wir uns bewegen, ist blau, spiegelblank, unglaublich hart unter den Skiern. Die Hunde haben ernste Schwierigkeiten, sich auf ihren vier Beinen im Gleichgewicht zu halten, wie es die Würde ihrer stolzen Rasse verlangt.

Nach den fast pausenlosen Schneestürmen in den vergangenen Tagen ist es geradezu bestürzend, daß wir in diesem Sektor von Niederschlägen fast vollkommen verschont bleiben. Manchmal tritt die Sonne hinter den Dunstschleiern hervor und überfällt uns für kurze Zeit mit brennenden Pfeilen. Wir leiden im übrigen inzwischen schon alle unter der intensiven Strahlung. Hier ist die Welt wirklich auf den Kopf gestellt. Nach den grausamen Erfrierungen kommen jetzt die nicht minder grausamen Verbrennungen – Risse auf den Lippen und der Nase. Unsere Augen sind am Abend knallrot. Unterwegs entdecken wir plötzlich einen Punkt am Horizont. Was kann das sein? Nach und nach zeichnen sich irgendwelche Gegenstände ab, aber die Konturen sind noch zu verschwommen, als daß man etwas erkennen könnte. Die Spannung wächst und wächst. Es ist paradox, so ungewöhnlich, auf diesem Kontinent des Vergessens auf menschliche Spuren zu stoßen. Wir finden schließlich bloß einen leeren Benzinkanister und direkt daneben einen im Boden aufgepflanzten Pfahl. Die Überreste eines Vorratslagers, das die Expedition von 1961–62 auf dieser Halbinsel angelegt hat? Vielleicht ist darunter etwas vergraben? Schade, wir werden es nie erfahren, wir haben keine Zeit zum Graben. Wir müssen weiter, weiter, weiter, koste es, was es wolle. Jedenfalls hätte ich nie geglaubt, daß ein alter verrosteter Benzinkanister und ein Stück Holz sechs erwachsene Männer in einen solchen Aufruhr, in eine solche Ekstase versetzen können ...

11. Oktober 1989
– 37 °C

Endlich der Mount Rex! Er besteht aus zwei Bergmassiven, die majestätisch aus dem Antarktis-Plateau emporragen. Ein faszinierender Anblick, aber leider können wir uns damit nicht begnügen. Wir müssen hinauf, den Paß besteigen, wo unser nächstes Lebensmitteldepot auf uns wartet. Bei dem wieder verheerenden Wetter wird das ein schöner Ausflug werden! Je höher wir kommen, desto schlimmer wird es. Als wir schließlich den Sektor erreichen, in dem sich das Depot befindet, überfällt uns eine entsetzliche, lähmende Kälte. Es ist der absolute Horror. Sturmböen bombardieren uns, der

Blizzard attackiert uns mit seinen Maschinengewehrsalven, seinen »Antarktisorgeln«, mit einem pausenlosen Kugelhagel – der ganze Kontinent hat uns den Krieg erklärt. Diesmal will er wirklich unsere Haut! Da hilft nur noch eins: Reißaus nehmen, und zwar unverzüglich. Der Abstieg ist rasant, praktisch aufs Geratewohl, das heißt, wir folgen blindlings Victors verschwommener Silhouette. Plötzlich schreit Will vor lauter Streß »Mama! Mama! Mama!«, denn sein Schlitten gerät gefährlich ins Schleudern, und er sieht ihn wohl schon wieder in die Brüche gehen. So weit ist es also schon, daß wir uns auf diese Weise abreagieren und uns die würgende Angst vom Hals schaffen müssen, die der Gedanke an einen möglichen Unfall in uns auslöst. Stegers kindliche Hilfeschreie sind natürlich nicht ganz frei von Ironie, aber es ist ein sehr spezieller, sehr antarktischer Humor. Kein schwarzer, sondern ein »weißer« Humor...

Auch weiter unten am Hang läßt der antarktische Stoßtrupp noch nicht von uns ab – Sturmböen, Blizzard und Kompanie –, aber hier sind die Attacken ein bißchen gedämpfter. Gar kein Vergleich mit dem Hexenkessel da oben.

Als wir dann im Camp in Sicherheit sind, sagt Will zu mir: »Ich kann es gar nicht fassen, daß wir das ausgehalten haben.«

»Und keiner hat sich beklagt!«

»Weißt du, Jean-Louis, manchmal frage ich mich, ob man so eine Expedition mit sechs Amerikanern machen könnte...«

»Ich glaube, ich weiß, was du meinst. Mit sechs Franzosen wäre es auch nicht gerade leicht!« Will hat recht – bei einem internationalen Team wie dem unseren fühlt sich jeder unwillkürlich als eine Art »Botschafter«, als »Aushängeschild« für sein Land. Und das ist ein mächtiger psychologischer Hebel, der nicht nur die eigene Durchhaltekraft stärkt, sondern auch Respekt vor dem anderen erzwingt. Bei uns kommt es niemals zu wüsten Beschimpfungen oder Gehässigkeiten, die dann in einen üblen Streit ausarten, wie das bei vielen anderen Expeditionen der Fall ist. Unsere Beziehungen untereinander sind höflich, taktvoll, dauerhaft.

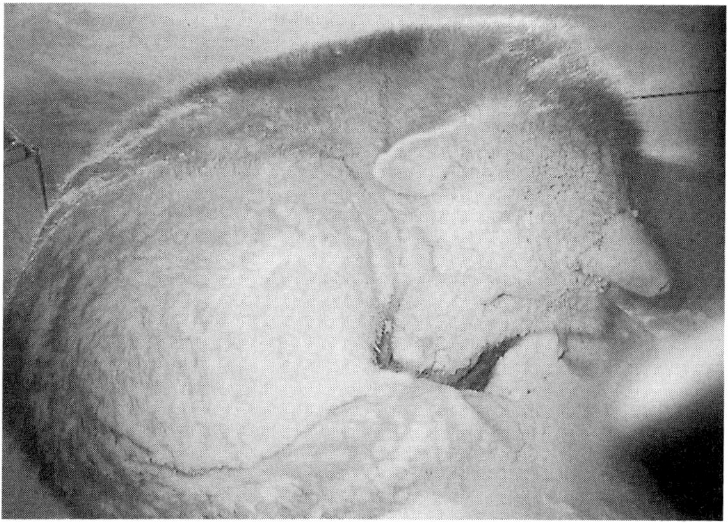

Tim ist am Ende seiner Kräfte. Eine Woche später ist er tot

12. Oktober 1989
– 37 °C

Immer noch kalt. Gegenwind in einem Eisnebel, der die absolute Hölle für unsere Gesichter bedeutet. Aber abgesehen von diesen Qualen, die ja eigentlich schon normal sind, mache ich mir Sorgen um Tim, einen Hund aus Wills Gespann, der alarmierende Erschöpfungssymptome zeigt.

Angefangen hat es vor ein paar Tagen: Steger hat den Hund nicht richtig eingespannt, Tim reißt sich los und haut ab. Victor und ich falten gerade unseren Zeltsockel zusammen – er ist schwarz, also ein optimaler Sonnenwärmespeicher. Tim kauert sich einen Augenblick auf die angewärmte Fläche, dann flüchtet er sich zwischen unsere Beine ... Dieses Verhalten läßt auf ein ernsthaftes Problem schließen, denn Tim ist normalerweise sehr scheu, sehr ängstlich und mißtrauisch. Beim geringsten Annäherungsversuch, auch wenn man ihn streicheln will, läuft er sofort davon. Wie alle seine

Brüder kann er unglaubliche Strapazen und Qualen ertragen, ohne je etwas davon zu zeigen. Wenn er so reagiert, muß er wirklich am Ende seiner Kräfte sein. Will möchte ihn trotzdem weitermarschieren lassen, damit die Blutzirkulation in seinen Gliedern aufrechterhalten bleibt. Seiner Meinung nach kann der Hund weitermachen. Ich glaube das nicht. Tim hat Erfrierungen an den Beinen und vor allen Dingen an den Pfoten. Wir sollten ihn besser auf den Schlitten verfrachten, finde ich. Ich werde heute abend per Funk beantragen, daß die Maschine, die Patriot Hills anfliegen soll, ein bißchen von ihrem Kurs abweicht und in unserer Nähe landet. Sie müßte in drei Tagen vorbeikommen. Tims Zustand ist wirklich bedenklich, er muß unbedingt evakuiert werden.

In Paris findet in dieser Stunde das Treffen der konsultativen Parteien des Antarktis-Vertrags statt. Frankreich und Australien haben sich bereits geweigert, die Konvention von Wellington über die Erforschung und Ausbeutung der Bodenschätze zu unterzeichnen. Cousteau sät Panik in dieser internationalen Versammlung. Er tut sein Bestes, um auch die anderen Staaten davon zu überzeugen, daß sie dieses Abkommen nicht unterzeichnen dürfen. Die wirtschaftliche Ausbeutung der Antarktis, und sei es auch unter dem Vorbehalt, »die Umwelt zu respektieren«, muß seiner Meinung nach um jeden Preis verhindert werden. Ich bereite einen Text vor, der diese Initiative unterstützen soll. Er wird von P. E. Victor vorgetragen werden, und zwar am 23. Oktober bei der Eröffnung der »Transantarctica«-Ausstellung in der Cité des Sciences de La Villette in Paris. Ich hoffe, daß bis dahin noch nichts endgültig entschieden ist und daß meine Erklärung aktuell bleibt.

Es ist fast Mitternacht, als ich zu schreiben aufhöre. In knapp fünf Stunden müssen wir aufstehen. Eigentlich war ich noch nie so überlastet. Nach den körperlichen Strapazen tagsüber folgen die Funksitzungen, zwischendurch die ganzen »Haushaltsarbeiten«, vom Trocknen bis zum Kochen, die Organisation im Zelt und das Tagebuch. Da bleibt kaum eine Minute, um sich gehenzulassen, abzuschalten. Und dabei habe ich ein solches Bedürfnis zu träumen ...

8 Die Geisterstadt

15. Oktober 1989

Immer noch keine Twin Otter in Sicht. Und dabei ist es allerhöchste Zeit, daß Tim hier rauskommt. Wir machen uns große Sorgen um ihn. Die Sicht reicht höchstens 100 Meter weit, ein eisiger Nebel umgibt uns, in dem wir immer wieder von bösartigen Windböen aus Südosten überrascht werden. Gestern hat uns der Wind in die Zelte verbannt. Heute schaffen wir nur 36 km. Wir verlieren uns mehrmals, trotz Victor, der sich mit unglaublicher Zähigkeit an der Spitze der Karawane vorankämpft. Er leidet seit 48 Stunden an schlimmen Erfrierungen, und es ist bestimmt kein Spaß für ihn, bei diesen katastrophalen Bedingungen mit unbedecktem Gesicht zu marschieren. Aber es geht nicht anders, weil er sonst den Kompaß nicht ablesen kann. Er muß höllische Schmerzen haben, seine ganze Haut ist gerötet, vor allem an Stirn, Nase und Wangen. Aber er hält eisern durch – ich bewundere ihn. Der Mann ist eine Naturgewalt... Ich erfahre per Funk, daß Odin nach seiner Ankunft in Puntas Arenas von einem Tierarzt an der Zehe operiert wurde. Eine Nekrose, vermutlich die Folge einer Erfrierung. Die Frage ist, wieweit die Hunde diese extremen Bedingungen verkraften. Wir müssen mehr Flüge organisieren, damit wir auf ausgeruhte Tiere zurückgreifen können, wenn es nötig ist. Diese Strategie kann allerdings sehr teuer werden. Das letztemal hat uns die Evakuierung der Hunde 30 000 Dollar gekostet. Aber ihre Gesundheit ist uns jeden Preis wert.

Wir selbst sind völlig zermürbt. Wir müssen ständig gegen unsere Anwandlungen von Paranoia und Klaustrophobie ankämpfen – das sind genau die psychischen Folgen, unter denen auch ein Strafgefangener in seiner Zelle zu leiden hat. In meinen Träumen war diese Reise ein einziges aufregendes Abenteuer, und ich habe dabei ganz vergessen, daß der tagtägliche Überlebenskampf des »Helden« nichts als eine Anhäufung von Qualen und Frustrationen bedeutet. Die großen, »erhabenen« Momente sind einem nur selten vergönnt. Sie sind immer nur kurz, verzweifelt kurz...

Unser dritter Mond ist da, und wir werden ihn nicht noch einmal sehen . . .

18. Oktober 1989
– 42 °C

Seit zwei Tagen reist Spina, der erste Hund, den ich aus einer Spalte geholt habe, auf Geoffs Schlitten. Das arme Tier hat sich eine böse Erfrierung am Penis zugezogen, aber heute scheint sein Zustand ganz erträglich zu sein. Das Wetter ist immer noch so schlecht, daß die Twin Otter nicht kommen kann, und Tims Zustand wird immer bedenklicher.

Unser Marsch ist ein richtiger Leidensweg. Wir müssen unsere ganze Willenskraft aufbieten, um auch nur ein paar Meter vorwärtszukommen. Die Kälte ist qualvoll. Bei – 40 °C sind die Essenspausen kurz, wir schlingen unsere Überlebensrationen in einem unglaublichen Tempo hinunter. Kein Wort wird dabei gewechselt. Jeder verharrt stumm in seinem eigenen Leid.

Während wir marschieren, schleppt sich auch mein Geist im Schneckentempo dahin. Ich träume von Sylvie, und oft taucht vor meinem inneren Auge mein geliebter heimatlicher Tarn auf. Ach, der Wind dort, mag er im Winter auch noch so rauh sein, erscheint mir jetzt geradezu paradiesisch, verglichen mit dem Horror hier.

20. Oktober 1989
– 32 °C

Seit 9 Uhr morgens sausen wir in Richtung Sipple dahin! Dort müßten wir auf die amerikanische Basis stoßen – eine verlassene Basis zwar, aber unsere Sehnsucht nach jeder noch so winzigen menschlichen Spur verzehnfacht unsere Kräfte. Criquet meint, es wird nicht leicht sein, die Basis aufzuspüren, denn sie liegt völlig im Schnee eingegraben, nur ein paar Antennen ragen über den Boden empor. Wir haben inzwischen 37 km zurückgelegt, und nach unseren Berechnungen müßte man allmählich etwas sehen können. Gegen 18.00 Uhr zeigt sich aber immer noch nichts. Das dämpft unsere Begeisterung gewaltig. Wir halten an. »Morgen sehen wir weiter«, ruft mit Geoff zu . . . Ich vermute, daß wir einen Navigationsfehler gemacht haben, denn Victor hält sich die meiste Zeit 15–20 ° links von der Route. Aber wie sollten wir ihm das übelnehmen? Er ist der einzige, der den wütenden Attacken der Elemente standhält. Und Fehler beim Kompaßlesen sind schnell passiert. Wir werden unsere genaue Position mit Hilfe des ARGOS-Systems bestimmen müssen. Aber ich ertrage diese ständige Abhängigkeit vom Satelliten nur widerwillig. Und vor allem sagt mir mein Instinkt, daß die Basis nicht weit weg sein kann . . . Ich springe auf den Schlitten. Mit dem Fernglas suche ich den Horizont Ausschnitt für Ausschnitt ab. Meine Augen tränen. Dieser verfluchte Wind! Meine Tränen frieren an den Gläsern fest, ich muß sie ständig abwischen, damit ich wieder etwas sehe. Die anderen haben inzwischen schon die Hunde festgebunden und fangen an, ihre Zelte aufzustellen. Na wenn schon, ich bleibe stur!

Nach einer Viertelstunde hartnäckiger Suche entdecke ich endlich ein paar schwarze, undeutliche Linien. Die Antennen! Ich richte mein Fernglas noch einmal auf die Stelle: Ja, kein Zweifel, das sind sie! Ich brülle: »BASIS in Sicht!« Meine fünf Gefährten drehen sich völlig verdattert zu mir um, sie trauen ihren Ohren nicht. Ich schreie: »Wir müssen sofort losfahren, solange die Sicht noch gut ist!« Die Freude ist allgemein. In fünf Sekunden packen wir alles wieder zusammen, und nach einer homerischen Reise von 13 km erreichen wir den Ort unserer Sehnsucht, völlig erschlagen nach diesem langen Tag.

Ein komisches Gefühl beschleicht uns, als wir die Basis betreten. Als ob wir die Helden in einem »Polarwestern« wären und nun in einer öden Geisterstadt herumirrten . . . Alle Behausungen sind verlassen, geheimnisumwoben, für immer unter dem Schnee begraben, in dem sie jeden Tag ein bißchen tiefer versinken, aufgesaugt, verschlungen vom ewigen Eis der Antarktis. Insgeheim wartet man ständig darauf, an der nächsten Ecke auf einen »Eingeborenen« zu stoßen, obwohl man genau weiß, daß hier keine Menschenseele lebt.

Es ist 11.00 Uhr abends. Zu spät, um auf Erkundungstour zu gehen, denn wir müssen zuerst die Türen freischaufeln, um in die Häuser zu gelangen. Bei dem Gedanken an die Schätze, die vielleicht dahinter verborgen sind, halten wir es vor Spannung kaum noch aus . . . Der Himmel ist klar heute abend, die Sonne sinkt kaum hinter den Horizont. Von jetzt an wird es keine Nacht mehr geben.

21. Oktober 1989
– 32 °C

Ich kann es kaum glauben, aber es ist wahr: Das Wetter ist phantastisch, eine wahre Pracht! Unter einem traumhaft blauen Himmel liegen die Hunde auf dem Rücken und halten ihre Bäuche in die Sonne, die uns nach fast einem Monat zum ersten Mal wieder beglückt. Heute ist Ruhetag – Ferienstimmung liegt in der Luft. Dennoch kann ich sie nicht unbeschwert genießen. Immer wieder überfallen mich die Erinnerungen an die Qualen und Strapazen in den letzten Tagen, offenbar damit ich nur ja nicht vergesse, daß diese Atempause nicht ewig währt . . . Freu dich drüber, aber mach dir nichts vor – es ist nur ein Waffenstillstand, die Antarktis kennt kein Erbarmen.

Am Nachmittag attackieren wir mit dem Eispickel die dicke, extrem harte Schneemauer, die den Zugang zu den Gebäuden der Basis versperrt. Nach zwei Stunden mühseliger Plackerei können wir endlich hinein. Drinnen stoßen wir auf eine richtige Ali-Baba-Höhle, eine Schatzkammer des elektronischen Zeitalters. Ein Gewirr von Kabeln, Videozubehör, komplizierten Instrumenten . . . Das Erstaunlichste dabei ist, daß alles völlig intakt zu sein scheint, so als ob die Bewohner erst gestern abend die Tür hinter sich zugeschlagen hätten. Am liebsten würden wir diese Schätze sofort an uns reißen, bis wir begreifen, daß das nur die Wunschträume von sechs kleinen Jungen sind, die wie verzaubert in einem phantastischen Spielzeugladen für Erwachsene stehen. In Wirklichkeit sind wir Wüstenmönche und leben von nichts oder fast gar nichts, in völliger Bedürfnislosigkeit. Dieser Reichtum hier ist zuviel für uns, er wird geradezu quälend, und so bringen wir unsere Besichtigung so schnell wie möglich hinter uns, lassen alles, wie es ist, und flüchten uns in die grenzenlose, reine Welt des ewigen Eises . . .

Seit 48 Stunden ist keinerlei Funkkontakt mehr möglich. Das ist der Gipfel! Wo wir doch mitten in einer ehemaligen Hertz-Wellen-

Forschungsstation kampieren ... Aber zum Glück habe ich meinen »Psion«, ein Zusatzgerät, das an meinen ARGOS-Positionssender angeschlossen ist. Es handelt sich um eine kleine Tastatur, mit der ich dem Satelliten eine Botschaft von maximal 34 Zeichen durchgeben kann. Ich benütze es quasi täglich, um meteorologische Informationen an das »Centre National d'études spaciales« (CNS) in Toulouse zu übermitteln. Und wenn mir noch ein bißchen Platz bleibt, füge ich eine persönliche Nachricht hinzu, zum Beispiel: »Küßchen an Sylvie« oder »Bringt mir den *Monde diplomatique*!« Heute abend erfährt die bewohnte Welt (die uns manchmal so fern erscheint, daß wir zu zweifeln anfangen, ob wir sie je wiedersehen werden) durch dieses Zauberinstrument, daß alles in Ordnung ist, daß wir noch leben.

22. Oktober 1989
–28 °C

Meine innere Stimme hat mich nicht getrogen – mit den »Ferien« in der Antarktis ist es einstweilen vorbei ... Das düstere Konzert unserer »Äolsharfe« – das Seilwerk, das unser Zelt aufspannt – weckt mich auf, und ich weiß, daß wir heute nicht aufbrechen werden. Der Wind tobt mit 150 km/h von Norden heran. Die Sichtweite beträgt ungefähr 5 Meter, verkündet mir Victor, und eine geradezu himmlische Mischung von verquirltem Eis und Schnee prasselt aus dem »Äther« auf uns nieder. »Die denkbar besten Voraussetzungen für donnernde Reime«, spottet mein Russe, der es momentan vorzieht, sich in die Welt der Poesie zu versenken, anstatt dem Südpol entgegenzureisen.

Morgen wird in Paris die Ausstellung »Transantarctica« in der Cité des Sciences eröffnet. Ich lese noch einmal den Text, den ich für diesen Zweck verfaßt habe, und stelle mir vor, wie Paul-Émile Victor mein Werk mit großer Stimmgewalt vorträgt, während ringsum die Champagnergläser klirren ...

»... Heute sind wir im Herzen der Antarktis, in der Region des Ellsworth-Massivs. Wir reisen wie Nomaden und entdecken die endlose Weite, die ursprüngliche Kraft und Reinheit dieses einzigartigen Kontinents. Für den Menschen gibt es hier keine Hoffnung, nur den täglichen Kampf ums Überleben. Um die Antarktis ist es mir daher auch nicht bange, aber ich fürchte mich vor dem kalten Krieg, der sich über diesem Kontinent zusammenzubrauen droht. Dieser Landstrich ist noch ungeteilt, und seine Reichtümer sind das Erbe der ganzen Welt. Im Jahr 1961 wurde die Antarktis zu einem Kontinent der Forschung und des Friedens erklärt, und die Vertragsväter haben den weisen Entschluß gefaßt, sich dreißig Jahre Bedenkzeit zu geben. Heute geht es um die Ausbeutung der Bodenschätze, eine Entscheidung, die mit ungerechtfertigter Eile vorangetrieben wird. Die Frage ist von weitreichender Bedeutung, nehmen wir uns also Zeit zum Überlegen. Geben wir uns noch einmal dreißig Jahre, die der Forschung zugute kommen, und überlassen wir den nächsten Generationen die Entscheidung über die Zukunft dieses Kontinents. Die Menschen des dritten Jahrtausends werden zwangsläufig gelernt haben, globale Interessen über nationale Belange zu stellen. In den letzten Jahrzehnten wurde unser Planet hemmungslos ausgebeutet. Wir sollten jetzt den Anstand besitzen, das letzte unberührte Gebiet dieses Planeten zu verschonen und unversehrt an unsere Kinder weiterzugeben.

Wir sechs haben noch einen weiten Weg vor uns bis zum Indischen Ozean. Es ist eine lange und beschwerliche Reise, aber wir – Daho, Keizo, Victor, Will, Geoff und Jean-Louis – sind hier, weil wir dieses Leben lieben und weil wir allen Nationen, die auf uns schauen, zeigen möchten, daß die Menschen über alle nationalen und kulturellen Unterschiede hinweg auch die schwierigsten Situationen gemeinsam meistern können. Und es gibt nur einen Kontinent, auf dem ein solches Unternehmen möglich war, nämlich die Antarktis. Bewahren wir dieses Stück Erde, so wie es ist.«

Ich habe im Lauf des Tages mehrmals versucht, einen Funkkontakt herzustellen, aber ohne Erfolg. Völliges Blackout. Heute abend versuche ich wieder, Puntas Arenas zu erreichen, da erscheint Will mit völlig aufgelöstem Gesicht und sagt: »Tim ist tot.« Der Schock wirft mich fast um, ich bringe keinen Ton heraus, mein Körper ist auf einmal bleischwer. Armer Tim, er war so tapfer! In den letzten Tagen hat er sogar wieder gefressen, wir haben unsere Rationen mit ihm geteilt, und wir konnten ihn auch dazu bringen, ein bißchen zu laufen, um seinen Blutkreislauf in Gang zu halten. Gestern schien es ihm besserzugehen, er lag auf einer Kiste in der Sonne, und wir hatten den Eindruck, daß er es sehr genoß. Es ist schrecklich, schrecklich. Will war auf diese Tragödie nicht gefaßt, er hat einfach nicht glauben wollen, daß Tims Zustand derart bedrohlich war. Wenn doch nur das Flugzeug rechtzeitig gekommen wäre! Aber alle unsere Bemühungen sind gescheitert, erstens wegen des stürmischen Wetters, zweitens wegen dieses verdammten Funk-Blackouts. Das ist hart. Wir sind alle sehr traurig und niedergeschlagen, denn wir sind im Lauf unserer gemeinsamen Kämpfe so sehr mit unseren Hunden zusammengewachsen, daß Tims Tod wie eine Amputation für uns ist. Außerdem stellt dieses traurige Ereignis unsere Expedition von neuem in Frage. Es ist ein Alarmsignal, das uns erbarmungslos mit der Möglichkeit konfrontiert, daß die Hunde vielleicht nicht durchhalten ...

Schwarze Trauer und die Angst vor der drohenden Niederlage bringen uns um den Schlaf. Es ist die schlimmste Nacht, die wir bisher auf diesem Kontinent erlebt haben. In den Alpträumen, aus denen wir immer wieder hochfahren, fordert das Eis seinen Tribut – einen Tribut, der zu hoch ist für uns armselige Menschenwesen. Mein Gott, wir marschieren ständig am Rand des Abgrunds, der kleinste Irrtum kann uns das Leben kosten! Unsere Wachsamkeit darf keinen Augenblick nachlassen, sonst riskieren wir die Katastrophe.

23. Oktober 1989
– 39 °C

Wir verlassen Sipple bei katastrophalem Wetter. Der Südwind fährt uns frontal ins Gesicht und versetzt uns Keulenhiebe von 80 km/h. Will führt die Prozession an, er hat Tims Leiche vorne auf den Schlitten gelegt. Wir haben noch kaum 500 Meter zurückgelegt, als der Amerikaner seinen Hund plötzlich vom Schlitten stößt. Der Kadaver stürzt aufs blanke Eis. Im selben Augenblick greift der Sturm mit doppelter Wut an, und im Nu ist der schwarze Fleck von dichtem Schnee verhüllt – ein Leichentuch, von der Wildnis selbst gewoben. Es ist ergreifend. Will wollte keine Zeremonie. Tim, der ja zum Teil von den Wölfen abstammte, war für ihn ein Geschöpf, dessen ursprüngliche Wildheit Respekt gebot. Auf dem nackten Eis geboren, kehrte er jetzt zum Eis zurück, und nur der Schnee, sein lebenslanger Begleiter, hatte das Recht, ihn für seine letzte Reise einzuhüllen.

Die anderen Hunde marschieren ungerührt an dem bereits halb im Schnee verschwundenen Kadaver vorbei. Für sie zählt eben nur das Leben; was unter diesem Schneehaufen liegt, bedeutet ihnen nichts mehr ...

Für uns, die Menschen, ist der heftige Sturm heute eine Wohltat. Unser Kummer geht darin unter, und das ist gut so, denn wir stehen kurz vor dem völligen körperlichen und geistigen Zusammenbruch. Wir sind wie betäubt, so wird der Abschiedsschmerz von dem harten Kampf gegen die grausamen Elemente verdunkelt, und später bewahrt uns die Erschöpfung vor ihm. Erst im Zelt bricht der Kummer wieder auf. Hartnäckig verfolgt mich das Bild von einem kleinen Schneehügel am Rand der Geisterstadt Sipple, aus dem noch da und dort ein paar schwarze Fellbüschel hervorschauen.

Um diese morbide Anwandlung abzuschütteln, manipuliere ich an meinem Funkgerät herum. Es würde mir bestimmt helfen, wenn ich mit jemandem über Tims Tod sprechen könnte. Aber die »Verbindung« kommt nur in einer Richtung zustande. Ich höre Criquet mit dem Piloten reden, der unseren Hund hätte retten können, wenn er nicht auf 75 °S und 69 °W blockiert gewesen wäre. Criquets Funkgerät hat 400 Watt, meines kaum zwanzig, und es ist das erstemal seit diesem Blackout, daß er mich nicht hört. Alle meine Rufe bleiben ohne Antwort. Ich werde heute nacht allein mit meinem Kummer fertig werden müssen ...

26. Oktober 1989
– 25 °C

Vorgestern hat uns der Sturm eine Atempause gegönnt. Wir haben 32 Kilometer zurückgelegt und mußten nicht einmal unsere Zelte verankern. Aber gestern haben wir wieder ein entsetzliches Chaos erlebt, ein Sturm löste den nächsten ab, nach dem Motto »wer am lautesten brüllen kann« ... Als ob das Ende der Welt gekommen wäre! Ich frage mich immer noch, wie wir es geschafft haben, 36 km zurückzulegen. Aber heute scheint die Sonne ein bißchen, und in einer wohltuenden Sturmpause beleuchten ihre Strahlen das so sehnsüchtig erwartete Ellsworth-Massiv. Dieser Gebirgszug, der den Mount Winson beherbergt, den 5200 Meter hohen Antarktis-Riesen, ist für uns ein Hoffnungssymbol, ein Zeichen, daß wir bald den klimatischen Launen der Halbinsel entronnen sein werden. Die schlimmsten Unwetter liegen jetzt hinter uns. Aber Will ist abgespannt und nervös. Er hat furchtbare Rückenschmerzen. Tims Tod hat ihn sehr mitgenommen. Wir verbringen eine halbe Stunde zusammen, und plötzlich fängt er zu weinen an, die seit Monaten angestaute Spannung macht sich endlich Luft... Dicke Tränen rollen über seine Wangen. Ich umarme ihn und versuche ihn zu trösten. Aber sein Kummer geht mir so nahe, daß ich ebenfalls zusammenbreche und mit ihm weine. Wir sind eben durch die ständigen körperlichen und seelischen Strapazen äußerst zerbrechlich und anfällig geworden. Tims Tod hat uns völlig aus dem Gleichgewicht gebracht, eine Erschütterung, die sich unaufhaltsam bis in die verborgensten Winkel unserer Seele fortpflanzt und uns noch lange zu schaffen machen wird...

Und außerdem rückt allmählich unsere Ankunft in Patriot Hills in greifbare Nähe. Dort werden uns die Presse, das Fernsehen, das Filmteam in Empfang nehmen. Das heißt, wir werden dem konkreten, unausweichlichen Druck der Öffentlichkeit ausgesetzt sein – Fragen über Fragen, gezückte Kameras, die ganze inquisitorische Neugier...

Das macht uns angst. Es wird nicht leicht sein, sich in wenigen Minuten auf diesen ganzen Medienrummel einzustellen und dabei auch noch eine gute Figur zu machen.

Wir leben hier wirklich in einer anderen Welt, in einem extrem gefährlichen, aber auch sehr subtilen Universum, das uns unweigerlich zur »inneren Emigration«, zur Kontemplation zwingt. Und dann sollen wir in Sekundenschnelle den schützenden Kokon zerreißen! Das ist viel verlangt, zu viel, fürchte ich. Wir versuchen zwar, uns innerlich so gut wie möglich auf diesen Augenblick einzustimmen, aber wenn es soweit ist, werden wir wahrscheinlich trotzdem

»neben unseren Skiern stehen« und völlig wirres Zeug von uns geben . . .

27. Oktober 1989
– 17 °C

Das Terrain wird jetzt ausgesprochen unangenehm, es bildet tiefe Wellentäler, die unsere Hunde in regelmäßigen Abständen »verschlingen«. Von hinten sehe ich manchmal nur noch Wills Kopf aus einer dieser Mulden aufragen. Die Berge sind jetzt ganz nahe. Der Boden ist hier dem vereinten Druck von Gletschern und Winden ausgesetzt, und so entstehen diese höchst spektakulären »gefrorenen Meereswogen«, die sogenannten Sastrugis. Für die letzten zehn Kilometer verzichten wir auf die Skier, sonst fegt uns der Wind auf diesen teuflischen Rutschbahnen ganz einfach davon, und zwar rückwärts! Er attackiert uns von Südosten mit Böen von 80 km/h. Sogar mit unseren »Mukluks« – schweren Stiefeln – haben wir Schwierigkeiten, uns auf den Beinen zu halten. Die Hunde – sieben pro Gespann – ziehen sich besser aus der Affäre. Sie kommen mühelos voran, denn die Schlitten sind leicht und ihre Beine nicht so lang wie die unseren. Aber mein Gott, was für eine Welt! Wenn man zum Beispiel ein Bonbon lutschen will, muß man es erst einmal erwischen, das heißt, man angelt mit bloßen Händen mühsam in der Tasche herum. Dann muß man das Bonbon mit klammen, ungeschickten Fingern ganz schnell auswickeln und unter der steifgefrorenen Maske nach dem Mund tasten. Ist die Operation gelungen, muß man seine Hand wieder in den Handschuh hineinzwängen – die Hand ist inzwischen zu Eis erstarrt, der Handschuh voller Schnee. Man muß schon einen wahren Heißhunger auf Bonbons haben, wenn man eine solche Aktion in Kauf nimmt . . . Ich glaube, man wird hier in allen Dingen ein »Polarmensch«, so wie man Seemann oder Wüstennomade wird: indem man als Nomade lebt und sich von den Elementen »abschleifen« läßt. Es ist ein langsamer, mühevoller Lernprozeß, ein Kampf, dem man sich in aller Bescheidenheit tagtäglich aufs neue stellen muß.

Der einseitige Funk-Blackout geht weiter. Ich höre Criquet, er mich nicht. Diese Störungen dauern jetzt schon zehn Tage. Nur der

Es ist nicht einfach, mit den dicken Überhandschuhen zu hantieren

»Psion« funktioniert tadellos. Eine wahrhaft revolutionäre Technik für Südpolvagabunden!

Der »stumme« Funkkontakt beschert mir aber trotzdem eine erfreuliche Nachricht: Die Twin Otter ist endlich in Patriot Hills! Und noch besser, die DC6, die unseren Nachschub und die Presse an Bord hat, soll morgen eintreffen. Mit den Mißgeschicken dieser Maschine könnte man ganze Bände füllen, es ist eine richtige Odyssee. Am Anfang war »Adventures Network International«, eine kanadische Luftfahrtgesellschaft... Na ja, Luftfahrtgesellschaft ist ein bißchen übertrieben. Eigentlich waren es nur ein paar abenteuerlustige Typen mit einer besonderen Leidenschaft für die Polarregionen, die meisten davon Bergführer, einige auch Piloten. Während meiner Nordpolreise hatten sie mich mit ihren geleasten Twin-Otters aus der Luft versorgt; es waren phantastische Piloten. Hier in der Antarktis sind sie für die gesamte Logistik unserer Expedition verantwortlich. Sie haben ihren Hauptstützpunkt nach Patriot Hills verlegt, einen einzigartigen, idealen Landeplatz, mit einer blauen, betonharten Eisdecke, auf der auch Flugzeuge mit herkömmlichem Räderfahrwerk aufsetzen können. Patriot Hills liegt aber schon ziemlich weit im Innern des Kontinents, und für die Errichtung eines großen Basiscamps und den Transport zahlreicher Passagiere sind die Twin Otter nicht geeignet. Also mußte ein größeres Flugzeug her.

Die Träumer von »Adventures Network« legten sich in einem Anfall von Größenwahn ein richtiges Monster zu – eben die berüchtigte DC6. Eine viermotorige Turbo-Maschine, 30 Jahre alt und sehr preiswert ... Noch bevor der Riesenvogel überhaupt die Antarktis erreichte, tauchten schon massenhaft technische Probleme auf. Als er dann an Ort und Stelle war, ging der Ärger erst richtig los. Jeder Flug endete mit einem Mißerfolg – die Besatzung mußte umkehren, angeblich, weil es zu windig war. In Wirklichkeit war aber gar nicht das Wetter daran schuld, sondern die vielen roten Alarmlämpchen, mit denen die Maschine das Team auf Trab hielt. Später war dann das Flugzeug aus unerfindlichen Gründen eine ganze Woche lang blockiert. Und schließlich brannte auch noch der Generator ... Eine Panne folgte der anderen, so daß die Maschine inzwischen zu einer Legende der Polarluftfahrt geworden ist – eine Legende, bei der einem der kalte Schweiß ausbricht.

28. Oktober 1989
–20 °C

Die Berge sind eine Pracht! Und das Wetter ist heute morgen strahlend schön. Ich trinke das durchsichtige Himmelsblau, ich tanke mich randvoll damit auf. Es ist wie eine belebende Transfusion, die mich mit einem Schlag wieder auf die Beine bringt. Endlich kann ich den Kopf wieder heben, nachdem ich zwei Monate lang nur auf meine Füße gestarrt habe! Keine Schneestürme mehr, und ich bilde mir sogar ein, daß der Wind, der mir ins Gesicht bläst, Gerüche mit sich trägt ... Die Hunde haben wieder schöne Farben bekommen, ihr Fell glänzt, und die Eispanzer sind verschwunden. Bei jedem Halt legen sie sich genüßlich auf den Rücken und lassen sich die Sonne auf den Bauch scheinen. Für sie ist das ein vollkommener Tag, abgesehen davon, daß sie hier zu wenig weichen Schnee finden, mit dem sie ihren Durst löschen können, sondern nur blankes stahlhartes Eis. Sonst schnappen sie sich einfach beim Laufen ein Maulvoll Schnee, wenn sie durstig sind. Das ist hier unmöglich.

Die Sastrugis sind manchmal bis zu einem Meter hoch, und die Schlitten werden in alle Himmelsrichtungen herumgeschleudert. Nachdem wir 38 km nebenher marschiert sind – für die Skier ist das Terrain zu riskant –, tun uns allen die Füße weh, von der Erschöpfung gar nicht zu reden. Aber mein Optimismus ist wieder zurückgekehrt. Ein Beweis dafür, wie wichtig die Sonne, das Licht, für den Menschen ist. Ich kann jetzt bestens nachvollziehen, warum unsere Vorfahren die Sonne mit derartigen Kulten verehrt haben . . . Auch die Funksitzung gibt Anlaß zur Hoffnung. Criquet hat diesmal meine 20-Watt-Botschaft empfangen, er konnte mich eine ganze Minute lang hören. Und er ist 3000 km weit entfernt. Victor ist in Jubel ausgebrochen . . . Doch die Pechsträhne der DC6 geht weiter: Sie mußte wieder einmal umkehren – »wegen starken, ungünstigen Winden«. Aber morgen wollen sie es wieder probieren. Ach, morgen! Gegen Mittag werden wir in Fisher Nunataks sein, wo unser Nachschub auf uns wartet . . . Der Ellsworth-Sektor hat für mich eine geradezu magische Dimension, denn endlich, ENDLICH! lassen wir die Antarktische Halbinsel hinter uns.

29. Oktober 1989
– 28 °C

Es ist Sommer! Kein Lüftchen rührt sich, die Sonne knallt vom Himmel! Wir kramen unsere Sommerausrüstung hervor: Schirmmützen, Sonnenbrillen, T-Shirts! Daran kann man sehen, wie gut sich unser Körper inzwischen an die Kälte angepaßt hat, denn es sind fast – 30 °C. Auch die Hunde profitieren von dem schönen Wetter, ihr Fell ist prachtvoll, es fängt in der Sonne regelrecht zu »sprießen« an. Das Lebensmitteldepot ist tatsächlich da, wo es sein soll, am Fuß von Fisher Nunataks, diesem kleinen »Matterhorn« des Ellsworth-Massivs, umgeben von majestätischen Bergen. Nur die Fahne ragt über den Schnee hinaus. Das bedeutet, daß das Depot drei Meter tiefer liegt. Nach zwei Stunden Schneeschaufeln sitzen wir mit nacktem Oberkörper in der Sonne (das wird nie wieder möglich sein!) und verzehren genüßlich unseren Lunch. Noch nie hat es uns so gut geschmeckt... Am Abend ziehen Wolken am Himmel auf, dicke Schneeflocken rieseln herunter, aber das kann uns nicht erschüttern, so viel Sonnenwärme haben wir tagsüber gespeichert. Das Eis ist stahlhart, die Zeltheringe lassen sich nicht in den Boden rammen. Wir müssen uns etwas anderes einfallen lassen. Schließlich fixieren wir die Zelte mit schweren Gegenständen – ein paar Gepäckstücke, Hundefutter... Eine prekäre Einrichtung! Wir können nur hoffen, daß in der Nacht kein Wind aufkommt, sonst ist die Hölle los. Wieder ein Freudenschrei von Victor: Diesmal können nicht nur wir Criquet hören, sondern er hört auch mich, allerdings nur schwach, aber immerhin! Die Frage, die er mir dann stellt, haut mich um: »Wieso kommt ihr nicht schneller voran?« Als Antwort kommt von mir nur ein wütendes Grunzen, eine höchst seltsame Begleitmusik zu Victors Hurragebrüll... Dieser Criquet hat offenbar keine Ahnung, was wir hier durchgemacht haben! Ich könnte platzen vor Wut. So kann nur einer daherreden, der bequem hinter seinem Schreibtisch sitzt... Mit solchem Gequassel hat mich schon Michel Franco während meiner Nordpolreise auf die Palme gebracht. Es würde mich übrigens gar nicht wundern, wenn er Criquet diese taktvolle Frage eingeflüstert hätte. »Versucht doch erst mal selber, die Halbinsel zu durchqueren! Mal sehen, ob ihr dann immer noch Lust habt, über unser Tempo zu meckern...«

31. Oktober 1989

Gestern bedeckter Himmel, aber das Terrain war gut. Wir haben 40 km zurückgelegt. Am Ende unserer Tagesreise befinden wir uns auf demselben Breitengrad wie Wostok, im selben Abstand zum Südpol, der die Symmetrieachse bildet. Am Abend war die unsägliche DC6 immer noch in Puntas Arenas, der Pilot redete sich mit dem schlechten Wetter heraus, aber die Funk-Gerüchteküche weiß es besser: eine technische Panne. Wer hätte das gedacht?

Aber leider – heute ist die Schlechtwetterfront da. Zuerst Wolken, dann *ice fog* und zum Schluß ein eisiger Wind in die Fresse! Pardon, aber diese erneute Attacke der Antarktisdämonen macht mich rasend! Ich muß mich irgendwie abreagieren. Zum Beispiel an den Kotzbrocken, die sich über die Verwendung von Schlittenhunden aufregen. Als ob sie die Tierliebe gepachtet hätten ... Mit ihren verhätschelten Schoßhündchen, die sich oft kaum noch bewegen können, weil sie permanent überfüttert werden!

Heute abend sind wir auf der Höhe des Mount Vinson angekommen, aber wir können keine Spur von ihm ausmachen, die Sichtverhältnisse haben sich rapide verschlechtert. Ich hoffe, daß wir diesen Antarktisriesen, von dem ich schon seit Jahren träume, wenigstens morgen zu sehen bekommen. Nach dem Everest-Abenteuer 1983 hatte ich eine Zeitlang sogar vor, den Mount Vinson zu besteigen. Aber der Zufall hat mich auf andere Gipfel geführt ...

9 Steger, der Teufelskerl

1. November 1989
−27 °C

Phantastisch! Der dichte Morgennebel, der gar nichts Gutes verheißt, hebt sich auf einmal wie ein Bühnenvorhang, und die 5200 m hohe Sphinx der Antarktis tritt majestätisch hervor. Die Erscheinung hat etwas unendlich Feierliches, aber zugleich auch Erdrückendes und Rätselhaftes ... Die Giganten unter den Bergen haben für mich schon immer diesen vernichtenden Aspekt gehabt. Sie zermalmen plötzlich die gewohnten Maßstäbe unserer menschlichen Wahrnehmung. Solche schwindelerregenden Gipfel geben mir das Gefühl, angesaugt, in die Höhe gezogen zu werden, weit, weit fort in eine andere Welt ... Aber dann schließt sich der Nebelvorhang über der steinernen Sphinx, gerade als mich dieser Rausch erfaßt. Ich plumpse frustriert auf den Boden der Tatsachen zurück, vielmehr auf das Eis, und gebe den Hunden das Startsignal: »O. K. UP!

Wir steigen von 2600 auf 1600 m Höhe ab, das heißt, wir schlittern in ziemlich rasantem Tempo die vereiste Piste hinunter. Ein bißchen zu rasant, denn gegen 13 Uhr macht Keizos Schlitten einen Salto mortale mit anschließender Bauchlandung. Bilanz: eine zerbrochene Kufe. Aber nicht die Kufe, die wir mit Unmengen von

Unser Schlitten »Uemura«

Schnur repariert haben, nein, es mußte natürlich die andere sein! Nachdem wir eine Stunde lang wie besessen an dem Schaden herumgebastelt haben, fahren wir weiter, in der Hoffnung, daß unser »Uemura« bis Patriot Hills durchhält. »Uemura« heißt unser Schlitten, nach dem berühmten japanischen Alpinisten, der 1978 mit seinen Hunden allein den Nordpol erreicht hat und später bei einer Bergtour verschollen ist. Wenn mich die gefährlichen Rutschpartien nicht allzusehr in Anspruch nehmen, flüchte ich mich in Gedanken in die Cevennen, an einen Ort oberhalb von St. Etienne, in das Adlernest, in dem ich mit Valérie-Catherine Richez und Éric Dumont meinen »Marcheur du pôle« (Faszination Arktis) geschrieben habe. Ich genieße in vollen Zügen die Stille, das Grün, die Tiere, die Sonnenhitze hinter den geschlossenen Läden, das Zirpen der Grillen . . . Ein bescheidenes Vergnügen, aber ich brauche es, um durchzuhalten.

Criquet wird hinsichtlich der DC6 zunehmend pessimistischer. Der Pilot, der bereits vierzehn DC4-Landungen in der Antarktis hinter sich hat, ist zwar absolut vertrauenswürdig, aber seine beiden

Copiloten stellen sich quer. Sie warten hartnäckig auf eine optimale Wetterlage, nicht nur für ihren Start dort unten, nein, sie verlangen auch einen klaren Himmel über Patriot Hills und über March, der chilenischen Basis auf der King-George-Insel, falls sie auf dem Rückweg dort zwischenlanden müssen. Bei den irrsinnigen Wetterlaunen in diesen Breitengraden ist das natürlich völlig utopisch. Der Blutdruck steigt schon wieder...

2. November 1989
– 26 °C

Spina schwebt in ernster Lebensgefahr. Er ist schon seit Sipple nicht mehr marschiert. Geoff hat ihn in einer Kiste auf seinen Schlitten gepackt und mit einer Parka zugedeckt. Spinas Pfoten sind in einem schlimmen Zustand, seit ein paar Tagen zeigen sich abgestorbene Gewebestellen. Er behandelt seine Erfrierungen, indem er sie ausgiebig leckt. Er wirkt ein bißchen wie ein neugeborenes Fohlen, das sich noch nicht richtig auf den Beinen halten kann. Ein Anblick, der einem die Kehle zuschnürt... Wenn er nur bis Patriot Hills durchhält! Von neuem überfällt uns die Horrorvision, daß uns die Hunde wegsterben. Aber die anderen Tiere scheinen ganz gut in Form zu sein, ihre Verletzungen sind vernarbt, und ihr Fell ist prächtig.

Trotz starkem Südwind, der uns frontal entgegenbläst und dicke Wolkenmassen vor sich herschiebt, zeigt unser Zähler am Abend 38 km an. Hohe Eisbarrieren hatten uns rechts den Blick verstellt, bis wir einen ziemlich engen Durchgang erreichten, und obwohl das Licht nur schwach war, sahen wir Landschaften von einer geradezu atemberaubenden wilden Schönheit vorüberziehen. Heute abend erstrahlt zu unserer Linken der Mount Vinson in der Sonne, die ganz unerwartet zurückgekehrt ist. Aber ihre Strahlen zerschneiden unsere Sphinx in Scheiben, ein Licht-und-Schatten-Spiel, dessen Kontraste nicht stark genug sind, um uns in seinen Bann zu ziehen. Schade, denn morgen werden wir die Sphinx nicht wiedersehen!

Und diese verfluchte DC6! Ob wir sie wohl je zu sehen bekommen? Ich erfahre per Funk, daß sie sich nach ein paar lächerlichen

Flugstunden wieder einmal zur Ruhe gesetzt hat. Bevor ich in einen erholsamen Schlaf sinke, fallen mir wieder die Tierschützer ein, die gegen die Verwendung von Schlittenhunden protestieren. Und ich frage mich, wer nun eigentlich glücklicher ist: Chinook und Kuka, diese Polarhunde, die auf dem ewigen Eis der Antarktis laufen, oder Mirza, der in einer Hundezucht in Pontoise geboren ist und den ganzen Tag in einem Pariser Appartement auf seinen Herrn wartet?

3. November 1989
–29 °C

Spina ist schwach heute morgen, aber er lebt. Der allgegenwärtige Nebel macht die Kältefolter noch schlimmer. Es ist entsetzlich. Alles klebt, eine üble Feuchtigkeit dringt uns bis in die Knochen. Auch Kniebeugen helfen da nichts, wir versuchen ganz vergeblich, uns aufzuwärmen. Noch nie hat mich die Kälte in den Fingern so sehr gepeinigt. Aber zum Glück habe ich nie kalte Füße, nicht einmal heute. Vielleicht, weil ich statt Socken meine Plastikbeutel überziehe.

Am meisten hat Victor unter dem Nebel zu leiden, denn diese Suppe löscht alle Orientierungspunkte aus. Es ist unvorstellbar hart, unter diesen Bedingungen vorauszulaufen und die Piste zu öffnen. Nach solchen Tagen ist er völlig erschöpft, kann kaum noch kriechen, und vor allen Dingen ist er ausgehungert wie ein Wolf. Am Abend schlingt er dann eine Riesenration hinunter. Wie es schmeckt, ist ganz egal, Hauptsache, es hält lange vor . . .

Wir haben ein ernstes Problem, aber diesmal sind wir selber schuld. Wir haben nicht mehr genug »white gaz«, so heißt das Benzin für unsere Kocher. In Fisher Nunataks hatten wir keines mitgenommen, denn das schöne Wetter hatte uns ein bißchen leichtsinnig gemacht. Außerdem hatten wir fest damit gerechnet, daß das Filmteam bald zu uns stoßen und uns Nachschub mitbringen würde. Aber den Schönwetterperioden in der Antarktis darf man eben niemals trauen! Immer auf das Schlimmste gefaßt sein, das ist die eiserne Grundregel. Wir sind wie blutige Anfänger in die Falle gegangen. Jetzt reicht unser Benzin nur noch für zwei Tage.

Und wir sind noch vier Tagesreisen von Patriot Hills entfernt! Vorausgesetzt, daß wir nicht wieder ins Zelt verbannt werden.

Heute nachmittag hat Spina bei einem Halt ein paar Schritte um seine Kiste gemacht, und das hat mich getröstet.

Der Funkkontakt mit Criquet bleibt quasi einseitig. Ich höre ihn, und manchmal kommen meine »Roger! Roger!«-Rufe bei ihm an (was in der Funksprache O. K. bedeutet), aber mehr ist nicht drin. Seine Stimme hört sich immer ziemlich gereizt an. Kein Wunder, er muß sich dort unten ganz alleine mit Adventures Network herumschlagen, damit die DC6 endlich ihren Bestimmungsort erreicht. Aber er wird es schon schaffen, ich habe volles Vertrauen zu ihm.

4. November 1989
−29 °C

Das Terrain ist flach, so weit das Auge reicht, nur auf der linken Seite zeichnen sich ein paar Berge ab. Der Himmel ist bedeckt, außer ein paar flüchtigen Sonnenauftritten in der Ferne. Wir sind erschöpft, lustlos ... Kälte im Gesicht, Kälte an den Händen. Ein leichter Südwind, nichts Besonderes, aber er foltert uns pausenlos ...

Was ist das denn nun eigentlich, ein »Polarmensch«? Wenn man die Kälte vergißt, während man durch diese erbarmungslose, ewig weiße Wüste wandert, in der es weder Geräusche noch Gerüche gibt, wenn man sich trotz allem mit diesem zutiefst feindseligen Universum im Einklang fühlt, dann ist man, glaube ich, ein Polarmensch geworden ...

Ich hatte übrigens recht, auf Criquet kann man sich verlassen. Er hat phantastische Detektivarbeit geleistet, und jetzt hat er endlich den Beweis, daß die DC6 niemals einsatzbereit war. Adventures Network kann sich von jetzt an die ständigen Ausreden sparen, diesmal müssen sie dran glauben. Die Zeit drängt! Bald wird die Presse in Patriot Hills eintreffen. Laurent Chevalier und seine Mannschaft werden ebenfalls dabeisein. Mein Gott! Ich darf gar nicht an die vielen Fragen denken, die über uns hereinprasseln werden. Ich habe erfahren, daß ein amerikanischer Öko-Journalist etwas ganz besonders Schönes auf Lager hat: »Was machen Sie mit Ihren Exkrementen?« Ich werde ihm sagen, daß wir die Absicht hätten, sie in einer Tiefkühltruhe nach Paris zu transportieren. »Aber ... was tun Sie dann damit?« »Ganz einfach, wir lassen sie auftauen, und dann organisieren wir ein paar Leute, die eine Woche lang die Klospülung betätigen ...« Na ja, eigentlich möchte ich unsere Exkremente doch lieber hierlassen, wenn ich's mir recht überlege, und zwar als »Zeugen der Geschichte«. Die Produkte der ersten Tage werden in 100 000 Jahren an der Küste auftauchen, und was wir am Südpol liegenlassen, wird in 250 000 Jahren ans Tageslicht treten ... Die Gelehrten dieser fernen Epoche werden ganz schön in Verlegenheit kommen, wenn sie sich über unsere rätselhaften Exkremente beugen, und sie werden eine harte Nuß zu knacken haben: Was hat der Homo sapiens während der Eiszeit auf diesem Kontinent gemacht?

5. November 1989
−26 °C

Wir marschieren an einem Bergmassiv entlang. Es ist ganz nahe, zu unserer Linken, aber wir sehen es nicht. Das Terrain ist gefährlich, unberechenbar. Heute abend, vielleicht auch morgen, müssen wir den Paß finden, der uns auf der anderen Seite der Bergkette hinunterführt. Die Sicht ist gleich Null, wir arbeiten uns in dem undurchdringlichen Nebel mit dem Kompaß voran, eine ziemlich mühsame und nicht unproblematische Angelegenheit. Und tatsächlich landen wir dann auch in einer Sackgasse. Wir waren so auf den Berg fixiert, daß wir uns unversehens über einem vereisten Hang wiederfinden, der sich nach unten hin in den düsteren Nebelmassen verliert. Wir sind dann umgekehrt, haben einen Berg im Westen umrundet, und nach zwei Stunden Marsch hat uns eine 30 Meter breite Spalte auf der Stelle festgenagelt. Ein schwarzer, bodenloser Abgrund – wir haben gar nicht erst versucht, irgendwie hinüberzukommen, das wäre viel zu gefährlich gewesen. Also haben wir angehalten. Jetzt kampieren wir ein paar Meter vom Abgrund entfernt ... Ich muß jetzt Schluß machen, denn unser *white gaz* ist Mangelware, und lange Abende im Zelt sind ein Luxus, den wir uns nicht mehr leisten können. Gute Nacht also, und bis morgen.

6. November 1989
– 31 °C

Eisiger Westwind, aber Sonne und blauer Himmel. Die Sicht ist ausgezeichnet. Uff! Ein Glück, daß wir gestern nicht mehr weitermarschiert sind. Wir haben mitten in einem Labyrinth von Gletscherspalten kampiert!

Die Bedingungen sind nahezu ideal für eine Paßüberquerung. Den Aufstieg bewältigen wir in einem sehr gemächlichen Rhythmus. Oben erfaßt uns dann ein gewaltiger Gefühlssturm: Ganz weit in der Ferne entdecken wir Patriot Hills, den Ort, der seit so vielen Tagen für uns das Ziel aller Wünsche ist. Da liegt er vor uns, in einer tiefen Talsohle am Fuß eines Berges eingebettet. Jetzt müssen wir nur noch einen Weg finden, der uns dort hinführt.

Aber das ist der schwierigste Teil . . . Sehr bald müssen wir anhalten, denn auf dieser Seite kommen wir nicht durch. Vor uns liegt eine Gletscherwand aus heimtückischem, zerklüftetem blauem Eis, die 200 Meter weiter senkrecht in die Tiefe stürzt . . . Eine tödliche Falle, die wir vorsichtig umgehen, in der Hoffnung, irgendwo auf einen Durchgang zu stoßen. Aber keine Öffnung zeigt sich, nichts, absolut nichts! Dafür versperren uns riesige Spalten den Weg. Verdammtes Labyrinth! Mit einer fürchterlichen Wut im Bauch machen wir uns wieder an den Aufstieg, um diese gefährliche Zone zu umgehen. Aber auch oben finden wir keinen Weg . . .

Victor und ich ziehen auf unseren Skiern los, um einen Korridor zu suchen – die anderen sollen mit den Gespannen hier auf uns warten. Wir müssen ziemlich weit laufen, bis wir endlich eine Passage finden. Aber der Hang scheint ziemlich steil zu sein. Ich erkunde ihn trotzdem . . . Er ist wirklich steil, viel zu steil. Also wieder nichts. Ich kreuze meine Skistöcke über dem Kopf, um den andern zu bedeuten, daß sie nicht nachkommen sollen. Aber sie sind so weit weg, daß sie meine Botschaft mißverstehen, sie halten meine gekreuzten Skistöcke für ein Siegeszeichen!

Und während ich ihnen bereits den Rücken kehre, marschieren sie ahnungslos auf die Falle zu. Nachdem ich lange Zeit vergeblich gesucht habe, gebe ich zähneknirschend auf und beschließe, zu den anderen zurückzukehren. Ich koche vor Wut, denn wenn wir keinen Durchgang finden, müssen wir um diese Gebirgskette herummarschieren, und das bedeutet, daß wir drei Tagesreisen mehr brauchen, um Patriot Hills zu erreichen.

Ich bin schweißüberstömt, denn ich beeile mich sehr, um die anderen zu treffen, und es ist »heiß«, als ich endlich die Schlitten entdecke. Nanu, sage ich mir, was machen die denn hier . . . Sie sind schon ganz dicht an der tödlichen Falle, drauf und dran, sich das Genick zu brechen! Das darf doch nicht wahr sein! Mechanisch zähle ich die Gespanne: eins, zwei . . . verflucht noch mal, eines fehlt! Als ich endlich in Geoffs Hörweite bin, schreie ich ihm zu: »Wo ist Will?«

»Runtergefahren – grade eben.«

Das Blut gefriert mir in den Adern . . . Wir stürzen zum Abhang, wo wir den Amerikaner zweihundert Meter weiter unten entdecken – er hat es geschafft, er ist heil unten angekommen! Eine phantastische Leistung bei dieser höllischen Piste.

Nach dem ersten Schock packt mich eine wilde Begeisterung. Ich brülle: »Der Teufelskerl – wie hat er das bloß gemacht?«

»Oh«, erwidert Geoff völlig ungerührt, »er hat zwei Hundegeschirre als Bremsen um die Schlittenkufen gewickelt. Und genau das mach' ich jetzt auch . . .«

Victor, Keizo und ich schieben Geoffs Schlitten zum Startpunkt, dann kommt die Reihe an uns . . . Die Hunde bäumen sich auf, als sie diesen schrecklichen Abgrund vor sich sehen. Sehr viel Mut beweisen sie nicht in diesem Fall . . . Wir schieben und stoßen unser Gespann, und auf einmal stürzt alles bergab. Den Schlitten so gut wie möglich in Fahrtrichtung halten . . . aufpassen, daß die Hunde nicht durcheinanderpurzeln, sonst ist die Katastrophe perfekt! Ein fürchterlicher Streß. Aber zum Glück geht es so schnell, daß wir gar nicht zur Besinnung kommen. Wir sind schon unten! Ich stürze sofort zu Will hinüber, ich umarme ihn begeistert und rufe: »Phantastisch! Einfach toll, wie du das gemacht hast!«

Es ist ein großer Augenblick für uns beide. Unsere Beziehung zueinander ist wie verwandelt, seit ich ihm so spontan meine Bewunderung gezeigt habe . . . Und das war auch nötig. Denn einige Zeit später gesteht mir Will: »Weißt du, ich hab' meinen Augen nicht getraut, wie du da oben von Kamm zu Kamm herumgerast bist. Ich dachte, jetzt bist du völlig durchgedreht. Und als du dich nachher da unten auf mich gestürzt hast, hab' ich geglaubt, du willst mich verprügeln . . .

Hurra! Morgen sind wir in Patriot Hills! Es sind nur noch 48 km. Will hat uns mit seiner tollkühnen Aktion einen mühseligen Umweg erspart – 72 zusätzliche Marschstunden, das wäre einfach unerträglich gewesen.

Als wir um 19.30 Uhr unser Camp aufbauen, sind wir alle in gelöster, freudiger Stimmung. Die Funksitzung bringt den einzigen Mißton in diesen denkwürdigen, abenteuerlichen Tag. Zu meinem Ärger erfahre ich, daß die DC6 nicht starten konnte – wieder einmal. Ein Jammer, denn das schöne Wetter schreit geradezu nach einer Landung. Und außerdem wird es allmählich kritisch, wir haben praktisch keine Nahrungsreserven mehr für die Hunde und für uns selbst. Aber laut Criquet hofft die Besatzung, daß der Schaden schnell behoben ist und daß sie heute nacht noch starten können . . .

Die aufregende Sturzfahrt hat uns richtig aufgeputscht, und wie immer wirkt eine solche Zerreißprobe wie ein Katalysator auf unser Verhältnis zueinander – Differenzen und Spannungen sind wie weggeblasen.

Victor und ich verfolgen im Radio die Ereignisse in den Ostblockländern. Aber unsere politischen Diskussionen haben einen unbestreitbar surrealistischen Charakter, wenn man bedenkt, daß wir hier unter diesem winzigen Stoffdach sitzen, verloren im eisigen Nichts, im unermeßlichen Raum des sechsten Kontinents . . .

7. November 1989
−26 °C

Das schöne Wetter hält Gott sei Dank an, denn jetzt müssen wir Patriot Hills finden. Wir sind von riesigen Bergen und Eisbarrieren umgeben. Vor uns ist die Route zum Glück offen. Hinter uns liegt ein enger, abschüssiger Korridor, zwischen zwei gewaltige Gletscherkaskaden eingezwängt, die drohend ins Leere ragen. Dort sind wir heruntergesaust! Von hier aus kann man erst richtig beurteilen, in welcher Gefahr wir gestern geschwebt haben. Und es gab wirklich keine andere Möglichkeit, denn alle anderen Durchgänge enden in einer Terrasse direkt über dem Abgrund.

Die Sonne scheint, wir genießen es, hier zu sein. Rechts ziehen die letzten Gipfel des Ellsworth-Massivs an uns vorüber. Gegen 16.00 Uhr sind wir schon fast in Sichtweite von Patriot Hills, wo Adventures Network sein Basislager installiert hat. Der Ort ist gut gewählt, auf halbem Weg zwischen der King-George-Insel und dem Südpol, und vor allen Dingen gibt es hier das ganze Jahr über blaues, hartes Eis, also eine ideale natürliche Landepiste für Flugzeuge mit Rädern. Überall sonst in der Antarktis können nur Flugzeuge mit Schneekufen wie die Hercules C130 oder die Twin Otter aufsetzen.

Wir starren gebannt in die Ferne, wir suchen den grenzenlosen Horizont nach einem Zeichen menschlicher Gegenwart ab ... Aber der Raum ist leer ... Unablässig bohren sich unsere Blicke in das blendende Weiß, um endlich einen Farbfleck oder einen dunkleren Punkt aufzuspüren, der uns das heißersehnte Ziel ankündigt ... Wohl sehen wir hier und da ein paar Punkte, aber so verschwommen, daß es genausogut ein kaum hundert Meter weit entfernter Hügel sein kann. Nach mehrfachem blindem Alarm tauchen in der Ferne kleine bunte Pünktchen auf – endlich! Die Zelte des Patriot-Hills-Camps! Dennoch müssen wir noch 5 km marschieren, bevor wir sie erreichen. Aber wir kommen mühelos voran, beflügelt von unserem Ziel, beinahe wie im Rausch. Allmählich können wir die Einrichtungen erkennen, auch die Fantom-Twin-Otter, die auf unsere Hilferufe nicht mehr geantwortet hat, als Tim im Sterben lag.

Vier Männer laufen uns entgegen, es sind die Leute von Adventures Network. Wir begrüßen uns herzlich. Sie zeigen uns die Zelte und eine Höhle, die sie ins Eis gegraben haben: Dort ist unser Proviant gelagert. Sie haben schon die Landepiste für die DC6 abgesteckt, die – o Wunder – heute abend eintreffen soll. Und der Gipfel des Luxus: Wir sind herzlich eingeladen, eine Dusche zu nehmen – sie haben zu diesem Zweck einen Schlauch in einem der Zelte installiert. Was mich betrifft, ich lehne höflich ab ...

Dagegen akzeptiere ich mit Freuden eine *richtige Mahlzeit*, mit einem *richtigen*, im Ofen knusprig gebackenen Hähnchen! Ein sagenhafter Luxus. Wir fühlen uns wie im Schlaraffenland, und unser Gaumen weiß gar nicht, wie ihm geschieht . . . Zum erstenmal seit vier Monaten verspeisen wir ein Menu, das diesen Namen auch verdient . . .

Am Abend versammeln wir uns um das Funkgerät, um einen Kontakt mit der legendären DC 6 herzustellen, der ewig Angekündigten, nie Erblickten. Gegen 1.40 Uhr morgens, als der alte Vogel schon ganz nahe ist, tut sich plötzlich nichts mehr – keinerlei Echo auf unsere wiederholten Rufe. Zwanzig Minuten vergehen in lastendem Schweigen, in einer unerträglichen Spannung – und dann . . . ein dumpfes Dröhnen . . . Die DC6 taucht aus den Wolken auf! Sie hatte sich im Nebel verirrt. Die Landung jagt uns eisige Schauer über den Rücken, denn auf der betonharten Eisdecke gibt es keinerlei Bremsmöglichkeit. Die viermotorige Riesenmaschine ist plump und unbeweglich, sie kommt ins Schleudern, bricht mit ohrenbetäubendem Getöse seitwärts aus . . . Ein spektakulärer Auftritt, ganz wie man es von diesem mythischen Vogel erwartet. Zum Glück reicht die Landefläche bequem aus, so daß der Zickzackkurs keine weiteren Folgen hat. Die DC6 kommt schließlich unversehrt zum Stehen.

Als erster steigt Reinhold Messner aus, der berühmte Alpinist, der sämtliche Achttausendergipfel dieser Erde bezwungen hat. Ein absoluter Star. Angeblich soll er sehr verschlossen, zurückhaltend, um nicht zu sagen mürrisch und abweisend sein. Aber wir erleben ihn heute in strahlender Laune. Hinter ihm steigt sein Begleiter Arved Fuchs aus der Maschine. Dann kommt das Filmteam und ein ganzes Heer von Fernsehreportern und Pressefotografen aus aller Welt – ein unvorstellbares Gedränge. Und zum Schluß purzeln unsere elf Hunde-»Urlauber« über eine lange, ziemlich enge Treppe herunter. Die Wiedersehensfreude ist groß, und so merkt keiner, daß Kuka die Gelegenheit beim Schopf ergreift und sich diskret in unser Camp davonschleicht . . . Geoff, der dort zurückgeblieben ist, um auf die Hunde aufzupassen, sieht und hört nichts, weil er damit beschäftigt ist, einen Streit zu schlichten. Als er sich umdreht, bleibt ihm die Luft weg: Kuka ist gerade dabei, die Königin Thule zu decken! Geoff stürzt hin, um diesem Schauspiel schleunigst ein

Wartung der DC 6 bei den Patriot Hills. Bei −30 °C darf sich das Flugzeug höchstens eine Stunde hier aufhalten

Ende zu machen . . . Ist er zu spät gekommen? Es wird sich zeigen. Der arme Keizo ist nicht zu beneiden, denn Kuka ist einer seiner Hunde, und Geoff ist stocksauer.

Die vielen Leute um uns herum bedeuten für mich einen schmerzlichen Bruch mit unserer Alltagsroutine. Unser Polarrhythmus ist erst einmal zerstört. Es ist eine andere Welt hier, doch ebenso zermürbend wie der ewige Kampf mit dem Eis, auch wenn wir zunächst ganz arglos in die warme, herzliche Atmosphäre eintauchen. Aber unser mühsam errungenes seelisches Gleichgewicht, unsere stoische Ruhe und Gelassenheit werden dabei bis ins Innerste erschüttert. Wir stellen uns den Kameras des deutschen, australischen, französischen Fernsehens, dann den Pressefotografen. Jedesmal müssen wir uns neu gruppieren, jeder Kameramann hat seine ganz speziellen Vorstellungen. Ein irrsinniger Zeitaufwand! Es ist anstrengend und erscheint mir auf einmal so albern und grotesk.

Da es hier nie Nacht wird, gehen wir sehr spät schlafen, und es macht immerhin Vergnügen, mit all diesen Leuten zu reden. Eine angenehme Überraschung: Ich verstehe mich ausgezeichnet mit Messner. Aber er macht einen nervösen, angespannten Eindruck. Er ist kein Mensch, zu dem man leicht Zugang findet. Er läßt sich auch niemals fotografieren oder interviewen, ohne vorher die Spielregeln zu diktieren, und die sind ausgesprochen drakonisch.

Im übrigen ist er mit seinem Zeitplan schon drei Wochen im Rückstand, auch er ein Opfer der endlosen Irrfahrten und Mißgeschicke der DC6. Er will den antarktischen Kontinent auf einer Route durchqueren, die senkrecht zu der unsrigen verläuft – es ist die Route, die Shackleton im Jahr 1914 geplant hat. Sein Freund Arved Fuchs, ein Deutscher, der mit Robert Swann den Nordpol bezwungen hat, wird ihn begleiten. Keine kleine Sache, die sie sich da vorgenommen haben: eine Strecke von 2300 km, und sie ziehen ihre Schlitten selber, so wie ich es bei meiner Nordpol-Expedition gemacht habe. Durch meine zahlreichen »Spione« weiß ich, daß Messner in Puntas Arenas einen Wutanfall nach dem anderen gekriegt hat, daß Adventures Network für ihn ein rotes Tuch ist und daß er im Eifer des Gefechts auch über unsere Expedition herzogen ist, denn während der ganzen Zeit sind wir marschiert, und er selbst konnte nichts anderes tun, als sich in seinem Hotelzimmer grün und blau zu ärgern.

Aber jetzt, wo er hier ist, scheint der ganze Frust von ihm abgefallen zu sein. Dabei gibt es hier genug Probleme! Er hat im voraus 400 000 Dollar bezahlt, um sicherzugehen, daß bei seiner Ankunft in Patriot Hills eine Twin Otter und die nötigen Benzinvorräte für seine Expedition bereitstehen. Eine Twin Otter steht zwar hier, aber es ist »unsere«. Es sind auch Benzinvorräte da – aber nicht einmal die Hälfte der Menge, die wir für »unsere« Expedition angefordert haben. Eine ungute Situation. Um nicht zu sagen dramatisch. Messner, der über diese Benzinknappheit informiert war, hat schon in Puntas Arenas erbitterte Diskussionen mit Criquet geführt, wer nun der rechtmäßige Besitzer dieser kostbaren Fässer sei, und jeder der beiden verschanzte sich hinter dem Argument: »Wir haben sie bezahlt, also gehören sie uns.«

Das Problem läßt sich auch hier nicht klären. Wir machen zusammen mit Messner eine Bestandsaufnahme. Dann ein paar Rechenübungen – mit einem höchst unerfreulichen Resultat. Die Quadratur des Kreises... Es ist nicht einmal genügend Treibstoff da, um Messner zu seinem Startpunkt zu bringen und gleichzeitig unsere Bedürfnisse abzudecken. Die DC6 muß unbedingt sofort nach Chile zurückfliegen und uns mit dem fehlenden Treibstoff versorgen. Aber zu unserem Entsetzen erfahren wir einige Zeit später, daß unsere eigenwillige Kiste es nicht einmal geschafft hat, ihr Ziel in Chile zu erreichen. Sie mußte auf dem Rückweg in March auf der King-George-Insel zwischenlanden. Beim Landemanöver ist ein Reifen geplatzt und eine Bremse kaputtgegangen... Eine Katastrophe! Das heißt nichts anderes, als daß sie frühestens in zehn Tagen wieder startbereit sein wird.

Selbstverständlich sind wir gerne bereit, Messner entgegenzukommen, soweit das möglich ist, aber wir können die Sicherheit unserer Expedition nicht aufs Spiel setzen. Das bedeutet, daß wir ihm auf keinen Fall unseren Treibstoff überlassen können, denn die Twin Otter muß jederzeit einsatzbereit sein, falls wir in ernste Schwierigkeiten geraten sollten. Wir haben uns den amerikanischen Behörden gegenüber verpflichtet, vorbildliche Sicherheitsvorkehrungen für unsere Expedition zu treffen, damit wir im Notfall ohne fremde Hilfe auskommen. Und es darf erst recht nicht so weit kommen, daß sich die französische Regierung einschalten und die Amerikaner um Hilfe bitten muß. Die Amerikaner könnten zwar nicht nein sagen, aber sie müßten eine Hercules C130 schicken, um uns hier rauszuholen. Das würde ein Vermögen kosten. Nein, wir müssen für eine solche Notlage unbedingt unsere lebenswichtigen Treibstoffreserven behalten.

Am Morgen des 10. November haben wir kurz vor unserem Aufbruch unsere letzte Begegnung mit Messner. Ironischerweise geht diesem Treffen ein radikales Bekenntnis zum nicht mechanisierten Expeditionsstil voraus, aber die anschließenden Diskussionen drehen sich ausschließlich um Benzin und Benzinknappheit. Bei dieser Begegnung sind auch die beiden saudiarabischen Wissenschaftler Ibrahim und Mustafa anwesend, die an Bord unserer UAP Antarctia ozeanographische Studien machen werden. Ich wende mich schließlich an sie: »Sagt mal, ihr beiden, ihr habt doch die größten Erdölreserven der Welt, könnt ihr nicht was für uns tun?« Woraufhin alle in schallendes Gelächter ausbrechen.

Wir finden dann doch noch eine Lösung. Messner, dem zwar kein Ölscheich mit seinem schwarzen Gold zu Hilfe eilt, kann aber wenigstens einen unserer Flüge nutzen, das heißt, er läßt sich von der Maschine, die unser Filmteam zurückbringt, an seinem Startpunkt absetzen.

So schlagen wir zwei Fliegen mit einer Klappe und sparen dabei eine Menge Benzin. Nachdem wir uns also auf diese Lösung geeinigt haben, trennen wir uns im besten Einvernehmen. Ich wünsche Messner und seinem Freund Fuchs viel Glück und füge noch hinzu: »Weißt du, Reinhold, die schwerste Last, die man in dieser Einöde mit sich herumschleppt, ist immer noch das eigene Ego ...«

Er lächelt, und wir geben uns die Hand.

10 Sastrugis, so weit das Auge reicht

13. November 1989
–28 °C

Nach drei Drehtagen verläßt uns heute das Filmteam. Laurent Chevalier und seine Mannschaft fliegen mit der Twin Otter zurück, die Messner an seinem Startpunkt abgesetzt hat. Spina wird ebenfalls an Bord sein. Er hat nicht mehr genug Kraft, um weiterzumachen. Für ihn ist die Expedition zu Ende, er wird auf unser Schiff gebracht, damit er sich erholen kann. Hélène Rio, die Küchenchefin, wird ihn wie einen Ehrengast aufnehmen und verpflegen, da bin ich mir sicher, und bestimmt wird er von der gesamten Besatzung gefeiert und verhätschelt werden.

Das Flugzeug nimmt natürlich auch unsere Post mit – die letzte Gelegenheit bis zum Südpol. Ich nutze sie, um ein paar Zeilen an Sylvie zu schreiben.

Die letzten Tage waren wirklich anstrengend, ich bin völlig erschöpft. Alle Unterbrechungen auf unserem Weg engen den weiten Raum und unsere Unabhängigkeit ein, die wir uns Tag für Tag neu erobern. Sie rauben uns auch unsere Geheimnisse und zerstören unsere Intimität. Es ist wie eine »Profanierung« unseres Abenteuers und gleichzeitig wie eine Vergewaltigung dieses letzten unberührten Kontinents. Unsere Besucher sind über den Luftweg hierher gekommen, während wir uns dieses feindselige Universum mühsam und Schritt für Schritt erobert haben. Der Interview-Hagel hat mich ausgelaugt. Die Dreharbeiten in den letzten Tagen haben uns gebremst, und wir haben nur noch einen Wunsch, nämlich loszustürmen und unsere Verspätung wieder aufzuholen.

Morgen werden wir unseren Rhythmus wiederfinden, und ab heute abend sind wir wieder zu sechst. Ein weiterer Monat grandioser Einsamkeit wartet auf uns, bis wir den Südpol erreichen. Wir genießen die letzten Tropfen aus der Flasche, die uns das Filmteam zurückgelassen hat. Wir rauchen jeder eine Zigarette. Es ist schön hier im Zelt. Kaum ein Wort wird gewechselt, aber wir spüren, daß wir auf derselben Wellenlänge sind. Solche Momente sind selten genug, aber wenn man sich so weit auf ein gemeinsames Abenteuer, die Isolation, die Gefahr eingelassen hat, dann genießt man diese Augenblicke in vollen Zügen, in dem Bewußtsein, daß sie einen fürs Leben prägen. Vor dem Schlafengehen vertrete ich mir noch ein bißchen die Beine. Ein leichter Südwind bläst, und der Mond steht am Himmel, aber die Sonne »überschattet« ihn, man kann nur gerade seine Silhouette am Himmel erkennen. Ein faszinierender, seltsamer Anblick.

14. November 1989
–20 °C

Das schlechte Wetter kehrt wieder zurück, wie gehabt, ohne Überraschung und vor allen Dingen ohne jede Sicht. Alle paar Meter tauchen neue Sastrugis aus dem Nebel auf und versperren uns den Weg oder zwingen uns zu schwierigen Umgehungsmanövern. Ihre vom Wind zerklüfteten Silhouetten sind gespenstisch. Wie gewaltige Seeungeheuer, die ad infinitum aus dem vom Blizzard aufgepeitschten Schneechaos entstehen ... Sie vergällen uns das Leben. Aber die Maschine, mit der das Filmteam zurückgeflogen ist, hat uns sieben Hunde mitgebracht. Unsere Gespanne sind vollzählig, die Geschwindigkeit ist ausgezeichnet. Heute haben wir 38 km zurückgelegt. Wenn wir dieses Tempo halten, können wir den Südpol am 12. Dezember erreichen.

Bei der Lektüre der Fax-Nachrichten, die uns Cathy aus unserem amerikanischen Büro geschickt hat, staune ich über den Wirbel, den unsere Exkremente in Übersee noch immer verursachen... Bei meiner Nordpolreise hat sich keiner darum geschert, ich wurde höchstens von ein paar Neugierigen gefragt, wie man das unter diesen Bedingungen überhaupt anstellt. Aber diesmal hat das Problem offenbar eine ungeheure Bedeutung bekommen. Doch alle 33 Kilometer 6 Kothäufchen – das kann unseren Planeten wohl kaum erschüttern. Wir werden uns jedenfalls Antworten auf die abwegigsten Fragen einfallen lassen müssen, vom banalsten Detail bis zu hochphilosophischen Themenkomplexen. Ich glaube nicht, daß ich auf alle Fragen eine Antwort parat haben werde. Auch die unvermeidliche Frage nach der Nützlichkeit der Expedition wird irgendwann auftauchen. Ich sehe schon den Reporter vor mir, mit Mikrophon und Kugelschreiber bewaffnet, wie er mich ganz ernsthaft fragt: »Docteur Etienne, was bezwecken Sie nun eigentlich mit der ganzen Sache?« Und ich ganz unverblümt: »Gar nichts, mein Lieber.« Aber ich kann es mir nicht erlauben, die Journalisten mit einer so lapidaren Antwort abzuspeisen oder mich mit einem Witz aus der Affäre zu ziehen. Klar, daß unser Unternehmen keinen unmittelbaren praktischen Nutzen hat, wir fabrizieren schließlich keine Dosenöffner oder Waschmaschinen. Und wir haben auch kein wissenschaftliches Alibi für unsere Expedition. Dieses ungewöhnliche Abenteuer löst subtilere Reaktionen aus, wie zum Beispiel auch ein Kunstwerk, ein Bild oder eine Symphonie – Wirkungen, die weder meßbar noch unbedingt sichtbar sind, die sich im Verborgenen ausbreiten, die den Menschen ein anderes Lebensgefühl, eine andere Werteskala, eine gewisse Größe im Denken ermöglichen...

Darüber sollte man jedoch die kulinarischen Höhepunkte nicht vernachlässigen: Seit Patriot Hills sind unsere Mahlzeiten einfach, aber eine wahre Gaumenfreude, jedenfalls noch für ein paar Tage – Räucherlachs, Leberpastete, Brot... Wir sind rundum zufrieden.

18. November 1989
−18 °C

Seit drei Tagen grauer, trister Himmel, als ob man uns einen Bleideckel über den Kopf gestülpt hätte. Das diffuse Licht verwischt alle Kontraste und schließt uns in eine stumme, weiche, schattenlose Welt ein, in der unser Geist in eine heimtückische Erstarrung fällt. Diese leblose Atmosphäre macht uns alle melancholisch und energielos. Bei jedem Halt sinken wir kraftlos auf die Schlitten. Will legt sich ganz einfach in den Schnee, bis die Karawane wieder aufbricht. Dieses Wetter geht wirklich an die Substanz, es nährt Verdruß und Langeweile, macht alles öde und eintönig. Wir gähnen ununterbrochen, sogar die Hunde! Wir überqueren Sastrugifelder, die wie das Werk eines tobsüchtigen Riesen aussehen. Gewaltige Eisformationen, die in unserer Marschrichtung liegen, in der Richtung der dominierenden Winde. Aufgepflanzt wie schmale, schneidende Klingen, entdeckt man sie immer erst im allerletzten Moment, wenn der Schlitten sie bereits ein Stück weit erklommen hat, oft auch, wenn er bereits drauf und dran ist, einen Salto zu schlagen ... Bei diesem fürchterlichen Gerüttel ist mir immer angst und bange, denn es könnte leicht passieren, daß einer von uns mit dem Knöchel zwischen Schlittenkufe und Eis gerät und sich eine Zerrung oder einen Bruch einhandelt.

Die Hunde marschieren gut auf diesem schwierigen Terrain, und Victor vollbringt vorne wahre Wunder in diesem white out, der ihm seine Aufgabe nach Kräften erschwert. Ohne Sicht stolpert er über die Sastrugis und fällt dauernd auf die Nase. Er steht sofort wieder auf, um unsere Fahrt nicht zu bremsen, und setzt mit dem Kompaß seinen Weg fort. Er führt uns wunderbar.

Heute haben wir auf dieser »Baustelle« immerhin 36 km zurückgelegt, eine anständige Leistung. Unser Team ist fest zusammengeschweißt, der Zusammenhalt, die Solidarität sind ungeheuer stark.

Die Journalisten sitzen jetzt seit zehn Tagen in Patriot Hills fest, sie warten auf die DC6, die es bisher noch nicht geschafft hat, sie abzuholen ... und die Berliner Mauer ist gefallen! Endlich ein Sonnenstrahl, der uns in diesem ewigen Grau das Herz erwärmt.

20. November 1989
–22 °C

Doch nicht ewig! Seit gestern überfluten uns die Strahlen einer sehr realen Sonne. Der Himmel läßt uns endlich aufatmen. Das wiedergekehrte Licht läßt die Kontraste großzügig hervortreten, die Landschaft hat wieder ihre Konturen und die subtile Magie der Blau-Weiß-Schattierungen. Jetzt erst können wir die Dimensionen der Sastrugis richtig einschätzen. Sie sind gewaltig! Warm ist es allerdings nicht, denn ein strenger Südwind bläst uns erbarmungslos ins Gesicht. Keizo ist gestern 33 Jahre alt geworden, und wir haben seinen Geburtstag in Geoffs Zelt gebührend gefeiert. Victor hat natürlich sein obligates Gedicht zum besten gegeben und unserem japanischen Freund eine russische Uhr geschenkt, deren Zeiger ein Zifferblatt von 24 Stunden durchlaufen. Ich habe ihm eine Flasche Fernet Branca geschenkt. Wir finden allmählich Geschmack an diesem Lötlampen-Fusel. Wir haben ja keine andere Wahl...

Die Oberfläche ist ziemlich gut, und allmählich holen wir die Zeit wieder auf, die wir auf der Halbinsel verloren haben. Ich habe das Gefühl, daß meine innere Uhr genau richtig geht, sie ist es, die mir Gelassenheit und Ausdauer verleiht, die mich erst richtig zum »Polarmenschen« macht.

21. November 1989
–20 °C

Heute morgen war der Nebel sehr dicht, die Sicht minimal, und wir mußten eine höllische Gletscherbruchzone umgehen, nur um dann auf eine Reihe von bösartigen Sastrugis zu stoßen oder vielmehr darüberzupurzeln. Zu guter Letzt landeten wir auf einem Plateau, auf dem es von Spalten nur so wimmelte... Über Langeweile können wir uns jedenfalls nicht beklagen: Zuerst Blindekuh, dann Bockspringen und Labyrinth, ganz zu schweigen von den Rutschpartien, dem Eistanz, der Luftakrobatik...

Nach dem Lunch wird es zum Glück besser, und wir haben unsere 37 km, sozusagen im Schlaf zurückgelegt. Arrow ist jetzt unser Leithund. Er ist ein Bruder von Panda, der Wills Gespann anführt.

Beide sind Söhne von Zap, Stegers Maskottchen, dem Hund, den er in einer Zuckerbüchse nach Minnesota gebracht hat und mit dem seine Züchterlaufbahn begonnen hat ...

Keine Nachrichten von Messner. Laurent, Francis, Mustafa, Ibrahim und Kompanie sitzen immer noch in Patriot Hills fest. Der Funkempfang ist gut, und ich genieße die täglichen »Gespräche« mit ihnen. Auch Criquet kommt mit seinem 400-Watt-Gerät von Puntas Arenas aus zu uns durch. Ich höre ihn ausgezeichnet. Die unergründlichen Hertzschen Wellen ... Meine Gedanken verirren sich in einen idyllischen Frühling, in eine friedliche, blühende, üppig grüne Landschaft mit Wiesen, Bäumen, Vogelgezwitscher ... Wie mir das fehlt! Ich schließe die Augen, und schon bin ich mitten auf dem Land, in absoluter Stille und Harmonie. Die Luft ist voller Blütenstaub, eine sanfte Brise weht mir berauschende Düfte in die Nase, Vögel singen ... ein Frosch hüpft vor mir auf. Eine Katze schleicht auf leisen Pfoten durch das hohe Gras, in der Ferne ruft ein Kuckuck, die langen, dünnen Zweige einer Weide streifen meine Schultern, ich beuge mich hinunter und schöpfe mit beiden Händen das kristallklare Wasser aus dem kleinen Bach, der sich munter zwischen den moosüberwucherten Steinen dahinschlängelt ... Ich bin zwölf Jahre alt und träume von den großen Reisen, die ich später einmal machen werde ...

Mein Gott, man weiß die einfachen Freuden der Natur nie genug zu schätzen. Aber kann man überhaupt je wirklich das reine Daseinsglück, die reine Gegenwart genießen? Da erlebe ich nun einen meiner verrücktesten Kindheitsträume, ich bin hier, mitten in der größten Wüste der Erde, ein winziges Staubkörnchen, und denke an meine Kindheit! Aber im Grunde meines Herzens weiß ich, daß man sich nie ändert, daß das Kind am Bach und der Erwachsene hier ein und derselbe sind ...

24. November 1989
–24 °C

Ich träume schon wieder. Die ganze Zeit stelle ich mir vor, wie wir diese lange Reise Etappe für Etappe bewältigen. Ich nehme unseren triumphalen Einzug in Mirny vorweg, und ich muß weinen. Ich berausche mich an einem Sieg, der vielleicht nie kommen wird, und halte mir damit die Angst vom Leib, die unser ständiger Begleiter ist... Allen Kleingeistern, die uns dieses Abenteuer mißgönnen, allen Schwarzsehern, die uns die Katastrophe prophezeit haben, möchte ich sagen: Wer nie etwas riskiert, dem erscheint eben alles unmöglich...

Gestern war das Wetter herrlich, und wir haben einen Rekord aufgestellt: 44 km! Den wir heute noch überboten haben: 45 km. Das Terrain ist gut, keine allzu großen Unebenheiten, die Schlitten sind leicht, und die Hunde ziehen mühelos. Die Sonne wärmt uns den Rücken, aber der Gegenwind meint es nicht so gut mit uns, er attackiert uns mit doppelter Wucht, ein mächtiger Eisstrom, der vom Pol herunterkommt. Messner, der sich weiter im Westen befindet, hat gestern 40 Knoten gegen sich gehabt... er ist keinen Schritt vorwärtsgekommen.

Seit Thule läufig ist, verbringt sie die Nacht vor dem Zelt ihres Herrn. Sie hat sich offenbar ganz gut an diesen Platz gewöhnt. Nur ihre Ohren können sich nicht mit dem Mundharmonikakonzert abfinden, das zu bestimmten Tageszeiten aus dem Zelt dringt – sie haßt diese durchdringenden, schrillen und nicht immer richtigen Töne. Und anscheinend ist sie nicht bereit, alle Launen ihres Herrn widerspruchslos hinzunehmen – sie fängt zu knurren an wie eine schöne Teufelin, sobald er das Instrument in die Hand nimmt. Keizo ist übrigens ganz auf Thules Seite. Bisher knurrt er zwar noch nicht, aber seine schmerzverzerrte Grimasse läßt keinen Zweifel daran, was er von den musikalischen Darbietungen unseres Mundharmonikaspielers hält. Für seine Orientalenohren sind diese »barbarischen« Akkorde eine Qual. Ich bin gespannt, wer hier das letzte Wort haben wird... Thule ist jedenfalls viel disziplinierter, seit sie in Geoffs Nähe schläft, und Geoff hat deshalb beschlossen, diese Regelung während der ganzen Expedition beizubehalten.

Sylvie fehlt mir, und manchmal quält mich die Vorstellung, daß unser Wiedersehen in immer unerreichbarere Fernen rückt. Es ist noch so lange bis dahin, so entsetzlich lange. Ich fange schon an, diese Begegnung zu fürchten, als ob die Zukunft nicht genauso schön und lebendig sein könnte wie unsere gemeinsame Vergangenheit. Ich könnte mir vorstellen, daß sie dieselben Befürchtungen hat – wir leben ja im Moment nur noch von unseren glücklichen Erinnerungen ...

Heute abend taucht ein kleiner Berg am Horizont auf, er ist noch sehr fern. Geoff ist mit seinen Navigationskünsten zufrieden, unsere Route stimmt. Ein Orientierungspunkt putscht Menschen und Hunde gleichermaßen auf, es ist eine willkommene Abwechslung in der erdrückenden Monotonie der endlos flachen Landschaft.

25. November 1989
–25 °C

Das Wetter ist unverändert schön, aber der eisige Wind peitscht uns noch heftiger ins Gesicht. Er ist nicht ganz unschuldig an der neuen, schmerzhaften Erfrierung, die mein Gesicht in eine bloße Grimasse verwandelt. Wir haben trotzdem 36 km zurückgelegt, obwohl die Oberfläche spiegelglatt ist, eine Tortur für die Hunde, die ständig ins Rutschen kommen und sich krampfhaft im Eis festzukrallen versuchen, so daß ihre Pfoten wund davon werden. Vor uns breitet sich die Kette der Thiel-Berge aus. Ein prächtiges Panorama, mit einem unwahrscheinlich klaren, reinen Himmel als Hintergrund, vor dem sich die ganze Palette der subtilsten Blau-Weiß-Schattierungen entfaltet. Die Gipfel zeichnen sich in dieser unerhört reinen Luft mit ungewohnter Schärfe ab. Riesige, massive Granitpfeiler bremsen den himmelsstürmenden Elan der Gipfel und halten das Ganze im Gleichgewicht. Man hat das Gefühl, daß man nur die Hand auszustrecken braucht, um dieses Wunder zu berühren, denn in der durchsichtigen Atmosphäre sind die Distanzen wie ausradiert. Aber der Schein trügt, wir haben das Gefühl, daß sich die Berge immer weiter entfernen, je näher wir ihnen kommen. Wir werden sie nie erreichen ...

Die ganze Mannschaft ist erschöpft, auch wenn sich keiner etwas anmerken lassen will. Geoff redet sehr zurückhaltend von Schmerzen in der rechten Hüfte, aber ich sehe, daß er sich ziemlich herumquält. Daho ist sichtlich geschwächt, er leidet unter einem schlimmen Durchfall. Keizo und Victor haben dieselben Wehwehchen wie alle anderen auch. Aber keiner klagt darüber, sei es aus Schamge-

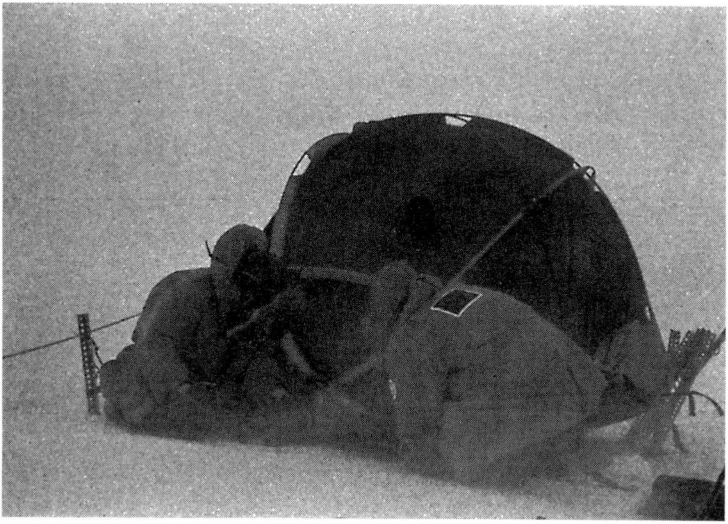

Jeden Tag das gleiche: marschieren, essen, Zelt aufbauen, schlafen!

fühl, aus Härte oder Vorsicht, um nur ja keinen Zweifel an seinen Widerstandskräften aufkommen zu lassen. Wie auch immer, man muß eine regelrechte Info-Jagd veranstalten, wenn man sich ein einigermaßen richtiges Bild vom körperlichen und seelischen Zustand der Truppe machen will. Wir sind wirklich ein robuster Verein, das muß man sagen. Wie sollten wir auch sonst dieses Leben ertragen? Unter derart extremen klimatischen Bedingungen täglich 40 Kilometer zurückzulegen, egal bei welchem Wetter, die ewig gleiche, öde Nahrung hinunterzuschlingen, die entsetzliche Monotonie nicht nur auszuhalten, sondern sich damit abzufinden und auszusöhnen – da braucht es schon eine solide Konstitution. Und keinen Augenblick darf man sich gehenlassen. Aber wir halten durch!

Wieder verfolgt mich der Gedanke, daß man uns fragen könnte, was wir mit unseren Exkrementen angefangen haben... Es ist lächerlich, aber wenn sich der Verstand im Kreis dreht, ist einem jeder Vorwand recht... Wir sind hier unendlich fern von unserer informationssüchtigen Gesellschaft, in der man mit einer nie abreißenden Nachrichtenflut bombardiert und erschlagen wird, ein Phänomen, das bei vielen Menschen zu Verwirrung, Aggression, Desinteresse, Vereinsamung führt. Aber in dieser grenzenlosen Leere findet der Geist so wenig Nahrung, ist so sehr sich selbst überlassen, daß er dazu neigt, seine eigenen Gifte zu produzieren ... Daher bin ich immer auf der Hut. Im Augenblick scheint mein Hirn einigermaßen zu funktionieren, aber es ist nicht immer einfach, zu erkennen, wann die Vernunft aufhört, »vernünftig« zu sein. Ich muß aufpassen, daß diese Exkrementenfrage nicht zu einer Obsession wird, desgleichen die Sache mit den Schoßhündchenliebhabern, die sich über die Versklavung unserer Hunde aufregen. Man müßte ein wenig Abstand gewinnen, um die Bedeutung der aufgeworfenen Fragen richtig einschätzen zu können. Menschen, deren Länder vom Krieg verwüstet werden, träumen vom Frieden, die Hungernden haben nur einen Wunsch: sich satt zu essen (und es sind immerhin 2 Milliarden), während die Reichen, die Privilegierten sich mit der Frage herumschlagen, was sie mit ihren Abfällen anfangen sollen. Gewiß, die Zerstörung unserer Umwelt ist ein Skandal, und ich bin dafür, daß man diese Mißstände anprangert, aber ich wehre mich dagegen, daß man ins andere Extrem fällt, in eine krankhafte, lächerliche Detailbesessenheit. Die großen ökologischen Probleme, die die Zukunft unseres Planeten aufwirft, haben zumindest den einen Vorteil, daß die einzelnen Länder gezwungen sind, eine gemeinsame Lösung anzustreben. In dieser Hinsicht kann die Antarktis eine bedeutsame Rolle spielen, indem sie die Menschheit lehrt, Lösungen zu suchen, die für alle akzeptabel sind. Die Antarktis ist das Erbe der gesamten Menschheit, und alle Entscheidungen bezüglich dieses Kontinents werden von den konsultativen Vertragsparteien gemeinsam getroffen. In dem vor 30 Jahren ratifizierten Vertrag wurde allerdings der wirtschaftliche Aspekt ausgeklammert – die Ausbeutung der Bodenschätze und der Tourismus.* Jetzt steht diese Frage zur Entscheidung an, und man kann nur hoffen, daß die anderen Länder dem Beispiel Frankreichs und Australiens folgen werden und sich weigern, ihre Unterschrift

* Der Antarktis-Vertrag trat am 23. Juni 1961 in Kraft und wurde zuletzt 1998 aktualisiert.

unter die Wellington-Konvention zu setzen. Wenn die Menschen unfähig sind, sich hinsichtlich der Bewahrung des einzigen noch unberührten Gebiets dieser Erde zu einigen, obwohl gar kein aktuelles wirtschaftliches Interesse daran besteht, wie sollen sie dann bei den anderen großen Problemen zu einer gemeinsamen Lösung kommen? *

Was den Tourismus betrifft, so ist dies ein heikles Thema. Alle Besucher der Antarktis haben begeistert von ihren Erfahrungen berichtet. Das hat dann andere dazu veranlaßt, das Land zu bereisen und ihrerseits zu erzählen – und so fort. Man kann aber nicht auf der einen Seite sagen: »Das ist großartig!« und auf der anderen: »Geht nicht dorthin!« Im Moment ist das Land noch nicht überlaufen, aber man sollte sich schon auf Projekte bedenkenloser Leute gefaßt machen, die die Idee einer jungfräulichen Antarktis bei sich gar nicht erst aufkommen lassen. Die Bedrohung geht weniger von den Besuchern selbst als von den Reiseunternehmern aus. Tatsächlich ist ja der Wunsch, die Polarregionen aufzusuchen, durchaus positiv zu werten und weist auf eine besondere Aufgeschlossenheit für diese Teile der Erde hin. Man sollte daher den Zugang für solche Begeisterten offenhalten. Aber es wäre die absolute Katastrophe, wenn die Antarktis zur Mode und zum bevorzugten Reiseziel von Agenturen würde. Privatexpeditionen wie die unsere werden in Zukunft mit einem Minimum an öffentlicher Unterstützung auskommen. Das wird sich zum Vorteil aller Beteiligten auswirken, sowohl im Hinblick auf die Finanzen als auch auf die Sicherheit. Aber im einzelnen werden die Kosten der Logistik ins Ungeheure steigen, besonders für Expeditionen ins Innere des Kontinents, die die Benutzung großer Flugzeuge wie unserer DC6 erforderlich machen. Selbst wenn die kleinen Gesellschaften couragiert und begeistert genug sind, um Transporte nach dem Muster der Twin Otter durchzuführen, sind sie doch nicht zu Dienstleistungen wie bei großen Flugzeugen in der Lage. Die Risiken, die andererseits die Benutzer großer Flugzeuge laufen, sind manchmal enorm, denn die Antarktis ist unbarmherzig gegen Menschen wie gegen Dinge.

* Ein Umweltschutzprotokoll zum Antarktis-Vertrag, das die Antarktis als »ein dem Frieden und der Wissenschaft gewidmetes Naturreservat« bezeichnet, trat 1992 in Kraft.

Für den Himalaya gibt es Komitees, die alle geplanten Expeditionen aufeinander abstimmen. Könnte man nicht antarktische Komitees mit den gleichen Aufgaben bilden?

27. November 1989
– 22 °C

Ruhetag! Der zweite Tag nach Sipple, an dem wir freiwillig eine Pause einlegen. Alle anderen »Ruhetage« waren unfreiwillig, vom schlechten Wetter diktiert. Heute ist es schön, wir gönnen uns also einen unerhörten Luxus. Der Wind macht allerdings keine Pause, und man kann sich nur dick vermummt aus dem Zelt wagen. Die Hunde rollen sich im Schnee ein, anstatt sich auf den Rücken zu wälzen und alle viere in die Luft zu strecken, wie sie es sonst bei jedem Sonnenstrahl tun.

Wir sind jetzt im Herzen der Thiel-Berge, einer Übergangszone, in der die Wucht der katabatischen Winde durch die Absenkung des Plateaus eindrucksvoll gesteigert wird. Morgen werden wir das Plateau erreichen. Dort müßten sich die Winde bis zum Südpol allmählich abschwächen – theoretisch ... Gestern haben wir Thiel passiert, das letzte Depot vor dem Südpol, das wir problemlos gefunden haben. Wir haben also schon einen langen Weg zurückgelegt.

11 Hier kommen alle Winde von Norden

28. November 1989
– 20 °C

Die Thiel-Berge haben sich heute unter einem strahlendblauen Himmel in ihrer ganzen Pracht gezeigt. Wir haben jetzt auf dem Plateau Fuß gefaßt, nachdem wir eine lange Steigung aus blankem Eis überwunden hatten, von einem heftigen Wind durchgepeitscht, der sich mit voller Wucht auf uns herunterstürzte. Grandios! Die entfesselten Elemente in all ihrer ursprünglichen wilden Kraft und Schönheit! Wir wundern uns selbst, daß wir uns trotz der ausgestandenen Strapazen noch an diesem Schauspiel begeistern können, aber die Natur schafft sich immer wieder neue Ausdrucksformen. Vor uns gibt es jetzt keine Steigungen mehr, bis Mirny ist alles flach. Victor tut gut daran, keinen Schritt vom Kurs abzuweichen, sonst verfehlen wir noch den Südpol und Wostok!

Die Verbreitung der elektromagnetischen Wellen wird mir immer ein Rätsel bleiben. Puntas Arenas (4000 km entfernt) kann ich nicht empfangen, und sie mich auch nicht. Bei Patriot Hills (500 km entfernt, 400 Watt) gleichermaßen totale Funkstille. Dagegen empfange ich Bellingshausen (1200 Watt), und sie hören meinen armseligen 20-Watt-Funkspruch ebenfalls. Bellingshausen ist die sowjetische Basis auf der King-George-Insel, sie liegt 2500 Kilometer weit entfernt in Richtung Puntas Arenas.

Daho hat eine Allergie. Wie üblich läßt sich die Ursache nicht feststellen. Wills Hunde sind in Bestform. Woher nehmen sie bloß die Energie? Es ist beinahe unmöglich, sie zu bremsen.

29. November 1989
– 22 °C

Das Wetter ist immer noch schön, und die Thiel Mountains liegen jetzt schon weit hinter uns. Aber um welchen Preis! Der Aufstieg war mühselig, endlos, für uns ebenso aufreibend wie für die Tiere. Ein einziges riesiges Sastrugifeld, manche davon über einen Meter hoch. Ein ausgeklügelter, heimtückischer Hindernisparcours, auf dem jeder Meter teuer erkauft werden mußte. Die Bilanz heute abend: Muskelkater in allen Gliedern, diverse Krämpfe, bleischwere Müdigkeit . . . Der Wind hat pausenlos sein Bestes gegeben, um uns den Aufstieg noch mehr zu »versüßen«, manchmal ist er ein bißchen abgeflaut, aber nie so weit, daß wir mit unbedecktem Gesicht marschieren konnten. Wir haben alle Erfrierungen im Gesicht oder leiden unter alten Erfrierungen, die der Wind wieder zum Leben erweckt hat. Wir mußten unterwegs mehrmals anhalten, aber Keizo und ich haben uns trotz völliger Erschöpfung immer wieder umgedreht, um in der Ferne die letzten Ausläufer der Berge zu bewundern, die nach und nach in den blauen Dunstschleiern verschwanden. Der Anblick war überwältigend, atemberaubend. Eine Reise zwischen Schmerz und Schönheit . . .

Wir sind jetzt 1800 m hoch, und bis zum Südpol müssen wir noch 1000 Meter höher steigen.

Eine Sensation: Seit drei Tagen hat Geoff seine nächtlichen Konzerte aufgegeben. Schluß mit der Mundharmonika. Er hat eine Allergie gegen eine Sonnenschutzcreme, und seine Lippen sind völlig wund. Allerdings gab es eine Übergangsphase zwischen der endgültigen Kapitulation und der gräßlichen Folter der letzten Tage, nämlich die Konzerte »im stillen Kämmerlein«, das heißt, unser Musiker hat seine Tonleitern im Schlafsack gespielt. Von Zeit zu Zeit drangen noch ganz leise, wehmütige, gedämpfte Akkorde aus dem britischen Schlafquartier an unser Ohr: Thule, die Despotin mit den hochempfindlichen Ohren, hatte ihren Herrn ins musikalische Exil getrieben, indem sie lauthals zu heulen und jaulen anfing, sobald die ersten Mißtöne aus dem Zelt kamen . . .

Keizo ist ihr unendlich dankbar.

Victor hat uns heute nach Augenmaß geführt, und zwar in eine Zone, in der es von Spalten nur so wimmelte. Ich bin fast geplatzt vor Wut. Er war weit vorausgefahren, und Geoff, unser verantwortlicher Navigator, hatte vergeblich versucht, ihn mit entsprechenden Zeichen zum Anhalten zu bewegen. Unser Wikinger hörte nichts und sah nichts, er stürmte einfach stur drauflos. Und anstatt den Buckel zu umgehen, der ihm plötzlich den Weg versperrte, steigt doch Victor ganz einfach drüber! Auf der anderen Seite nichts als Spalten! Das brachte ihn dann abrupt zum Stehen. Ich war fuchsteufelswild, und als wir ihn einholten, brüllte ich los: »Verdammt noch mal, bloß weil du dicke Muskeln hast, brauchst du dich noch lange nicht wie ein Idiot aufzuführen! Gebrauch doch mal deinen Kopf zur Abwechslung!« Victor hat mich völlig verdattert angeschaut, er merkte offensichtlich gar nicht, in was für eine fürchterliche Ecke er uns gelotst hatte. Ich schnauzte ihn dann noch an, daß der gerade Weg nicht immer der beste ist, und daß er sich gefälligst mal Zeit zum Überlegen nehmen solle. Er war ehrlich zerknirscht und konnte bloß ein paar wirre Entschuldigungen stammeln. Bis zum Abend haben wir unseren Weg in ziemlich gespannter Atmosphäre fortgesetzt. Hinterher hat es mir leid getan, daß ich ihn so zusammengestaucht habe, auch wenn meine Vorwürfe berechtigt waren, und so war ich sehr erleichtert, als er mich abends im Zelt fragte, ob ich ihm noch böse sei. »Längst vergessen«, antwortete ich ihm. Einem Menschen wie Victor kann man nicht lange böse sein – der unwiderstehliche slawische Charme ...

Nachdem diese Sache also aus der Welt geschafft ist, werde ich ruhig schlafen, zumal die vertrackte DC6 endlich in Patriot Hills gelandet ist. Es geschehen noch Zeichen und Wunder!

30. November 1989
– 22 °C

Schönes, beständiges Wetter. Der Himmel ist klar und ruhig. Nur der Boden macht uns zu schaffen, dieses unebene, vom Wind zerklüftete Terrain ... Die mehr als meterhohen Sastrugis setzen sich über die ganze Strecke fort und zwingen uns zahlreiche Umwege auf. Wir haben allmählich wirklich die Nase voll von diesen Salzsäulen mit den surrealistischen Formen. Victor hat heute mittag gesagt: »Stellt euch mal vor, wie das hier erst im Winter wäre, mitten in der Nacht, bei – 50 °C und lautem Sturmgeheul ...« Puh! Gräßlich! Man darf gar nicht dran denken ...

Heute abend ist es indessen ziemlich ruhig, auch das Funkgerät schweigt, völliger Blackout, nichts kommt durch, keine Kurz- und keine Langwelle, außer Bellingshausen, deren Sender nach wie vor stark genug ist. Mit dem ewig platten Horizont stellt sich eine lähmende Monotonie ein. Selbst die Hunde sind davon angesteckt, sie mögen das nicht. Zum Glück haben wir den Südpol als Anreiz und Orientierungspunkt. Es sind jetzt noch 500 km. Theoretisch müßten wir in etwa zehn Tagen dort sein. Das hält uns auf Trab.

Bevor ich in meinen Schlafsack krieche, mache ich draußen noch einen kleinen Rundgang. Eine prächtige Wolkenbank bedeckt den Horizont, im Westen krönt sie den Ross-Eisschelf, im Osten den Ronne-Eisschelf. An der Schönheit dieser Landschaft kann man sich jedenfalls nie satt sehen.

1. Dezember 1989
− 24 °C

Der erste Sommertag in der Antarktis. Der Himmel ist unendlich blau, und der Horizont dehnt sich in einem einzigen »horizontalen« Kreisbogen vor uns aus. Ein Gefühl, als ob man sich mitten in einem Eismeer befände, dessen gefrorene Wassermassen die ganze Erde bedecken. Die Antarktis, wie man sie sich vorstellt und wie sie tatsächlich ist in ihrer ganzen unermeßlichen Weite und grenzenlosen Unnahbarkeit . . .

Heute haben wir 42 km in weichem Schnee zurückgelegt, in dem die Hundepfoten und Schlittenkufen einsanken, was unsere Fahrt ziemlich bremste. Aber ich will mich nicht beklagen, denn in diesem Pulverschnee können wenigstens keine Sastrugis entstehen, geschweige denn sich darin verewigen. Die Sonne knallt auf uns herunter, und für die Hunde, die jetzt ein prächtiges Fell zur Schau tragen, ist es fast schon zu heiß. Da unser Schlitten ziemlich langsam ist, hat Will uns Chuchi geliehen. Aber Keizo war nicht sonderlich davon angetan. »Second class«, hat er mir mit verächtlicher Miene zugeflüstert.

Grenzenlose Stille. Der Wind ist verstummt. Ein seltsames Gefühl . . . Wir haben uns so sehr an den Wind gewöhnt, daß uns jetzt regelrecht etwas fehlt. Die Sonne heizt unsere Zelte auf. Wir werden wohl nachts bald unsere Schlafsäcke aufgeben müssen, es ist die reinste Sauna da drin.

3. Dezember 1989
− 22 °C

Das schöne Wetter hält weiter an. Es ist richtig warm im Zelt, denn die Sonne, die jetzt hoch am Himmel steht und nicht mehr hinter dem Horizont versinkt, bescheint es die ganze Nacht. Victor und ich legen uns jetzt auf die Schlafsäcke, obwohl die Temperatur nur + 5 °C beträgt. Diese Kälteresistenz ist das Ergebnis eines inzwischen viermonatigen, unerbittlichen Anpassungsprozesses.

Heute stoßen wir in diesem grenzenlosen Raum auf menschliche Spuren. Sie stammen von den Kettenfahrzeugen einer Expedition, die im letzten Jahr zum Südpol unterwegs war. Will meint, das sei mal wieder ein Beweis dafür, daß wir keine Spur verfehlen, selbst wenn die Chancen 1 : 1 000 000 stehen. Schon am Nordpol hat Steger meine Spur entdeckt, ist ihr einige Tage lang gefolgt, und schließlich sind wir uns begegnet. Wir haben offenbar einen unfehlbaren Riecher.

Heute habe ich mich an einem Wunschtraum ergötzt: Im Jahr 2000 sind alle Bäche und Flüsse Frankreichs wieder ein Badeparadies ... Ist das nicht ein aufregendes Ziel, eine schöne Herausforderung? Ein Projekt, das alle Leute in einem ganz konkreten Ziel vereint, nämlich eines Tages wieder klares, sauberes Wasser unter den Brücken fließen zu sehen. Flußufer sind viel romantischere Treffpunkte als städtische Schwimmbäder. Das Wasser spült alle negativen Energien weg, Wasser beruhigt, Wasser ist Reinheit. Ich habe meine Kindheit an den Ufern des Agoult in Vielmur verbracht, ich habe dort gebadet und gepaddelt. Meine Mutter hat die Wäsche im Fluß gewaschen, mein Vater hat geangelt, und man konnte die Fische auch essen! Glückliche Zeiten, nostalgische Träume! Man sollte alles tun, um auch unseren Kindern dieses Vergnügen zu ermöglichen. Mein Gott, wie mir das hier manchmal fehlt: grüne Wiesen, Bäume, Wasser, Tiere ... Deshalb verwöhne ich mich von Zeit zu Zeit mit »Naturkassetten« – Vogelgesang, Wasserplätschern, Grillenzirpen ...

Und wieder Sastrugis! Werden uns diese Eismonster denn nie in Frieden lassen? Manchmal hasse ich sie ... Ich habe das entmutigende Gefühl, daß das nie aufhört – nie. Denn so weit das Auge reicht, ist der Boden eine windzerklüftete Wüste. Diese Wellenkämme machen uns das Leben schwer, und die Tage sind lang, anstrengend. Gegen 17.00 Uhr erinnern uns unsere Gelenke und Muskeln unsanft daran, daß wir bereits 35 – 40 km Marsch hinter uns haben. Die letzte Stunde kommt einem immer endlos vor, und wir sind ungeheuer erleichtert, als wir um 18.00 Uhr unser Etappenziel erreicht haben. Seltsamerweise sind unsere Hunde nach dem harten Tagespensum gar nicht erschöpft.

Der Himmel hat sich in magnetischen Gewittern entladen, und heute abend erleben wir zu unserer Überraschung ein richtiges

Funk-Happening: Criquet in Puntas Arenas, Brigton, der Twin-Otter-Pilot, der in den Thiel-Mountains eine technische Zwischenlandung gemacht hat, unsere Basis in Patriot Hills, die russische Basis Bellingshausen. Und schließlich die Krönung des Ganzen: Die amerikanische Basis am Südpol schaltet sich in das Konzert ein. Chris, der Funker, hat unsere Frequenz nach langem Herumsuchen aufgefangen . . .

»Hallo, hier Chris vom Südpol, ich muß es kurz machen, ich darf nicht mit euch sprechen. Wir sind schon alle gespannt auf euch, aber wir dürfen euch nicht in der Basis empfangen. Befehl von oben. Außer Victor Boyarsky, euren russischen Diplomaten, der wird als offizieller Besuch angesehen . . .« Großes Gelächter im Zelt, aus Wills und Victors Ecke. »Dürfen wir wenigstens eine Dusche nehmen und was Ordentliches essen?«

»Tut mir schrecklich leid, das ist ein Befehl der National Science Foundation in Washington. Ich muß jetzt Schluß machen, sorry, aber ich riskiere meinen Job. Ich bin jeden Abend auf Empfang – selbe Stunde, selbe Frequenz. Guten Abend, Ende.«

Will schämt sich vor uns, aber am meisten wundert sich Victor, der diese ungastliche Haltung der Amerikaner gegenüber unserer Expedition nicht verstehen kann.

»Keine Sorge, wenn ihr in der Basis nicht empfangen werdet, habe ich dort auch nichts verloren«, beschwichtigt er uns.

Victor ist wie Daho in offizieller Mission hier. Sie sind Abgesandte ihrer jeweiligen Regierungen. Transantarctica hingegen ist eine private Expedition. Deshalb können wir nicht empfangen werden. Das ändert zwar nichts an unseren Plänen, denn wir sind vollkommen autonom, aber trotzdem, es wäre schön gewesen, mal wieder andere Leute zu treffen, ein paar Tage die Isolation unserer Gruppe aufzubrechen. Es ist hart, aber die NSF hält sich eben strikt an den Wortlaut des Vertrags. Obwohl man wirklich nicht behaupten kann, daß sie hier von privaten Expeditionen überrollt werden . . . In dreißig Jahren waren es insgesamt zwei: zwei britische Expeditionen, nämlich Robert Swann 1985, und Transglobe 1982. Die letzte Expedition vor diesen beiden liegt weit zurück – im antarktischen Sommer 1911 – 1912, dem Jahr der Südpoleroberung durch Amundsen, dem einen Monat später Scott folgte. Aber damals gab es noch keine Basis.

Insgesamt wurden alle großen Nordpol- oder Südpolunternehmungen von privaten Expeditionen durchgeführt. Nur private Expeditionen können es sich erlauben, entsprechende Risiken einzugehen.

Die Aussicht, daß wir unter solchen Bedingungen am Südpol ankommen werden, wirkt sich nicht gerade positiv auf die ohnehin schon gespannte Atmosphäre bei uns aus. Denn Steger hat wieder einmal eine seiner einsamen Entscheidungen getroffen, was eine scharfe Auseinandersetzung zwischen uns beiden zur Folge hat. Anstatt direkt zum Südpol zu marschieren, möchte Will ein paar km vor der Basis übernachten, um am nächsten Morgen taufrisch dort aufzutauchen und so eine bessere Figur vor den Journalisten zu machen. Für uns wäre es dann 11 Uhr morgens, für die Amerikaner der Basis, deren Uhren anders gehen, erst zwei Uhr. Schon das allein wäre nicht besonders fair, aber das Problem liegt woanders. Wir alle fiebern der Ankunft am Südpol entgegen, und wir haben keine Lust, die ganze Nacht lang unseren Frust in uns hineinzufressen, nur damit Will sich in Szene setzen kann. Ich sage ihm, daß es idiotisch wäre, denselben Fehler zu machen wie die NASA, die den Astronauten nach der Mondlandung sechs Stunden Schlaf verordnet hatte. Wie soll man sich unter solchen Bedingungen ausruhen? Natürlich wollten sie sofort aussteigen, sie brannten darauf, als erste Menschen in der Geschichte der Raumfahrt ihren Fuß auf den Mond zu setzen.

Will wird rot, er windet sich, aber schließlich faucht er mich an: »Das ist doch kindisch!«

»Na gut, dann ist es eben kindisch. Aber wir lassen uns von solchen kleinlichen Taktiken unsere Freude nicht verderben. Wir können doch glücklich *und* erschöpft sein, oder?«

»Und ich habe keine Lust, völlig erledigt am Südpol aufzukreuzen. Ich muß fit sein, schließlich wartet eine Menge Verpflichtungen auf mich ... (Verpflichtungen? Was in aller Welt soll das denn heißen?) ... Ich muß unbedingt vorher ausschlafen.«

Steger schläft in der Tat sehr schlecht, er ist ein nervöser Mensch, und jede Kleinigkeit schlägt ihm auf den Magen.

»Aber Will, überleg doch mal! So ein Abenteuer erlebt man nur einmal. Das ist doch eine Ausnahmesituation. Andere Leute würden wer weiß was dafür geben, wenn sie an unserer Stelle wären!«

»Sag, was du willst, ich bleibe bei meinem Entschluß, auch wenn es euch nicht paßt.«

»Und ich denke gar nicht daran, mir dieses Ereignis vermiesen zu lassen. Die anderen übrigens auch nicht. Wenn wir da sind, sind wir da – kommt überhaupt nicht in Frage, daß wir ein paar km vor dem Ziel herumhängen und warten, bis du dich erholt hast.«

Der Amerikaner nimmt mir meinen energischen Einspruch ziemlich übel, er fühlt sich vom ganzen Team im Stich gelassen und läuft mit einer Märtyrermiene herum, als ob ihn ein böser Schicksalsschlag getroffen hätte. Wir beide sind sowieso immer ein bißchen wie Hund und Katze. Unser Verhältnis zueinander ist sehr zwiespältig, von Faszination und Rivalität geprägt – einmal stürmische Zuneigung, dann wieder... grrr... Haßausbrüche... Will hat auch immer wieder sehr aggressive Anwandlungen, und dann sollte man ihm besser aus dem Weg gehen. Es hängt wohl mit seinen Kontaktschwierigkeiten zusammen. Er weiß es und leidet darunter, denn dieser extrem verschlossene Mann, dieser »einsame Wolf«, dem es so schwer fällt, sich mit anderen zu arrangieren, kennt seine eigenen Schwächen sehr genau. Er hat keine Freunde, und ich weiß, daß er mich insgeheim um meinen großen Freundeskreis beneidet. Wenn er eine Entscheidung durchsetzen will, macht ihn der Gedanke, wie er es dem Team beibringen soll, schon im voraus krank. So wie jetzt. Die Mißstimmung dauert den ganzen Tag über an. Schließlich halte ich es nicht mehr aus. Am Abend gehe ich zu ihm und umarme ihn.

»Will, es tut mir leid, ich wollte dir nicht weh tun. Aber diese Entscheidung ist einfach zu unpopulär.«

»Schon gut, war ja bloß eine fixe Idee von mir...«

»Mach's dir doch nicht immer so schwer, Will, laß dich einfach mal gehen.«

»O.K. Wir kommen an, wann immer es euch paßt! Ich bin viel zu sehr auf meine Schlafprobleme fixiert. Tut mir leid.«

Will Steger, wie er leibt und lebt: Er hat seine unangenehmen, harten Seiten, die man nur schwer ertragen kann, aber dann überrascht er einen plötzlich von einem Moment zum anderen mit seinem naiven, entwaffnenden Charme, und man schmilzt nur so dahin . . .

Der Südpol rückt also in greifbare Nähe. Spätestens am Abend des 11. Dezember sind wir da . . .

Sylvie, wo bist du?

7. Dezember 1989
– 27 °C

Nachrichten von der Sastrugifront: Jeden Tag werden sie ein bißchen flacher. Ein Beweis dafür, daß die Winde in Polnähe weniger heftig sind. Dafür ist der Schnee weicher und tiefer, eine andere Foltervariante . . . Aber wenn schon, heute haben wir nur Augen für den Himmel. Die DC6 *fliegt*! Mit Kurs auf Patriot Hills. Allerdings muß ich dann erfahren, daß sich keiner der Journalisten an Bord gewagt hat . . . Die Twin Otter – auf die man sich eher verlassen kann – ist bereits am Pol, um unsere Ankunft vorzubereiten. Ein Luftballett, einzig und allein zu Ehren von uns »elenden« Wüstennomaden!

Der Funkverkehr ist entsprechend hektisch, aber sobald ich mein Thomson-Gerät abgestellt habe, kehren wir in die Stille der Antarktis und in die Intimität unseres Zelts zurück. Victor macht sich Gedanken, was ihn wohl am Südpol erwartet. Er hat schon schlechte Erfahrungen mit amerikanischen Stützpunkten gemacht. Während unserer gemeinsamen Grönlandexpedition machten wir bei einem der geheimen Radarstützpunkte der Distress Emergency Warning Line (DEW) Station. Die DEW-Stützpunkte ziehen sich wie eine Perlenschnur von Grönland bis Alaska, ein Kontrollsystem, das die Raketen aufspüren soll, die die Sowjets auf Amerika abzuschießen beabsichtigen . . .

Unser Empfang dort war ziemlich grotesk. Als der Chef der Basis die russische Flagge auf Victors Brust sah, kippte er vor Schreck fast aus den Latschen. Man muß sich das vorstellen – ein alter Vietnam-Veteran und eingefleischter »Russenfresser« – und plötzlich klopft der Feind an die Tür seiner Radarstation . . . Der erste Russe, den er je zu Gesicht bekam. Er ist einfach fassungslos, weiß nicht, was er tun soll. Schließlich befiehlt er uns, daß wir uns ja nicht von der Stelle rühren sollen, denn er muß erst einmal Washington von unserer Ankunft informieren. Kurze Zeit später taucht er mit verlegener Miene wieder auf. »Tut mir leid, ich darf Victor Boyarsky nicht empfangen. Bei den anderen gibt es keine Probleme...«

Natürlich erklärten wir uns mit Victor solidarisch und blieben im üblichen Blizzard-Schnee-Chaos draußen, zum großen Kummer der Basisbewohner, die dann trotzdem noch einen gemütlichen Abend für uns veranstalteten – in einer Garagenecke zwischen zwei Bulldozern...

Im letzten Jahr war Victor also der böse Spion, und jetzt ist er auf einmal ein Diplomat, den man mit allen Ehren empfängt. Ein großer Schritt nach vorne in den Ost-West-Beziehungen, und das in einem einzigen Jahr! Und der offizielle Beweis, daß die Antarktis tatsächlich ein Kontinent des Friedens und der Zusammenarbeit sein kann.

Wie wird sich die Sache dieses Mal abspielen? Wir wissen es nicht, aber wie auch immer, der Südpol ist nur noch ein paar Tagesmärsche entfernt, und das ist das Wichtigste.

Ich verkrieche mich in meinen Schlafsack und genieße in aller Ruhe diesen bedeutsamen Augenblick in meinem Leben.

9. Dezember 1989
–26 °C

Heute bin ich 43 Jahre alt geworden. Das ganze Dorf Vielmur drückt mir den Daumen und wünscht mir alles Gute zum Geburtstag. Das tut gut. Der Himmel meint es ebenfalls gut mit mir, er schenkt mir ein außergewöhnliches Schauspiel, eine Nebensonne von seltener Schönheit. Kann man sich ein besseres Omen wünschen?

Ich habe den Nachmittag mit Will verbracht. Seit unserer Auseinandersetzung wegen der Ankunft am Südpol ist er wie umgewandelt – entspannt, gelassen, ausgesprochen angenehm. Ein Vergnügen, das ich voll auskoste.

Heute abend erlebe ich eine Überraschung: Michel Franco erreicht mich über Funk. Unser Dialog ist kurz, nahezu unverständlich, denn der Funkkontakt ist sehr schlecht. Und doch wirft mich seine Stimme fast um. Flash-back, in Sekundenschnelle bin ich wieder am Nordpol. Ein seltsames Gefühl: Ich bin hier, auf diesem unermeßlichen Kontinent, und gleichzeitig auf dem arktischen Packeis, nur durch diese dünne Nabelschnur, das Funkgerät, mit dem Rest der Welt verbunden... Und ich höre wieder Michels oft so harsche Worte, die mich zwingen, weiterzugehen, immer weiter...

Vier Jahre sind seit der Nordpolreise vergangen; heute feiere ich meinen 43. Geburtstag am Südpol.

10. Dezember 1989
–25 °C

Wir sind nur noch eine Tagesreise von der Rotationsachse der Erde entfernt! Bedeckter Himmel heute morgen, graue Nebel... Zehn Zentimeter Tiefschnee. Arme Hunde, ihre Pfoten sinken ständig ein, und sie kommen nur mühsam voran. Doch wir marschieren unbeirrt durch diesen weichen, alles verschlingenden Schnee und legen 38 km zurück. Der Pol zieht uns vorwärts!

Plötzlich gibt der Boden unter unseren Füßen nach. Und dann ein dumpfes, gewaltiges Donnergrollen, das sich sehr schnell bis in die Ferne ausbreitet. Beängstigend, diese Erdbeben, die wir seit einiger Zeit auf unserem Weg auslösen. Es passiert mehrmals am Tag, und einige Hunde, zum Beispiel Arrow, Rey und Monty, sind jedesmal vor Schreck wie versteinert. Es dauert immer eine ganze Weile, bis wir sie dazu bringen können, weiterzumarschieren. Ein seltsames Phänomen. Es ist auf einen engen Umkreis beschränkt, auch wenn man das Gefühl hat, daß es sich auf weite Distanzen erstreckt. Jedenfalls bringt es die Gespanne durcheinander, und uns ist es auch ziemlich unheimlich, weil wir uns die Sache nicht erklären können. Es muß wohl eine ähnliche Erscheinung sein wie die »Windplatten« in den Alpen, lockere Schneemassen ohne kompakten Untergrund. Wenn man drauftritt und eine dieser »Platten« einbricht, entsteht genau dieses dumpfe, brutale, gewaltige Donnergeräusch.

Morgen sind wir am Südpol! Ein denkwürdiges Ereignis in einem Menschenleben. Nicht viele haben den Pol erreicht! Michel Franco, der diesen Augenblick hautnah miterleben will, so wie damals meine Ankunft am Nordpol, hat mich gebeten, morgen das ARGOS-Gerät anzulassen, damit er uns auf unserem Weg Schritt für Schritt begleiten kann . . .

11. Dezember 1989
– 27 °C

Der Himmel ist klar heute morgen, und die Sicht unbegrenzt. Aber auch wenn der ganze unermeßliche Horizont vor uns liegt, wir sind trotzdem zu klein, um weiter als drei oder vier Kilometer sehen zu können. Laut Geoff, der bei seinen Berechnungen die Gebäudehöhe der Amundsen-Scott-Basis zugrundegelegt hat, müßten wir die Basis in einer Entfernung von 25 Kilometern erkennen können, vorher nicht. An alle, die mit uns diesen Augenblick herbeisehnen, schicke ich über meinen »Psion« alle vier Stunden eine Botschaft von 34 Zeichen. 6.00-Uhr-Botschaft: »Schönes Wetter, gute Sicht. Happy. We go.« Als wir um 9.00 Uhr aufbrechen, ist der Himmel bereits wieder bedeckt, und wir sehen nichts mehr. Hoffentlich bessert sich das noch! Gegen 11.00 Uhr kehrt der Wind zurück, ein ziemlich starker Südwind, der die ganzen grauen Nebelmassen, die wohl nicht sehr dicht waren, davonjagt. Plötzlich taucht ein kleiner schwarzer Punkt am Horizont auf. Victor, der vorne an der Spitze marschiert, reißt die Arme hoch und brüllt: »Der Pol! Der Pol!« Der Südpol liegt vor uns, in einer Entfernung von fünf Marschstunden. Der Russe braucht nur noch diesen kleinen Punkt anzupeilen, der nach und nach immer größer werden wird . . . 11.00-Uhr-Botschaft: SÜDPOL IN SICHT. PHANTASTISCH. HURRA.«

Wir erreichen ihn am 11. Dezember 1989 um 16.00 Uhr nach unserer Zeit. Wir werden von unserem Filmteam empfangen, das unverzüglich mit seiner Arbeit beginnt, sowie von unserem getreuen Criquet, dem großen Polarregionenkenner aus Chamonix, außerdem von einem Fotografen des *National Geographic* und einem ABC-Kameramann. Sie sind seit gestern abend hier, und der Chef der amerikanischen Basis hat ihnen jeden Kontakt mit den Bewohnern untersagt. Sie haben ihr Camp fernab von den Basis-Einrichtungen am anderen Ende der Landepiste installiert. Laurent klärt uns über den Stand der Dinge auf: »Im Prinzip darf niemand die Basis betreten, aber dank eures russischen ›Diplomaten‹ wird

Ein Höhepunkt unserer Reise: der Südpol vor uns!

man euch mit allen Ehren empfangen – und dann müßt ihr wieder in euer Camp zurück...« Von unserem jetzigen Standort aus kann man schon deutlich den Flaggenkranz der Antarktis-Vertragsstaaten erkennen. Dort wird der »Empfang« stattfinden. Vorwärts! Victor an der Spitze und dahinter unsere drei Schlitten im Gänsemarsch, wie immer. Alle Wissenschaftler der Basis sind vollzählig versammelt und brechen in ein ohrenbetäubendes »Hiha«-Gebrüll aus. Offensichtlich freuen sie sich riesig über die Begegnung mit uns. Ein Empfangskomitee von etwa 80 Leuten, und von allen werden wir überschwenglich begrüßt und herzlich umarmt. Auch für die Hunde ist es ein Fest, sie springen begeistert an diesen vielen Leuten hoch. Sie lassen sich mit Wonne tätscheln und streicheln, und ihre Nasen sind ganz berauscht von den vielen neuen Gerüchen... Nach dem Foto unter dem Flaggenkranz zieht die ganze Meute etwa 200 Meter weiter zum geographischen Südpol, der die Rotationsachse der Erde markiert. Eine amerikanische Flagge kennzeichnet die Stelle. Ich verlange, daß sie entfernt wird. »Schließlich dreht sich die Erde nicht um das Sternenbanner, und der Südpol ist nicht Amerika!« Schallendes Gelächter.

Dann besichtigen wir die Örtlichkeiten. Unter der Kuppel, einem Aluminiumbau aus sechseckigen Platten, liegt eine Reihe von ziemlich unscheinbaren Gebäuden verstreut. Das ist das Winterquartier. Die Wände in der Bibliothek, die wir anschließend besuchen, sind mit Fotos von den ersten beiden (privaten!) Expeditionen geschmückt, die den Südpol erreicht haben: Amundsen und Scott. Danach führt man uns in die Sporthalle, in der eine improvisierte Begegnung mit dem Basispersonal stattfindet. Zahlreiche Fragen werden an uns gestellt, und ich erläutere meine Befürchtungen hinsichtlich der Zukunft dieses Kontinents. Ich weiß natürlich sehr wohl, daß die amerikanische Regierung die Konvention von Wellington über die Ausbeutung der Bodenschätze im letzten Oktober in Paris unterzeichnet hat. Die Wissenschaftler sind in der Mehrzahl gegen diese Konvention, aber keiner traut sich, den Mund aufzumachen. Eine Dame, die sich in der »Menge« verbirgt, verfolgt sehr aufmerksam jedes Wort, das geäußert wird, und sie scheint jeden unserer Schritte genau zu überwachen. Wie wir dann erfahren, handelt es sich um eine »Spezialagentin« der National Science Foundation, die sich an Ort und Stelle überzeugen soll, daß der Empfang für unsere private Expedition auch wirklich ultrakurz gehalten wird und daß keine indiskreten Kameras im Spiel sind ... Die Anwesenheit dieses »Drachen« trägt nicht unbedingt dazu bei, die Atmosphäre zu entspannen ... Ich bin entrüstet, daß man diesen jungen Wissenschaftlern, die hier völlig isoliert und unter ziemlich drakonischen Bedingungen am Ende der Welt leben, zu allem Überfluß noch eine »Spionin« auf den Hals hetzt, damit nur ja die Nicht-Beistands-Klausel des Vertrags buchstabengetreu angewandt wird ... Dabei wollen wir gar keine Unterstützung, sondern bloß ein Mindestmaß an Gastfreundschaft. Und ich koche vor Wut, als wir im Eilmarsch die Küche in Richtung Ausgang durchqueren – ein Tablett mit gefüllten Gläsern war im Programm offensichtlich nicht vorgesehen! Und man erlaubt uns nicht einmal, im Vorbeigehen etwas zu trinken! Was zuviel ist, ist zuviel, Mrs. Roberts! (So heißt der »Drache«). Eine miese Rolle, die sie da spielt, und ich geniere

Der Kopfstand am Südpol ist obligatorisch – um zu betonen, daß man sich im Land der Antipoden befindet?

mich nicht, ihr das auf den Kopf zuzusagen. Mrs. Roberts vergießt ein paar Krokodilstränen. Die Arme! Aber so ist das eben, Abenteurer sind grausam ...

Als das Versorgungsflugzeug der Basis startet, ist sie an Bord. Uff! Über den weiteren Verlauf unseres Besuchs darf ich mich hier nicht auslassen – top secret! Jedenfalls haben wir in den nächsten drei Tagen nicht viel geschlafen, bei all den Foto- und Filmsitzungen und den Empfängen bei den Leuten der Basis, die nach einer anderen Zeit leben als wir, und nicht zuletzt den vielen, endlosen Gesprächen ... Ich habe mit Criquet stundenlang über unser Schiff geredet, über unsere nächste Expedition und über die logistischen Probleme, die er zu lösen hatte. Meine Bewunderung für ihn ist noch gestiegen. Ein Glück, daß wir diesen Mann in Puntas Arenas hatten.

Morgen brechen wir auf, und wir sind froh, daß wir dieses Tohuwabohu, das in so krassem Widerspruch zum Charakter dieses Landstriches steht, hinter uns lassen können. Heute nacht – falls man überhaupt von Nacht sprechen kann, denn um diese Jahreszeit geht die Sonne nie unter – mache ich noch einen kleinen Spaziergang zu dem Pfahl, der den geographischen Südpol markiert, diesen einzigartigen Punkt, an dem alle Winde von Norden kommen ... Ich lege eine ehrfürchtige Gedenkminute für unsere Vorgänger Amundsen und Scott ein, und dann laufe ich in zwei Sekunden einmal um die ganze Erde, so wie damals vor vier Jahren am Nordpol. Seltsam, diese Leere, die auch unsere Vorgänger bei der Ankunft am Südpol empfunden haben müssen, wenn man ihren Aussagen glauben darf: »Adieu, mein lieber Pol, ich glaube, wir sehen uns nie wieder ...« (Amundsen) »Himmel, welch ein gräßlicher Ort!« (Scott) »Wir sind da, und mehr läßt sich zu diesem Erdenwinkel nicht sagen.« (Byrd)

Mit Tränen der Rührung und des Zorns in den Augen kehre ich diesem magischen Punkt den Rücken, zutiefst erbittert über die Unverfrorenheit der Menschen, die hier an diesem privilegierten Ort ihre Basis errichtet haben, an einem Punkt, in dem die Meridiane aller Länder zusammenlaufen. Mein Gruß geht an sie alle. Der Südpol ist nur eine Etappe auf unserem Weg. Bis zum Indischen Ozean müssen wir noch 2500 km hinter uns bringen.

12 Weihnachten auf dem weißen Kontinent

15. Dezember 1989
−26 °C

Heute abend sind wir zu sechst – fern von der Welt. Und ab morgen nehmen wir für 32 Tage wieder unseren gewohnten Rhythmus auf – bis Wostok, der sowjetischen Basis. Wir haben die Zeltpartner gewechselt. Von heute an schlafe ich mit Daho unter einem Dach. Tagsüber bleibe ich mit Keizo zusammen. Der lange Abstieg vom Pol beginnt. Von jetzt an bringt uns jeder Schritt der Heimat ein bißchen näher.

17. Dezember 1989
−26 °C

Ein leichter Wind streift unsere linke Wange. Gestern kam er von Osten, heute, wo wir nach Norden gehen, kommt er von Westen. Der Schnee ist sehr tief unter den armen Hundepfoten. Immer häufiger brechen ganze Platten mit fürchterlichem Getöse ein, so daß Rey, Bjorn und der ängstliche Arrow zu Tode erschrecken. Die anderen Hunde gewöhnen sich mit der Zeit daran, aber Arrow gerät immer wieder in Panik, solange diese Erschütterungen andauern. Gestern war ich so erschöpft, daß ich sogar eine Weile einnickte, während ich mich am Schlitten festhielt. Zum Glück müssen wir zur Orientierung für das Flugzeug alle 60 Minuten einen kleinen Schneehügel bauen. Diese Unterbrechungen halten mich wach ... Mein Kopf dröhnt schon den ganzen Tag wie eine leere Blechbüchse, und Daho behauptet, daß ich abends in zehn Sekunden eingeschlafen sei.

Mein neuer Zeltpartner entpuppt sich als ein höchst angenehmer Gesellschafter. Er redet genauso gern wie ich, und wir haben schon einige hitzige Diskussionen geführt. Zum Beispiel erwähnt er, daß die chinesische Regierung mit der Verleihung des Friedensnobelpreises an den Dalai-Lama gar nicht einverstanden war. Wer hätte das gedacht! Daho findet diese Entscheidung ein bißchen »politisch«, genau wie vorher bei Lech Walesa und Andrej Sacharow. Er behauptet übrigens, daß China ein so riesiges und altes Land sei, daß es seine Grenzen gar nicht genau kenne – Tibet und die Mongolei könnten durchaus zu China gehören! Es hat keinen Sinn, ihm zu widersprechen, dagegen kommt man nicht an. Und wenn mir dann die Bemerkung herausrutscht, daß ihm solche Töne eben von Kindesbeinen an eingetrichtert worden seien, lacht er nur, ein herzhaftes, unbekümmertes Lachen, seine bevorzugte diplomatische Waffe, und damit ist die Sache dann erledigt...

Im Augenblick nimmt Daho die Königin Viktoria aufs Korn: Sie ist schuld daran, daß sich sein reicher Großvater ruiniert hat, denn die Engländer haben den Opiumanbau in China hemmungslos gefördert. »Her Majesty« war also, ohne es zu ahnen, die erste große Heroin-Dealerin der Geschichte... Wie dem auch sei, wir werden uns in unserem Zelt bestimmt nicht langweilen, denn es gibt eine Fülle von Themen, über die wir diskutieren und streiten können.

Hier, auf dem Planeten Antarctica, bricht der Schnee in ganzen Platten unter unseren Füßen ein, und manchmal macht uns jetzt auch schon die Höhenlage zu schaffen: 2800 m. Sylvie, ich sehne mich nach dir! In meinem Herzen ist noch viel Platz...

20. Dezember 1989
– 27 °C

Drei Tage schönes, beständiges Wetter. Die Kilometer gleiten einförmig unter Dahos Rad dahin. Leicht befahrbarer Schnee, er ist mit einer dünnen Schicht aus feinen Eissplittern bedeckt, den Überresten alter, eingeebneter Sastrugis, die ihre Eislast in alle Himmelsrichtungen versprengt haben. Immer noch gibt es geräuschvolle Einbrüche, die einige Hunde erschrecken, aber meistens kommen sie so mühelos voran, daß sie unterwegs miteinander spielen und sich herumbalgen. Die Tierschutzfanatiker, die sich darüber aufregen, daß man Tiere zum Ziehen einsetzt, obwohl es doch heutzutage genug Maschinen gibt, die die Arbeit machen könnten, sollten hierherkommen und sich selbst davon überzeugen, was es mit der »Versklavung« unserer Hunde auf sich hat. Der einzig vernünftige Weg ist eben doch die harmonische Verknüpfung traditioneller Werte mit den modernen technischen Errungenschaften. Der

Mensch muß seine Traditionen lebendig erhalten, sonst raubt er sich die Chance, die Zukunft der Welt nach menschlichen Maßstäben zu gestalten. Ich muß daran denken, was Professor Blamont, ein großer Gelehrter und Großvater des Ariadne-Projekts, einmal zu mir gesagt hat: »Stellt Computer in die Büros und schickt die Menschen auf Urlaub!« Ganz sicher ist das Eingreifen des Menschen in vielen Bereichen überflüssig geworden, aber wenn er alles der modernen Technik überläßt, verliert er dabei seine Seele. Keine leichte Sache, hier ein angemessenes Gleichgewicht zu finden . . .

Ein Kommen und Gehen von glücklichen Gedanken in dieser weißen Monotonie. Die langen, einförmigen Tage führen zu einer Form des Denkens, die der Intuition sehr nahe kommt und sich mühelos, ohne Hektik, an die jeweilige Situation anpaßt – fern von sozialen und intellektuellen Zwängen, von Lebens- und Denkgewohnheiten, die uns sonst in mehr oder weniger starkem Maß einengen. Ein richtiger Jungbrunnen für den Geist.

Meine Nase schwelgt in den köstlichen Düften der chinesischen Küche. Daho herrscht jetzt über Töpfe und Pfannen. Sehr abwechslungsreich sind seine Gerichte nicht: Er brät ein paar Fleischstücke an, fügt ein bißchen Wasser, ein paar Gewürze, einen Spezialessig, den er »black vinegar« nennt, Soja und diverse geheimnisvolle Pulver hinzu. Der Geschmack ist bei allen Speisen mehr oder weniger derselbe, aber er ist köstlich! Der Reis wird im Dampf gegart, mit ganz wenig Wasser, und Daho läßt den Topf auf dem Feuer stehen, ohne ihn auch nur eines einzigen Blickes zu würdigen. Es ist streng verboten, den Deckel hochzuheben – ich habe mich ein- oder zweimal dazu hinreißen lassen, und es ist mir äußerst schlecht bekommen!

Daho ist wirklich ein Unikum, er hat unzählige kleine Ticks und Marotten, und oft verfällt er in einen unverständlichen Singsang, während er vor sich hinwerkelt, so wie man das von manchen alten Leuten kennt . . . Jeder Handgriff wird umständlich und sorgfältig erledigt, ständig wäscht er irgendwelche Teller ab . . . Daho ist Brillenträger und für einen Chinesen ungewöhnlich groß – 1,85 Meter. Er wirkt ein bißchen steif, was er persönlich auf seine Größe schiebt. Für uns ist er jedenfalls der »Alte« im Team . . .

Aber man kann bestens mit ihm auskommen, wenn man sich ein bißchen auf seine Marotten einstellt, die ja letztendlich nicht weiter störend sind.

21. Dezember 1989
– 28 °C

3100 m Höhe – das spürt man. Bei jeder Anstrengung, ob wir hinter dem Schlitten herlaufen oder unsere Schneehügel bauen, bekommen wir Atemnot, Beklemmungen. Und wenn man ins Keuchen kommt, verbrennt einem diese eisige Luft sehr schnell die Lungen. Den Tieren scheint das allerdings nichts auszumachen. Eine erstaunliche Rasse!

Das Terrain ist hier bedenklich ausgehöhlt, und der Artilleriegeschützdonner hat uns den ganzen Tag begleitet. Ein Höllenlärm, bei dem zwei von unseren Hunden jedesmal vor Schreck erstarren – sie können sich einfach nicht an dieses furchterregende unterirdische Grollen gewöhnen. Diese beiden Hunde sind Arrow, der schon immer ein ängstliches Tier war, und Rey, ein Hund von Will, Thules Bruder. Er ist noch ganz neu im Gespann, denn er ist erst am Südpol zu uns gekommen. Der arme Kerl hat es nicht leicht, sich in den hinteren Rängen, wo wir ihn plaziert haben, zu behaupten. Denn Monty, Herby, Quinta und Faz (der in letzter Zeit ein bißchen übermütig geworden ist), die Rowdys der Meute, schenken diesem Neuankömmling nichts. Wenn der Schreck ihn auf der Stelle festwurzelt, fallen sie gnadenlos über ihn her, und wir müssen sofort eingreifen. Rey ist ein schönes Tier, er hat in seinem Aussehen viel von einem Wolf und wunderschöne, sanfte, scheue Augen. Ich kümmere mich momentan ganz besonders um ihn, und er weiß, daß er auf mich zählen kann, wenn die anderen über ihn herfallen. Sobald es bedrohlich wird, sobald das Eis unter ihm zu dröhnen anfängt, dreht er sich um und schaut mich hilfesuchend an. Dann gehe ich ein Stück weit mit festen Tritten neben ihm her, und schon ist er wieder beruhigt.

Und jetzt zu den »rosa Seiten«: Hier gibt es eine Katastrophe zu verzeichnen, denn Thule, Reys Schwester, ist nach den neuesten Meldungen vielleicht doch schwanger . . .

22. Dezember 1989
– 27 °C

Immer noch in großer Höhe, und wir werden es auch bleiben, denn die Eisdecke ist bis Mirny entsprechend dick: zwischen 3000 und 3500 m; der Landsockel, auf dem diese Eismassen ruhen, liegt praktisch in Meereshöhe. Landschaft ohne Abwechslungen. Es wäre geradezu ein Schock, wenn es welche gäbe. Die einzigen Überraschungen bieten hier das Wetter und die diversen Tücken der Eisdecke, auf der wir uns bewegen.

Heute Temperaturkontrolle – bei den Hunden. Eine heikle und ziemlich gefährliche Angelegenheit. Die Tiere sind an derartige Manipulationen nicht gewöhnt und auch nicht bereit, sie über sich ergehen zu lassen. Sie wehren sich energisch gegen die Einführung eines Fremdkörpers in ihren Leib. Das ist harte Arbeit, zumal ich als gewissenhafter Arzt diese Prozedur morgens und abends durchführe. Ergebnis: Nach einer windstillen Nacht (– 27 °C), in der die Sonne mit voller Kraft vom Himmel strahlte (sie bleibt den ganzen Tag auf derselben Höhe), war Kukas rektale Temperatur 29 °C und Tommys 29,5 °C. Das kommt mir sehr niedrig vor. Heute abend, gleich nach unserer Ankunft im Camp und unter ähnlichen klimatischen Bedingungen, war die Temperatur bei beiden nur um 2 °C gestiegen . . . Weiter geht's zur nächsten medizinischen Razzia bei anderen Hunden und nach einer windigen Nacht.

Winterfreuden in Frankreich. Es ist bald Weihnachten. Hier kann man sich kaum vorstellen, daß es Gegenden in dieser Welt gibt, wo man künstlichen Schnee herstellt und verkauft. Wir hätten hier massenweise Schnee zu vergeben! Na ja, nichts ist vollkommen . . . Noch seltsamer ist der Gedanke, daß es anderswo um Mitternacht dunkel ist. Wir haben unter unserer ewigen Sonne längst vergessen, was eine richtige Nacht ist – die lange Nacht der Wintersonnenwende mit ihrem Geheimnis, ihren Kerzen, zum Zeichen, daß selbst in der tiefsten Dunkelheit ein Hoffnungsschimmer verborgen ist. Die Kinder dort haben jetzt Ferien und fiebern dem großen Tag entgegen, während sie einstweilen beim Plätzchenbacken zuschauen und ihre Nase an den Schaufenstern der großen Kaufhäuser plattdrücken. Es ist komisch, aber manchmal kommt es mir so vor, als ob ich noch immer nicht aus den Kinderschuhen heraus wäre. Ich bin gar nicht unglücklich darüber, aber ich stelle fest, daß mir neuerdings die Unbekümmertheit fehlt, mit der ich sonst alles herausplappere, was mir gerade in den Sinn kommt. Seit ich in die Klauen der Medien geraten bin, zerpflückt man mir jedes Wort, und das macht mir sehr zu schaffen. Muß ich mich künftig verstecken, wenn ich eine Dummheit loswerden will?

23. Dezember 1989
–28 °C

Für diesen Sektor waren unsere Erwartungen ziemlich pessimistisch. Wir waren auf ein unmögliches, beinahe unbefahrbares Terrain gefaßt. Die sowjetische Expedition von 1960, die als einzige dieses Gelände passiert hat, hat folgende Information verbreitet: »Ein Meter Tiefschnee ...« – und seither herrschte Schweigen. Niemand hat je wieder seine Skier hierhergesetzt. Aber alles in allem, trotz einiger Sastrugis, die in diesem Terrain ungewöhnlich sind, trägt der Schnee recht gut. Man sollte sich nicht auf solche vereinzelten Informationen aus ferner Vergangenheit verlassen, die durch Mundpropaganda verbreitet und mit der Zeit ganz willkürlich als gesicherte Kenntnisse ausgegeben werden. Eine Feststellung, die für alle Bereiche gilt ...

Die Zwischenstation am Südpol hat meinen geistig-seelischen Rhythmus ein bißchen durcheinandergebracht. Seit ein paar Tagen kommt mir die Zeit endlos lange vor, und ich warte so ungeduldig auf unser Tagesziel wie ein Schüler auf die Pause. Ich kann es gar nicht genießen, daß ich gerade dabei bin, etwas zu verwirklichen, wovon der Schüler, der ich einmal war, so sehnsüchtig geträumt hat. Ich rechne mir immer wieder vor: Nur noch so und so viele Tage und so und so viele Kilometer pro Tag, das macht ... Und ich ziehe in Gedanken alles ab, was nur irgend geht: die Mahlzeiten, die Stunden, die wir im Nebel verlieren, die Tage, an denen uns der Sturm ins Zelt verbannt, die Funksitzungen, bei denen keiner keinen versteht, die vielen Umwege, die durch Navigationsfehler entstehen, Dahos Topfdeckel, den nur ein Verrückter öffnen würde ...

Und wenn ich mir dann noch meinen Alleingang zum Nordpol zugute halte, dann habe ich doch wahrhaftig einen kleinen Bonus verdient, noch dazu am Vorabend von Weihnachten. Aber wie ich es auch anstelle, ich komme immer wieder auf dieselben Zahlen, ein Beweis, daß mein Verstand noch funktioniert: 2 Monate, und 40 km pro Tag!

Heute abend konnte Victor per Funk endlich mit seinem Landsmann Sascha sprechen, dem Chef der Basis Wostok, bei der wir in ungefähr zwei Wochen Station machen werden. Unser Russe ist völlig außer sich vor Freude. Er redet wie ein Wasserfall – so haben wir ihn noch nie erlebt! Einfach nicht zu bremsen ... Er hat einen ganz roten Kopf und schwitzt vor Aufregung. Die Freude, sich endlich wieder in seiner Muttersprache ausdrücken zu können, reißt ihn fort, und er hört gar nicht mehr auf, Telexe und Telegramme zu improvisieren, natürlich gereimt, an seine ganze Familie und besonders an seine Mutter, die heute Geburtstag hat und in den Genuß der Spezialität des Hauses kommt: ein Gedicht von zwanzig Strophen! Victors Freude ist ansteckend. Er lacht und blödelt herum wie ein Schuljunge und entschuldigt sich dabei ständig, daß er die ganze »Leitung« blockiert ... Na los, Victor, noch ein Gedicht für Natascha, bevor dir endgültig die Puste ausgeht ...

24. Dezember 1989
– 29 °C

Den ganzen Tag Chaos im Kopf. Ein Hinundhergewoge von völlig widersinnigen Gedanken – Groll wegen lächerlichen Kleinigkeiten, Ärger über unwichtige Details, debile Blockaden ... Ich habe die große innere Ruhe verloren, die mich vor dem Pol im Gleichgewicht gehalten hat. Aber das Ende der Reise ist noch fern. Höchste Zeit, den gelassenen, gemächlichen Rhythmus wiederzufinden, der diesem Kontinent gemäß ist. Ich muß um jeden Preis diese Spannungen loswerden, meinen Gedanken Raum geben, um wieder ein echter »Polarmensch« zu werden.

Trotz permanenter Sonnenbestrahlung haben wir heute gefroren. Jetzt drängen sich dunkelgraue, düstere Wolken am Himmel, die sich eilig, wie in einem zu schnell ablaufenden Film, über den

Lichthof der Sonne schieben. Mir verursacht dieser Anblick immer einen Schauder: ein irrer Wettlauf der Wolken, die das Himmelsgestirn zu verschlingen versuchen. Ein Bild, das tiefverwurzelte Ängste wachruft: Ängste, die unsere Vorfahren in grauer Vorzeit terrorisiert haben – daß die Sonne nie mehr wiederkehrt oder daß der Himmel einstürzt... Vielleicht kann man diese Ängste hier besser nachempfinden, denn der Himmel ist unser einziger Halt und Bezugspunkt – nicht nur sprechen wir zu ihm, sondern auch der Himmel erzählt uns viele Dinge...

Wir müssen auf eine stürmische Nacht gefaßt sein. Die Zeltwände knattern schon heftig im Wind. Ein eisiger Luftstrom dringt überall ein und verursacht Pfeiftöne in allen Variationen, wobei die Bandbreite von durchdringend schrill bis unheimlich gedämpft reicht. Es heult in der Luft und stöhnt am Boden, es saust und braust über den Schlitten und wimmert hinter der Zeltplane, alles rattert und flattert, die Zeltstangen knarren, das Dach ächzt und knirscht... So einen Radau haben wir schon lange nicht mehr erlebt. Das soll wohl ein Gala-Konzert zum Heiligen Abend sein!

Es ist 19.45 Uhr, wir haben endlich unser Camp installiert und Schnee für unseren »Haushalt« geschmolzen. Jetzt kommt endlich die heißersehnte Ruhepause, der himmlische Moment der Entspannung, des Sichgehenlassens, eingehüllt von dicken Dunstwolken, umschmeichelt von diversen Knarzlauten... In Frankreich ist es jetzt Viertel vor zwölf, bald beginnt das Weihnachtsfest! Unser Festessen besteht aus Reis und Rindfleisch auf chinesische Art, von unserem großen Chefkoch Daho zubereitet. Wir werden die Spezialitäten des Hauses zu zweit verspeisen, bevor uns der Genosse Victor ein wenig später am Abend seinen Besuch abstattet und sich als Funkkorrespondent nützlich macht. Er nimmt jeden Abend Kontakt mit seinem Freund Sascha in Wostok auf. Und zwischen zwei übermütigen Dialogen, wenn seine Baritonstimme mit den rauhen, rollenden »r« für einen Augenblick verstummt, raucht er seine tägliche Zigarette...

Unser Zelt ist die »Stammkneipe« des Camps. Die anderen kommen her, um sich Informationen zu holen oder sich nach dem Stand des Weltgeschehens zu erkundigen. Rumänien ist derzeit das große

Thema – wie überall auf dem Planeten, nehme ich an. Ceausescu ist gestürzt! Danke, Weihnachtsmann . . .

25. Dezember 1989
–25 °C

Ein Tag wie jeder andere, keine heiligen drei Könige am Horizont, und doch ist Weihnachten! Das bloße Wissen genügt, um diesen Tag zu etwas Besonderem zu machen. Schon seit gestern ergötze ich mich an meinem kleinen Privatkino, einer Sondervorstellung ganz für mich allein. Mit allem Drum und Dran: das Festessen im Familienkreis, Truthahn mit Kastanien, der hell erleuchtete Weihnachtsbaum, die Bescherung, die strahlenden Kinderaugen . . . Als wir dann gestern abend unser Tagesziel erreicht hatten, war es, als ob ich wirklich das Weihnachtsfest bei meiner Familie verbracht hätte, und zwar ohne den ganzen Rummel, den ich sonst an solchen Festen hasse, also Weihnachten total. Mich fasziniert nur die verzauberte, knisternde Atmosphäre der Vorweihnachtszeit. Wenn Weihnachten erst einmal da ist, ist schon wieder alles vorbei . . . Dann löst sich alles in trostloser Alltagsroutine auf.

Ich habe nur ein paar schimmernde bunte Kugeln über den größten Gletscher des Planeten ausgestreut und Silbergirlanden über das türkisblaue ewige Eis geworfen. Unter dem tiefen Preußischblau des Himmels, umgeben von indigoblauen Schatten, die Schultern noch voller Engelshaare, habe ich ein wunderbares Weihnachten erlebt . . .

27. Dezember 1989
–25 °C

Draußen bläst es wie verrückt. Macht nichts, wir faulenzen heute. Ruhetag im Zelt. Vor genau fünf Monaten sind wir in diese »Einsiedelei« aufgebrochen – Abgeschiedenheit ist das richtige Wort dafür . . . So wie wir hier liegen, eingesperrt in unsere Kleidung, unsere Schlafsäcke, unsere Einsamkeit, die Köpfe zuweilen voll unsteter, sprunghafter Gedanken, könnte uns kein Mönch der Welt in der harten Übung der Selbsterkenntnis, der Auseinandersetzung mit den eigenen Grenzen übertreffen. Grenzen, die manchmal so eng, so irritierend, so banal sein können... Die Twin Otter, die am Südpol stationiert war, hat uns unseren Nachschub gebracht. Dank der Schneehügel, die wir unterwegs alle 60 Minuten gebaut haben, hat uns der Pilot diesmal problemlos gefunden. Wir werden das bis Wostok weiter so machen. Geradezu andächtig haben wir unsere weihnachtlich verpackten Pralinen in Empfang genommen, die ich jetzt in meinem feuchten Schlafsack genüßlich verspeise. Was soll man anderes tun, außer seinen Gedanken freien Lauf lassen...

Diese Woche hatten wir den Südpol erreicht, und alle Glückwünsche, die uns die launischen Wellen gnädigst übermittelt hatten, waren für mich ein deutlicher Hinweis, daß für die Öffentlichkeit damit der Höhepunkt unserer Expedition überschritten war. Die Überquerung des restlichen Kontinents wird offenbar eher als eine Sache für Spezialisten betrachtet. Wenn ich meinen Fuß wieder auf den bewohnten Teil der Erde setze, muß ich mich den hochgespannten Erwartungen stellen, die sich über Monate hinweg nur von Superlativen genährt haben... Wie soll man auf diese geballte Rekordsucht reagieren? Einfach erklären, daß die beiden Pole für mich zwei Punkte darstellen, die ich erobern mußte, um in Frieden mit mir selbst zu leben? Zwei Ziele, die sich der von mir gewählten Existenz spontan aufgedrängt haben, einem Leben, für das ich mich bedingungslos mit ganzer Kraft eingesetzt habe? Waren diese Wege Gewinne für mich, Erfahrungen, die mein Leben reicher, glücklicher gemacht haben? Ja, in gewisser Weise schon. Besteht nicht der Sinn des Lebens darin, sich seinen tiefsten Wünschen und Sehnsüchten so weit wie möglich anzunähern? Der Instinkt täuscht einen nicht und sollte bei allen wichtigen Entscheidungen das letzte Wort haben. Mein Leben war ein schwieriger und gefahrvoller Weg, und ich bin ihn allein gegangen, außerhalb der Vernunftwelt unserer Väter und der gesellschaftlichen Normen. Auch die Anerkennung der Öffentlichkeit wird mich nicht davon abbringen, ich bin fest entschlossen, diesen Weg bis an die äußersten Grenzen weiterzugehen...

Es leben die Ferien! Daho hat seinen freien Tag mit dem Eispickel an der frischen Luft verbracht – in einem 2.50 m großen Loch. Unerschütterlich und unermüdlich hat er darin herumgebuddelt und sich wie ein Geisteskranker über seine Eisproben hergemacht. Die wackeren Genossen Victor und Geoff, die vor keiner noch so mühseligen Arbeit zurückschrecken, haben sich als Hilfsgraber betätigt. Zum Dank dafür waren sie hinterher von Kopf bis Fuß zu Eis erstarrt... Unser chinesischer Gelehrter, der sich nicht zu fein dafür ist, »Hand an den Schnee« zu legen, ist am Abend ziemlich schlecht beieinander. Er hat sich eine üble Erkältung zugezogen.

Das hindert uns allerdings nicht daran, heute abend ein kleines Fest zu organisieren, und zwar mit der Verpflegung, die uns das Flugzeug gebracht hat. Die Stimmung ist heiter und gelöst und die Luft zum Schneiden dick – Will hat eine Runde kubanische Zigarren spendiert. Schwere, tropische Tabaksdüfte, vermischt mit chinesischen Polarküchendünsten... eine bisher gewiß einzigartige Kombination, ein brandneuer Cocktail! Die Schneegeister unter unserem Zelt trauen wahrscheinlich ihrer Nase nicht...

Ein schöner Abend, eine warme, herzliche Atmosphäre... Frieden... Heiterkeit... Das Schweigen ist nicht lastend, sondern verrät im Gegenteil, daß inzwischen tatsächlich eine gelassene Vertrautheit zwischen uns herrscht...

31. Dezember 1989
–24 °C

Sehr schönes Wetter an diesem letzten Tag des alten Jahres. Strahlende Sonne über einem Terrain, das leider alles andere als strahlend ist... Unzählige Sastrugis sind aus der Versenkung aufgetaucht, um das Jahresende in unserer illustren Gesellschaft zu feiern. Kein Wunder, wo es hier so wenig Touristen gibt! Wir sind zutiefst gerührt über diese Aufmerksamkeit, besonders unsere Kniekehlen. Ohne die liebenswürdige Gesellschaft der Sastrugis wären wir vielleicht längst dem gefürchteten, lebensgefährlichen Eisvirus namens Langeweile zum Opfer gefallen. Unser Hirn, das gegen dieses schleichende Übel völlig machtlos ist, hätte uns wohl längst im Stich gelassen. Wahrscheinlich würden wir unermüdlich hintereinander im Kreis gehen, und unsere Kreise auf dem vereisten Boden würden immer enger werden – bis wir endgültig der Erstarrung anheimfallen würden... Nur gut, daß ihr da seid, heißgeliebte Sastrugis, ihr rettenden Engel, taucht nur immer weiter unter unseren Füßen auf, haltet uns auf Trab!

Daho ist inzwischen wiederhergestellt. Er war nur einen Tag lang krank, an dem er sich elend dahingeschleppt oder vielmehr an seinem Schlitten festgeklammert hat. Ein Bild des Jammers! Es ist merkwürdig, aber jedesmal, wenn das Flugzeug hier war, zeigen sich bei einem von uns Symptome einer hier unbekannten Krankheit. Diese Twin Otter läßt eine Bazillenspur erster Güte hinter sich! Unsere Immunabwehr scheint extrem geschwächt zu sein, wir sind hyperanfällig für Grippe- und Erkältungsattacken.

Heute diskutieren wir in der Mittagspause über das Ende der Expedition. Die Russen in Mirny verlangen, daß wir spätestens am 1. März dort ankommen, denn der Winter kommt schnell in der Antarktis. Das kann knapp werden, wir werden uns ganz schön beeilen müssen. Will ist nicht bereit, auf diese Forderung einzugehen. Er spielt wieder den Querkopf wie bei unserer Ankunft am Pol, und wieder fliegen die Fetzen... »Aber das ist doch alles bloß Gefasel. Müde oder nicht, Hektik oder nicht, wir müssen ein bißchen Dampf machen, sonst kommen wir nie aus diesem Kühlschrank raus!« Nach einigem Hin und Her akzeptiert er schließlich gnädig den Termin, an dem es im übrigen sowieso nichts zu rütteln gibt. Nicht gerade pflegeleicht, unser Will...

Nach diesem Konferenz-Lunch überraschen uns die Hunde mit einem erstaunlich schnellen Tempo, das sie die ganze Zeit über beibehalten. Streckenweise stürmen sie dahin, als ob sie begriffen hätten, daß das Ziel nicht mehr fern ist. Sie sind inzwischen richtige »Antarktis-Profis« geworden, die ganz selbstverständlich ihren täglichen Spaziergang auf dem vertrauten Territorium hinter sich bringen. Sie haben Ely in Minnesota völlig vergessen, die steinigen Wege, die Bäche, die grünen Bäume – und nicht nur Ely, sondern die ganze restliche Welt. Es ist ein immer wieder neues Vergnügen, mit diesen Tieren zu leben, sie beim Spielen zu beobachten oder selbst mit ihnen zu spielen, sie einfach nur zu lieben. Für sie gibt es nur noch *eine* Welt: die Antarktis.

1. Januar 1990
–24 °C

Sastrugis ... Sastrugis ... Sie bringen uns noch zum Wahnsinn. Von wegen heißgeliebte Sastrugis! Sie ziehen sich kreuz und quer in alle Richtungen, türmen sich übereinander, überschneiden sich, recken sich einmal steil empor, um sofort wieder tief abzustürzen ... Es ist zum Verzweifeln. Der linke Arm, der den Skistock hält, wird pausenlos durchgebleut. Die Skier verheddern sich, stoßen brutal gegen das angriffslustige Eis. Stöße in den Beinen, schmerzende Schultern, Flüche auf den Lippen! Seit zehn Tagen dasselbe Lied. Aber trotz allem haben wir 40 km zurückgelegt.

Heute abend kommt Daho spät zurück. Nicht von einem Stadtbummel, sondern von seinen täglichen Grabungsarbeiten. Er macht einen erschöpften, aber zufriedenen Eindruck. Unser Gletscherforscher liebt seinen Beruf und übt ihn mit großer Gewissenhaftigkeit aus, ganz egal bei welchem Wetter. Er meint, das Schöne daran sei, daß er die Möglichkeit habe, zu reisen, die Welt zu sehen, Expeditionen mitzumachen. Aber Transantarcica findet er doch »ein bißchen unbequem«. »Falls man mich wieder auf so eine Expedition schickt, sage ich nicht nein, aber nie mehr mit Hundeschlitten ...« Unser Glaziologe ist verwöhnt von den recht komfortablen, wind- und wettergeschützten Fahrzeugen der wissenschaftlichen Expeditionen, an denen er teilgenommen hat. Der Vergleich mit unserer steinzeitlichen Fortbewegungsart fällt offenbar nicht zu unseren Gunsten aus.

Seit fünf Tagen haben wir nicht die geringste Ahnung, welches unsere genaue Position ist. Keine Nachricht von Patriot Hills, kein Funkkontakt mit Puntas Arenas, von unserem Schiff nicht das kleinste Lebenszeichen. Blackout oder Ferien? Am meisten beunruhigt uns die Ungewißheit hinsichtlich des Längengrads. Aber wir bewegen uns auf Wostok zu, auf Victors »Heimat« also, und er gibt vorne sein Bestes. Sein Kompaß scheint bestens zu funktionieren, und er geht bestimmt kein Risiko ein, die sowjetische Basis zu verfehlen, wo ihn seine stolzen Landsleute mit Strömen von Wodka erwarten, bereit, uns ganz nach alter russischer Tradition willkommen zu heißen. Kein Problem, ich glaube, er würde mit verbundenen Augen den Weg dahin finden. Was die Richtung angeht, brauchen wir uns also keine Sorgen zu machen...

3. Januar 1990
−26 °C

Das Thema Sastrugis ist gestrichen – heute abend bekommen sie keine Schlagzeilen in meinem Tagebuch. Aber Tabuthema oder nicht, eins muß ich noch anmerken: Wir sind inzwischen so abgebrüht, daß uns jedes Terrain kinderleicht erscheint. Die Tage werden dadurch eintönig. Meine Gedanken treten auf der Stelle. Es gibt nichts Aufregendes zu berichten. Will klagt, daß er allmählich den Kopf verliert... auch recht, solange er nur seine Beine behält!

Der Wind gibt auf diesem Kontinent keine Ruhe. Er bläst jetzt aus Nordwesten und stößt uns halb vor sich her. Da wir immer noch nach chilenischer Zeit (Puntas Arenas) leben, marschieren wir »nachts«. Um 14.00 Uhr ist es Mitternacht, und man spürt schon recht deutlich, daß sich die Sonne auf der absteigenden Bahn befindet. Die Schatten werden länger, das Licht winterlicher, bleicher, kälter. Um die Mittagspause erreicht das Thermometer seinen tiefsten Stand. Das wär's für heute. Meine Gedanken sind konfus. Unmöglich, ein bißchen Ordnung hineinzubringen. Ich würde ja mein Hirn gern auf dem Schlitten lassen, aber es hört nicht auf mich, es peinigt mich mit tausend bizarren, abwegigen, zermürbenden Einfällen... es ziept und zuckt in allen Winkeln! Ein chaotischer Flohmarkt, bei dem einem die Haare zu Berge stehen. Bis ein einziger Gedanke dem Aufruhr ein Ende macht: »Ich bin in der Antarktis« – und sofort kehrt Ruhe ein.

Höchste Zeit, daß wir zurückkommen.

4. Januar 1990
−26 °C

Empfang in unserem Zelt. Wir feiern Dahos 43. Geburtstag, und wir begießen ihn reichlich, denn wir haben soeben eine nicht ganz unwichtige Neuigkeit erfahren: Thule ist tatsächlich schwanger! Und die Niederkunft ist nicht mehr fern... Sie führt weiterhin das englische Gespann an, als ob gar nichts wäre, aber wir werden sie mit dem nächsten und letzten Verpflegungsflugzeug evakuieren müssen. Ihr Herr ist wütend, daß er dieses »unglückliche Ereignis« nicht verhindern konnte. Das war nicht vorgesehen in seinem Programm, und in seinen Aufzeichnungen hat er sich darüber ausgeschwiegen ... Er hätte es so gern gesehen, wenn seine Thule, diese wunderbare Leithündin, ganz vorne an der Spitze siegreich in Mirny eingezogen wäre (was übrigens noch nicht ganz ausgeschlossen ist). Aber vor allen Dingen paßt Geoff der mutmaßliche Vater nicht! Kuka, ein Hund aus Keizos Gespann. Er ist ein phlegmatisches Tier, ohne Ausstrahlung, ohne Charakter, unkommunikativ, verschlossen, er zeigt für nichts und niemand besonderes Interesse, übrigens auch keine Aggressionen ... Genau der Hund, den niemand als »Vater« haben möchte! Er marschiert und zieht den ganzen Tag mit zäher Ausdauer, die Augen geschlossen, die Schultern eingezogen. Am Abend plumpst er schwerfällig hin und schläft wie ein Stein bis zum nächsten Morgen. Ein Phänomen. Und ganz sicher nicht das große Los ... Daß ausgerechnet er Thule »verführt« haben soll, kommt uns völlig absurd vor. Die Mysterien der Hundenatur sind eben unerforschlich ... Heute nachmittag schlägt das Wetter plötzlich um. Riesige, grauschwarze Wolken versperren den Horizont, als ob sie aus dem Boden herausgequollen wären, und sie verhüllen mit ihren düsteren Massen jeden Fingerbreit unserer Route. Wir marschieren endlos lange im totalen Nebel weiter. »Sicht« ist mittlerweile schon zu einem Fremdwort für uns geworden ... Aber dann reißen die bleigrauen, schweren Nebelmassen plötzlich auf, und eine phantastische Nebensonne mit mehreren Ringen schält sich aus durchsichtigen Dunstschleiern hervor ... Ein Schauspiel von unbeschreiblicher Schönheit. Aber um so viel Pracht zu bewundern, müssen wir eben so weit in die Dunkelheit, in die Hölle vordringen ...

Diese neuerliche Schlechtwetterfront ist eine Abwechslung nach den ewigen Blauschattierungen, die uns allmählich schon zu monoton geworden sind. Alles wird irgendwann langweilig. Es erinnert uns auch an die düsteren Tage auf der Halbinsel – ein Wort, das bei uns nur die schlimmsten Assoziationen hervorruft: Unwetter,

Stürme, Qualen, Zweifel, Gefängnis ... Besser, man spricht es gar nicht aus!

Ich habe heute wieder vom Erebus geträumt und mir bereits das Abseilungssystem für den Abstieg zum Lavasee ausgedacht. An diesem Ort, wo Feuer und Wasser aufeinandertreffen, kann man alle Erscheinungsformen des Wassers beobachten: Dampf, Tropfen, fließendes Wasser, Regen, Dunst, Schnee, Eis ... und alle Formen des Feuers: Glut, Funke, Flamme, Flugasche, Lava. Die beiden Elemente können sich gegenseitig zerstören, oder vielleicht sollte man eher sagen, verwandeln, läutern ... Schöne Bilder, faszinierende Bilder ...

6. Januar 1990
−14 °C!

Frühlingshaft mild heute! Ich mußte sogar meinen Anorak ausziehen. Hoffentlich komme ich nicht um vor Hitze, wenn ich erst wieder Plus-Temperaturen erlebe. Seit einiger Zeit wasche ich mich nach der sowjetischen Methode. Nein, keine barbarischen »Snow showers« wie unser Wikinger. Aber statt mit den heißen asiatischen Handtüchern reibe ich mein Gesicht mit gebrauchten Teebeuteln ab und wasche abends meine Füße mit Schnee. Das ist sehr angenehm.

Heute ist mir die Zeit wie im Flug vergangen. Ich habe mir ein »Haus der Natur« ausgedacht, eine Schule, in der die sinnliche Wahrnehmung gefördert und geschärft werden soll, deren wichtigster Lehrmeister die Stille wäre. Denn wir brauchen kein enzyklopädisches Wissen, sondern eine »affektive Kenntnis« der Natur, ein Wissen, das man sich nur im direkten Kontakt mit ihr aneignet, das einem sinnliche Orientierungshilfen gibt: ein Klang, ein Bild, ein Geruch ... Empfindungen, Eindrücke, Gefühle, die sich tief einprägen und die man für immer im Gedächtnis bewahrt.

9. Januar 1990
−31 °C

Der Sommer geht seinem Ende entgegen. Die Temperatur ist wieder »normal«. Seit einigen Tagen ist der Schnee nicht mehr sehr gleitfähig, an manchen Stellen hat man das Gefühl, über Sand zu laufen, und wir müssen uns kräftig auf unseren Skiern abstoßen, um voranzukommen. Trotzdem tauchen hin und wieder ein paar rebellische Sastrugis auf, aber die Oberfläche ist viel weicher, brüchiger. Noch eine der zahllosen Formen, die das Wasser annehmen kann ... Wir bauen weiterhin unsere Schneehügel, wie wir das bereits seit dem Südpol machen. Die Route nach Wostok ist damit gekennzeichnet, vielleicht für Jahre. Man braucht nur diesen kleinen weißen Hügelchen zu folgen, den Zeugen unserer Expedition.

Zwei Tage im Kalender, aber für uns war es nur einer, denn wir haben bei der Zeitumstellung 24 Stunden verloren. Wir leben jetzt nach der Ortszeit (105° Ost), also 7 Stunden nach der Normalzeit. Da das Flugzeug, das sich nach chilenischer Zeit richtet, uns gestern zum letztenmal unseren Nachschub gebracht hat und die Russen mit uns den restlichen Weg bis Mirny organisieren, haben wir uns der Wostoker Zeit angepaßt. Der Sonnenstand ist jetzt schon deutlich niedriger. Der Temperaturunterschied zwischen Tag und Nacht beträgt bereits 8 °C. Von nun an wird es am Tag wärmer sein, aber dafür werden wir die Sonne im Gesicht haben – wir müssen also Sonnenschutzcremes benützen, Gesichtsmasken und Sonnenbrillen tragen, denn wir bekommen nicht nur 100 % direkte, sondern auch 90 % reflektierte Sonnenstrahlung ab. Nach soviel Schatten eine Flut von Sonnenlicht!

Gestern haben wir also dem Flugzeug Lebewohl gesagt, das uns fünfeinhalb Monate lang versorgt und bis auf 82°S/105°O begleitet hat. Es hat mir einen ziemlichen Stich ins Herz versetzt, wie immer, wenn uns die Twin Otter verließ, aber diesmal ums Zehnfache stärker. Sie wird nicht wiederkommen. Adieu!

Die Hunde ahnen gar nicht, wie teuer ihre Nahrung ist! Die sechs Kisten, die uns gestern gebracht wurden, haben uns ein Vermögen gekostet. Das teuerste Menü der Welt. Das Hundefutter ist zunächst auf einem polnischen Schiff von den USA nach Le Havre transportiert worden, die Strecke Le Havre – Mirny hat die Luxusnahrung an Bord des sowjetischen Schiffes *Academic Fedorow* zurückgelegt, um dann von russischen Kettenfahrzeugen nach Wostok und von Wostok mit der Twin Otter hierhergebracht zu werden. Warum auch einfach, wenn es umständlich geht ... Die er-

Unser zuverlässiges »Mädchen für alles«, die Twin Otter mit Schneekufen

staunliche Odyssee dieser harmlosen Kisten zeigt deutlich, wie komplex die Logistik für ein solches Unternehmen sich gestaltet, und daß drei Jahre Vorbereitungszeit sicherlich nicht verschwendet waren . . .

Das Flugzeug hat Junior, Sodapop und Kuka mitgenommen, sie müssen erst wieder neue Kräfte sammeln. Außerdem Thule, die in Wostok ihren Nachwuchs zur Welt bringen soll. Dort wartet schon der Doktor, der »Geburtshilfe« bei Thule leisten wird. Und der »Operationssaal« ist bereits auf die gewünschte Temperatur (+ 10 °C) vorgewärmt. Wir brauchen uns keine Sorgen zu machen, alle unsere Tiere sind in den besten Händen. Für die Basisbewohner ist diese Geburt ein großes Ereignis, das sehr gewissenhaft und liebevoll vorbereitet und dann sicher auch gebührend gefeiert wird. Wenn alles klappt, werden wir in zehn Tagen zu ihnen stoßen. Nach unserer neuen Zeit ist es fast Mitternacht, aber wir sind natürlich noch nicht sehr müde. Daho beendet draußen gerade seine umfangreichen Glaziologenmanöver. Er schuftet seit vier Stunden, und

Alle Teile der Schlittenladung müssen mit größter Sorgfalt festgezurrt werden, vor allem die wertvolle Hundenahrung

diesmal hat er Geoff, Victor und Keizo als Hilfstruppe angeheuert (sieh an, Will ist ihm entwischt . . .).

Durch den offenen Zeltverschluß dringen ein paar Sonnenstrahlen herein. Das Licht ist rein und blaß wie im Winter. Die Farben unserer Schlittenausrüstung bilden einen lebhaften, warmen Kontrast zu den Blauschattierungen der sanft gewellten Schneefläche . . . Die Stille ist grenzenlos, kein Lufthauch. Mein ganzer Körper tankt sich mit der Atmosphäre dieses Polarlebens auf, das ich so sehr liebe. Und in solchen Augenblicken tiefer Ruhe und Gelassenheit wünsche ich mir, daß die Zeit stillstehen möge. Dann spüre ich eine echte Übereinstimmung zwischen diesem magischen Ort und unserem kargen, bedürfnislosen Dasein. Und ich möchte, daß es für immer, für alle Ewigkeit so bleibt. So versinke ich bereits in Nostalgie, noch bevor unsere Reise zu Ende ist!

12. Januar 1990
– 38 °C am Morgen, – 31 °C am Nachmittag.

Die Zeitumstellung hat uns völlig aus dem Rhythmus gebracht, und wir marschieren wie in Trance ... Keizo hat gestern an seinen Schlitten angehängt geschlafen. Im übrigen macht uns Polarzombies die Sonnenbestrahlung zu schaffen, gegen die wir uns jetzt mit allen Mitteln schützen müssen. Nach 40 km intensiver Strahlung brennen unsere Augen wie verrückt, und sie tränen um die Wette.

Also, nichts wie weg hier. Ich weiß schon gar nicht mehr so recht, *wer* hier marschiert, ich lasse diesen Jemand friedlich seines Weges ziehen und flüchte mich in die Natur. An einen stillen Teich, über dem sich die Libellen paaren ...

15. Januar 1990
– 33 °C morgens, – 22 °C abends.

Alles ist in einen leichten, schwebenden Sommernebel gehüllt, in dem sich die Lichtstrahlen brechen. Es ist warm!

Thule hat vier Junge geworfen. Sie hat sie sofort aufgefressen. Wie gräßlich. Komische Sitten sind das. Mir ist dieses Verhalten ein Rätsel. Der russische Arzt in Wostok hat mich über Funk gefragt, was nun mit Thules Milch geschehen soll, nachdem die Kleinen verschwunden sind ... Ein Problem, mit dem der Arzt der russischen Basis noch nicht allzuoft konfrontiert war ... Er fühlt sich überfordert. Man wird sich etwas einfallen lassen müssen ...

Eine Meldung in Radio France Internationale: Titouan Lamazou führt im »Globe Challenge« vor Loïc Peron. Bravo! Die Architekten Oliver Petit und Luc Bouvet, die die Boote der beiden Spitzenkandidaten konzipiert haben – wie auch unsere UAP Antarctica – können stolz sein. Ich kenne Titouan, der diesen Segelwettbewerb gewinnen dürfte, von der Pen Duick 6. Hoffentlich übertreibt er es nicht, stürmisch, wie er nun mal ist, so daß zum Schluß noch alles in die Brüche geht ..., aber er ist inzwischen ein Profi. Vorwärts, Titouan!

Vorgestern nachmittag habe ich das »Schlußlicht« gemacht und Wills Gespann alleine gelenkt, denn Will wollte vorne Fotos schießen. Es war eine phantastische Fahrt, und ich habe Lust bekommen, später einmal eine Schlittenfahrt im Wald zu machen. Ich habe das Ganze sehr genossen, es hat mich an meine einsamen Reisen erinnert. Eins ist sicher, ich werde mir demnächst wieder eine kleine Ein-Mann-Tour genehmigen. Keine Polüberquerung, und ich werde auch keinen Schlitten hinter mir herziehen, sondern mit einem Hundegespann fahren, vielleicht im Norden von Skandinavien.

Warum nicht? Solche einsamen Abenteuer sind äußerst förderlich für eine gute Beziehung zu sich selbst und damit auch zu anderen. Vor einem Monat haben wir den Pol verlassen, und heute überqueren wir den 80. südlichen Breitengrad ... 10° in einem Monat, das ist bei dieser Höhe eine schöne Leistung. Wir werden vermutlich am Abend des 18. Januar in Wostok eintreffen.

16. Januar 1990
−36 °C morgens, −27 °C abends.

Warm heute morgen. Aber dann kam Wind auf, und die Kälte kehrte mit verdoppelter Kraft zurück. Unmöglich, unsere Position herauszubekommen. In unseren Basiscamps hat sich offenbar eine große Nachlässigkeit breitgemacht. Sehr unangenehm, dieses Gefühl völliger Isolation, und ebenso der Gedanke, daß unsere engsten Mitarbeiter mit anderen Dingen beschäftigt sind, daß unsere Kümmernisse sie kalt lassen ... Wir möchten vor allen Dingen gern unseren Längengrad wissen. Was den Breitengrad angeht, gibt uns Dahos Rad einen ziemlich guten Anhaltspunkt. Geoff hat beschlossen, seinen Sextanten hervorzuholen, falls wir heute abend unsere ARGOS-Positionsbestimmung nicht erhalten.

Steph hat sich endlich doch herbeigelassen, uns ein Telex aus Paris zu übermitteln. Leider stammt die Positionsbestimmung vom 13. Januar! Danke, Steph, die hatten wir bereits. Außerdem zeigt sie eine Längengradabweichung von 14′ an. Wer hat recht? Spannung. Und was ist überhaupt mit unserer »Kommunikationsschaltstelle«, nämlich unserem Schiff und seiner Besatzung? Ich bin zwei Tage lang mit einer solchen Wut im Bauch herumgelaufen, daß ich schon Magenschmerzen davon bekommen habe.

Da meine kurzen, scharfen Botschaften bisher ohne jedes Echo geblieben sind, habe ich jetzt eine Bombe lanciert, die die Leute auf Trab bringen dürfte: MAJOR GEOGRAPHICAL DISCOVERY – große geographische Entdeckung! Eine Nachricht von dieser Art müßte einen ganz schönen Wirbel verursachen. Vor allen Dingen bei den amerikanischen Journalisten, die auf solche Scherze nur zu leicht hereinfallen, zumal sie das von mir nicht gewohnt sind. Im übrigen steckt sogar ein Körnchen Wahrheit in dieser Information, denn schließlich haben wir die Entdeckung gemacht, daß die »Area of Inaccessibility« eben doch nicht unzugänglich ist...

Thule ist anscheinend gut in Form. Die Milchproduktion ist ausgeblieben. Vielleicht hat sie ja deshalb ihre Kinder aufgefressen. Sie wartet ungeduldig auf die Ankunft der Karawane, heißt es, und wird bis Mirny wieder als stolze Leithündin vorausgehen. Offenbar reizt sie das Abenteuer mehr als die Freuden der Mutterschaft...

13 Victor Wostok

17. Januar 1990
−36 °C morgens, −27 °C abends

Der Schnee wird immer tiefer. An manchen Stellen sinken unsere Skistöcke bis zu den Griffen ein. Aber die Hunde leiden nicht allzusehr darunter, denn so weit verschwinden ihre Pfoten nicht im Schnee!

Heute verbringe ich den letzten Abend und die letzte Nacht mit Daho unter einem Dach; wir waren 32 Tage zusammen. Unser Zusammenleben war leicht, einfach, unsere Beziehung rücksichtsvoll und angenehm, ganz und gar problemlos. Wir haben einander in einer Atmosphäre gegenseitiger Achtung nach und nach besser kennengelernt. Mein Chinese hat Bekanntschaft mit der französischen Küche gemacht, jedenfalls mit den wenigen kulinarischen Spezialitäten, die ich bei den spärlichen Zutaten und der primitiven Küchenausrüstung zustande gebracht habe. Und ich hatte ja oft genug Gelegenheit, seine chinesischen Gerichte zu würdigen.

Durch ihn habe ich einen besseren Einblick in die innenpolitischen Strukturen und Probleme seines Landes bekommen. Ich habe erfahren, wie schwierig es ist, dieses riesige Territorium effizient zu verwalten, ich habe viel über die notorische Armut des Landes gehört, über den Mut seiner Bewohner, über ihren Fleiß, ihre Ausdauer... Was Daho mir erzählt hat, war so faszinierend, daß ich gerne noch mehr darüber erfahren möchte. Ich habe durch seine Reaktionen auch die chinesische Empfindlichkeit entdeckt, ein Phänomen, das sicherlich durch das Unterlegenheitsgefühl gegenüber den reichen Nationen, die ihren Überfluß hemmungslos zur Schau tragen, noch verschärft wird. Er war sichtlich geschmeichelt, als ich den Wunsch äußerte, eines Tages seine Heimat zu besuchen. Er nimmt diese chinesische Reise sehr ernst und wird sich um eine offizielle Einladung für mich bemühen.

Er hat viel ausgestanden, unser Daho. Ich fresse einen Besen, wenn er nicht mindestens 10000 Mal mit der Nase im Schnee gelandet ist. Wir haben alle seine Tapferkeit und seine Ausdauer bewundert, und sein schüchternes Lächeln nach jedem Sturz war eine eindrucksvolle Lektion für uns. Mit derselben unerschütterlichen Geduld zählt er weiterhin die Stunden, die uns noch von unserer Ankunft in Mirny trennen. Er kann jetzt wirklich kaum noch das Ende der Reise und das Wiedersehen mit seiner Familie erwarten. An Expeditionen, die körperlich so anstrengend und so hart sind wie die unsere, war er nicht gewöhnt. Aber seine schlimmste Erfahrung ist dennoch eine Strapaze psychischer Natur: die 70 Tage in Wills Zelt! Denn der behandelte ihn nie wie einen ebenbürtigen Partner und stellte ihm keine einzige Frage über sein Land, seine Arbeit, seine Familie... Dieser Steger ist mir schon manchmal ein Rätsel...

18. Januar 1990
–26 °C

Heute morgen Kurs auf Wostok! Gut und schön, aber was ist der richtige Kurs? Die Frage aller Fragen, die sich uns beim Aufbruch stellt... Nach der letzten Positionsbestimmung, die wir gestern bekommen haben, befinden wir uns einen Längengrad östlich von unserem Ziel, das bedeutet 19 km auf diesem Breitengrad. Keine neuen Infos bei der letzten Funksitzung ... Victor wird sich von seinem Instinkt leiten lassen müssen, aber vor allen Dingen von seinem Herzen, denn auf ihn warten dort seine Freunde, Wostok ist »seine« Stadt in der Antarktis. Es ist sein großer Tag, er kann es kaum erwarten. Ich bin sicher, daß er uns schnurstracks ans Ziel bringt! Zumal uns unverhofft Hilfe zuteil wird: Gegen Mittag steigt ein russisches Flugzeug auf und kreist über der Basis, um uns die Richtung zu weisen. Uff! Gott sei Dank, denn wir sind doch viel zu weit nach Osten abgewichen. Es ist nur ein Punkt am Himmel, aber er ist uns nicht entgangen. Also Kursänderung ... Gegen 13.00 Uhr hat uns die Antonow 28 gesichtet (das Versorgungsflugzeug der russischen Basis, eine sowjetische Kopie der Twin Otter). Die Maschine kreist zwei oder dreimal ziemlich dicht über unseren Köpfen, dann verschwindet sie wieder in Richtung Wostok. Super! Das nenne ich Organisation! Victor braucht sich nicht mehr auf sein »feeling« zu verlassen, jetzt übernehmen unsere Augen das Kommando. Nach der Mittagspause zeichnen sich zwei Punkte immer deutlicher am Horizont ab. Hurra! Unser Wikinger ist so berauscht vor Freude, daß er buchstäblich im Zickzackkurs vor uns herzieht. He, Genosse, der gerade Weg ist immer noch der kürzeste!

Die »Stadt« wird allmählich größer. Ich liebe diese Ankunftstage! Man erlebt sie mit sehr subtilen, gemischten Gefühlen: einerseits die Freude, daß man wieder eine Etappe hinter sich gebracht hat, die beruhigende Aussicht auf ein bißchen menschliche Wärme und Komfort, andererseits erfüllt einen bereits eine gewisse Wehmut. Man trauert dem Vergangenen nach, das noch so nahe, beinahe körperlich greifbar ist und doch bereits unerreichbar, für immer vorbei ... Aber zurück in die Gegenwart: Etwas Schwarzes holpert uns auf dem Schnee entgegen. Es ist eines dieser monströsen Kettengefährte, von denen der Stützpunkt versorgt wird, ein riesiges, knatterndes Horrorinsekt. Aber wenn schon, wir sind glücklich. Für einen Händedruck und einen freundlichen Willkommensgruß würden wir unsere Seelen dem Teufel verkaufen!

Das Monster hält etwa hundert Meter vor uns an. Jetzt, wo es stillsteht, sieht es noch furchterregender aus. Victor, dem vor Rührung die Tränen in die Augen schießen, setzt sich zögernd in Marsch... Er geht wie ein Automat, so überwältigt ist er von seinen Gefühlen. Sascha, sein Freund, der Chef der Basis, kommt ihm entgegen... Sie fallen sich um den Hals, und dann folgt eine überschwengliche, lärmende Begrüßung... Etwa zehn Männer steigen jetzt aus dem Lastwagen und kommen zu uns. Ein großer Augenblick, auch die Hunde kommen in puncto Streicheleinheiten auf ihre Kosten... Victor ist im siebten Himmel, er trifft hier alle seine ehemaligen Expeditionsgefährten wieder. Seit sechs Monaten träumt er von diesem Wiedersehen, tausendmal hat er uns diese Szene unter viel Gelächter ausgemalt...

Wir machen uns wieder auf den Weg, angeführt von dem russischen Kettenmonster. Noch zwei Stunden bis Wostok, aber wir denken nur an das Fest, das uns dort erwartet. Und wir werden nicht enttäuscht. Der Empfang entspricht durchaus Victors ausufernden, phantastischen Schilderungen: Gruppenfotos, das traditionelle Salzbrot, Hühnchen, Champagner, Sauna... Eine wundervolle Atmosphäre, die uns beweist, daß die berühmte russische Seele noch sehr lebendig ist und unser Victor nicht der einzige, der diesen unbeschreiblichen, unwiderstehlichen slawischen Charme besitzt... Wir sind völlig überwältigt von der selbstverständlichen Gastfreundschaft, von der Wärme und Herzlichkeit, mit der wir hier aufgenommen werden.

Wir verbringen einen unvergeßlichen Abend in der Gesellschaft dieser temperamentvollen »Riesen« mit den gutturalen Stimmen. Sie machen ihrem Ruf als große Trinker vor dem Herrn alle Ehre, und wir sechs fühlen uns hier zu Hause, auf freundschaftlichem Boden, mitten in dieser verschneiten Steppe am Ende der Welt. Der Wodka fließt in Strömen, unmöglich, sich dieser Begrüßungstradition zu entziehen, das starke, belebende Gebräu ist ein absolutes Muß! Auf unseren Organismus, der eine solche Behandlung nicht gewöhnt ist, wirkt es verheerend... Nach kurzer Zeit schwebt mein Kopf irgendwo über den Schultern, aber das macht nichts. Ich fühle mich rundum wohl unter diesen urwüchsigen Russen, die direkt dem Reich Iwans des Schrecklichen entsprungen sein könnten... Der weiße Alkohol kreist in meinen Adern, tausend warme, verständnisinnige Blicke werden ausgetauscht, meine Lippen tun weh vom vielen Lächeln, ich schwanke ein bißchen auf meinem Stuhl ... Na, wenn schon, meine slawischen Freunde werden mich schon aufsammeln, falls ich auf den Boden in die zerschmetterten Wodkagläser stürze – Scherben bringen Glück!

Will hat längst aufgegeben, er ist mit dem Kopf zwischen den Armen über seinem Teller zusammengebrochen. Ein denkwürdiges Fest, sage ich mir zwischen zwei herzhaften Umarmungen mit meinen Nachbarn, und ich hoffe aus tiefster Seele, daß die Zeit *einmal* stillsteht, nämlich hier und jetzt. Stop, laßt uns wieder ein bißchen Mensch sein, aus den Tiefen der erbarmungslosen Eiswüste zurückfinden und hier ein paar Stunden lang in die warme, sorglose Atmosphäre eintauchen – Stunden, die sich in Jahre verwandeln!

Wostok ist eine Ruheetappe, ohne Medienrummel. Nur das Telefon hat Hochbetrieb, denn wir müssen mit der Basis Mirny unser großes Finale am Indischen Ozean absprechen. Während wir auf Wostok zumarschierten, habe ich mir die ganze Zeit vorgestellt, wie es sein würde – *falls* wir es schaffen –, das Ende von Transantarctica, die Ankunft in Mirny ... Ich sah alle meine Freunde, die Journalisten, die Leute von der Basis vor mir ... wie sie unserer Ankunft entgegenfieberten ... und dann plötzlich der Aufschrei: Da sind sie, da sind sie! In diesem Augenblick steigen mir sicher die Tränen in die Augen ... Das wird das Ende unseres wunderbaren Abenteuers sein: Da sind sie! Da sind sie! Ich habe mir das Ganze so intensiv vorgestellt, daß ich die Rufe wirklich hörte! Und plötzlich bin ich weit, weit weg, am Hang von La Fontasse, wo ich mit meinem Vater und Großvater in der glühenden Julihitze ungeduldig auf die Durchfahrt der Tour-de-France-»Helden« warte. Die Spannung steigt und steigt, bis zwei oder drei Kurven weiter unten die ersten Rufe erschallen: Da sind sie, da sind sie! Ich habe eine richtige Gänsehaut bekommen ... Auf dem Weg nach Wostok, hinter unserem russischen »Schneepflug«, durchlebe ich diese Kindheitserinnerungen noch einmal, mit einer Rührung, die ich sorgfältig hinter meiner großen Gletscherbrille verberge.

21. Januar 1990
– 36 °C am Morgen, – 26 °C am Abend.

Zwei Tage haben wir jetzt mit dem Zauberkasten namens Telefon verbracht. Er steht im Zentrum unseres Interesses, alles dreht sich nur um ihn. Der chaotische Gesprächsreigen mit aller Welt beginnt immer wieder von vorne ... Die Kontakte zur Außenwelt haben sich wie von selbst wiederhergestellt, als sei nichts gewesen. Anscheinend ist alles für unsere Ankunft in Mirny bereit, desgleichen für die Fernseh-Direktübertragung in Antenne 2 ... Die Mobilisierung der Hauptstädte und Staatsoberhäupter wird von Tag zu Tag konkreter, verkündet mir Steph aus Paris, wo er zusammen mit Cathy de Moll (Wills Mitarbeiterin und rechte Hand) wie ein Geisteskranker herumagiert. Also scheint alles in bester Ordnung zu sein, abgesehen von einer unbekannten Größe – dem Schiff UAP Antarctica, das möglicherweise wegen unüberwindlicher Packeismassen nicht bis zum Stützpunkt Mirny vordringen kann. Sehr unangenehm, diese Ungewißheit. Vermutlich werden wir umdisponieren und auf einem sowjetischen Schiff in Richtung Neuseeland in See stechen ... Ich werde der Besatzung diese (bisher noch nicht endgültige) Entscheidung per Telex mitteilen. Sie sind bestimmt enttäuscht, aber wir möchten nicht bis zum letzten Augenblick von den Launen eines unberechenbaren Ozeans abhängig sein.

Gestern abend konnte ich endlich mit Sylvie sprechen. Sie war schrecklich aufgeregt ... Das endlose Warten auf die »Schneeforscher« hat ihr wohl ziemlich zugesetzt. Mein Gott, es wird höchste Zeit, daß ich zurückkomme! Wir müssen uns endlich wiedersehen.

Unser Aufenthalt in Wostok ist sehr erholsam. Alles hier ist einfach, bequem, die Atmosphäre herzlich und spontan. Wir verstehen natürlich kein Wort von dem Redeschwall, der sich über uns ergießt, aber wir verständigen uns mit Gesten und Blicken ...

Morgen kommt unser vorletzter Etappenaufbruch vor dem großen Finale. Die Traktoren, die unsere Verpflegung transportieren, sind schon vorausgefahren. Sie haben eben die Basis verlassen. Die Hunde langweilen sich und fordern lautstark, daß wir uns so schnell wie möglich wieder auf den Weg machen. Super! Die Schlitten sind so leicht, daß wir wie der Wind dahinsausen werden.

22. Januar 1990
– 42 °C am Morgen, – 35 °C am Abend.

Der Abschied von Wostok ist ebenso selbstverständlich, einfach und herzlich wie unsere Ankunft. Besonders Will ist ganz überwältigt von der spontanen, unbekümmerten Freundlichkeit der Russen. Seine antirussische Erziehung ist hier wieder einmal ziemlich ins Wanken geraten ...

Die Einrichtungen der wissenschaftlichen Basis Wostok sind alles andere als perfekt – ein geniales Provisorium, alles notdürftig zusammengebastelt und geflickt, aber es funktioniert!

Am erstaunlichsten ist die Bohrvorrichtung – man muß sie gesehen haben! Aber trotz der völlig überalterten, primitiven Ausrüstung halten die Russen den Tiefenrekord. Sie haben eine Eisprobe aus 2500 Metern Tiefe zutage gefördert!

Das Labor sieht aus wie eine Scottsche Polarhütte, die Ausrüstung scheint noch aus Peters des Großen Zeiten zu stammen ... Zwischen den Pipetten und vereisten Mikroskopen sitzt der Wissenschaftler Wladimir Lipenkow mit seinem »Gelehrtenbart«, von Kopf bis Fuß vermummt, denn in diesem Kühlschrank, Verzeihung, Labor, herrscht eine Temperatur von – 11 °C. Die Wände sind aus altersschwarzem Holz mit einem leichten Stich ins Grüne. Auf einem Eckregal kann man seine Sammlung kostbarer Eisreliquien bewundern: Proben aus allen Jahrtausenden vor Jesus Christus, aus unterschiedlichen Tiefen bis zu 2500 Metern entnommen.

Die Nachbarbaracke ist vom selben Typ, aber – und das ist ein gewaltiger Unterschied – beheizt. Es ist das Reich der Geophysiker, die für die Bohrungen verantwortlich sind. Ihr Bohrkopf steckt gegenwärtig in 2450 Metern Tiefe fest. Er ist mit ziemlicher Sicherheit verloren, und sie werden sich wohl oder übel dazu durchringen müssen, ein neues Loch zu graben. Die Bohrmaschine, mit der die Manöver des Bohrkopfs gelenkt werden, sieht aus wie ein alter klappriger Traktor aus den fünfziger Jahren ... Der Chef-Geophysiker spricht ein bißchen Französisch. Eine angenehme Überraschung.

Er hat mit einem Glaziologen-Team in Grenoble gearbeitet, unter der Leitung von Professor Lorius, dem derzeitigen Präsidenten des SCAR (Scientific Committee for Antarctic Research).

Wostok ist jedenfalls ein Beweis dafür, daß die Qualität wissenschaftlicher Arbeit nicht unbedingt an eine perfekte Laborausrüstung und einen Riesenaufwand an hochmodernem Arbeitsmaterial gebunden ist...

Heute abend sind die Traktoren in Sicht, die uns die Route öffnen. Sascha sagt uns über Funk, daß ihnen die Station seit unserer Abreise ziemlich verlassen vorkäme. Wir jedenfalls können uns blind auf das russische Team verlassen, das wir an unserer Seite haben. Sie werden uns jederzeit mit Herz und Hand zur Verfügung stehen, falls wir Hilfe brauchen. Ein tröstliches Gefühl, daß wir auf diesem letzten Stück unserer Reise von soviel Sympathie und Hilfsbereitschaft umgeben sind.

Wir haben heute 45 km zurückgelegt. Ein verheißungsvoller Start!

23. Januar 1990
−45 °C am Morgen, −32 °C am Abend.

Unsere Position macht uns von jetzt an kein Kopfzerbrechen mehr, wir brauchen einfach nur der Spur zu folgen. Fast 50 km! Wir schießen pfeilschnell dahin, denn die sowjetischen »Panzer«, die uns vorausfahren, transportieren einen Teil unseres Gepäcks, und die breiten Kufen der riesigen Schlitten, die sie hinter sich herziehen, öffnen uns eine ideale Piste, wie maßgeschneidert für unsere eigenen Schlitten. Wir brauchen uns nur noch in die Spur zu stürzen. Die Hunde sind paarweise, tandemartig, angeschirrt, und sie sind überglücklich, daß sie endlich so etwas wie einen Weg vor sich haben. Das erinnert sie wohl an Ely und bringt sie ganz aus dem Häuschen. Ein überraschendes Phänomen. Vielleicht verknüpft ihr Tierhirn diese Geländeform mit Bäumen und Unterholzgerüchen... Ich hoffe es, denn die »grüne« Natur fehlt ihnen vielleicht genauso sehr wie uns.

Die »Panzer« fahren uns in einem Abstand von 5–10 Kilometern voraus. Man kann gerade noch zwei schwarze Punkte erkennen, und hin und wieder ist eine dunkle, schwere Rauchfahne zu sehen. Victor nimmt jeden Abend Funkkontakt mit ihnen auf, und manchmal »bestellt« er irgendwelche Lebensmittel, die sie dann auf die Piste legen. Wir sammeln sie am nächsten Tag ein.

Geoff, ein fanatischer Gegner jeglicher mechanisierter Fortbewegungsart, konnte sich bisher noch nicht dazu durchringen, die von den russischen Traktoren gebahnte »Straße« zu benutzen. Aber ich denke, es wird nicht mehr lange dauern ... Der Unterschied ist einfach zu groß – sowohl, was die körperliche Entlastung angeht als auch den Zeitgewinn. Heute haben wir ihm einen Vorsprung von 30 Minuten hingelegt ... Das war noch nie da! Bei diesem Tempo kommt man auf den Skiern nicht hinterher, selbst Victor wird abgehängt. Wir müssen uns also wohl oder übel »abschleppen« lassen, das heißt, wir klammern uns an einer Schnur hinten am Schlitten fest. Auf diese Weise hinken wir nicht meilenweit hinterher, wenn die Hunde wie verrückt losstürmen. Aber wir laufen auch weiterhin einen großen Teil der Tagestrecke.

Heute sind drei Flugzeuge im 30-Minuten-Takt über uns hinweggeflogen, auf dem Hin- und Rückweg: Sie versorgen Wostok von Mirny aus. Genau wie wir schenken sie sich die Navigation. Bei schönem Wetter folgen sie der Traktorenpiste – die Spuren, die diese Fahrzeuge hinterlassen, halten sich von einem Jahr zum nächsten.

Zum Glück sind wir heute leicht vorangekommen, denn ich war die ganze Zeit von einer hartnäckigen Migräne halb lahmgelegt. Ich habe an diesem Rekordtag (50 km!) weder feste noch flüssige Nahrung zu mir genommen ... Am Nachmittag habe ich mich in Sylvies Arme sinken lassen ... Das hat zwar die Schmerzen für eine Weile verdrängt, aber geheilt hat es mich nicht. Heute abend bin ich tief erschöpft. Liegt es an der Höhe, oder ist das wieder eines dieser »Nervengewitter«, denen ich von Zeit zu Zeit zum Opfer falle? Oder einfach nur Nahrungsmangel?

25. Januar 1990
– 44 °C am Morgen, – 33 °C am Abend.

Der Winter macht sich bemerkbar, er rückt unaufhaltsam näher. Die Strecke Wostok-Mirny ist inzwischen zur Routine geworden.

Bis zum »Zielbahnhof« werden wir eine immer gleiche Landschaft an uns vorüberziehen sehen, die Beine in die Spuren der russischen Kettenmonster gestemmt, über uns in regelmäßigen Abständen die Flugzeuge, unsere drei Schlitten wie an einer Perlenschnur aufgereiht... Wie dem auch sei, wir legen täglich 45 km zurück und kommen völlig erledigt an unserem Etappenziel an, zumal diese neue Fortbewegungsart andere Muskeln strapaziert – meine Rükkenmuskeln bringen mir das heute abend schmerzlich zu Bewußtsein. Bei diesem Tempo fliegen wir geradezu ins Ziel! Wir kampieren bei »Kilometerstein 63« – sie folgen einander in jeweils 3 km Abstand auf dem »Weg«... In vier Tagen haben wir 189 km zurückgelegt, also ein Tagesdurchschnitt von 47 km! Eine beachtliche Leistung. Wir kommen unseren Hunden kaum nach, sie schießen mit den superleichten Schlitten wie der Blitz davon. Unglaublich, wie sie uns strapazieren! Will hat Panda und Henk an der Spitze plaziert, zwei Tiere, die sich bereits lange und gut kennen. Panda ist der unbestrittene »leader«. Diese riesige schwarzweiße Fellkugel wiegt bestimmt gut 50 Kilo; er ist das eindrucksvollste Exemplar der ganzen Meute, aber auch eines der anhänglichsten. Ein ausgezeichneter Leithund, bei jedem Wetter, vorausgesetzt, er kann einer Spur folgen, denn er hört nicht auf Stimmkommandos. Hier ist er ganz in seinem Element. Geoff hat seine Thule wieder, die an der Spitze unverdrossen ihre Aufgabe als »Stürmerin« erfüllt. Keizo schlägt sich immer noch mit demselben Problem herum: Er hat bisher keinen unbestrittenen Leithund für sein Gespann gefunden. Er wechselt zu oft, glaube ich, und er probiert zu viele Hunde aus. Sobald einer auch nur den geringsten Fehler macht oder sich entmutigen läßt, holt er ihn in die hinteren Reihen zurück.

Auf dieser engen Piste laufen die Tiere entsprechend dicht aufeinander. Vorne spielen sich häufig Machtkämpfe ab. Jeder will der Boß sein, und sie fallen regelmäßig mit wütendem Geknurre übereinander her und attackieren sich so heftig, daß es uns aus der Bahn wirft. Ein Beweis dafür, daß sie auf diesem leichten Terrain noch genug Kraft und Zeit haben, um sich gegenseitig zu bekriegen...

Ich war heute das Schlußlicht der Karawane. Wenn ich mich umdrehte, war ich ganz allein in der unendlichen Weite, in der großen, weißen Leere der Antarktis. Ich habe zugeschaut, wie unsere Spuren im Eis sich immer weiter entfernt haben, und mir wurde ganz schwindlig bei dem Gedanken, daß über Hunderte von Jahren hinweg vielleicht kein menschliches Wesen mehr hier vorüberkommt...

26. Januar 1990
− 46 °C am Morgen, − 37 °C am Abend.

Der Winter kommt mit Riesenschritten. Die Sonne scheint zwar noch, aber ein leichter, beißender Wind schwächt ihre Strahlungskraft merklich ab. Wir laufen unbeirrbar weiter und lassen die Dreikilometersteine an uns vorüberziehen. Heute haben wir sechzehn davon erledigt, sie liegen hinter uns. Das macht 48 km am Tag! Eine Strapaze für die Wirbelsäule, denn wir müssen mit den Skistöcken kräftig nachhelfen. Heute nachmittag ein richtiger Leidensweg. Der Wind hatte die Spuren der Lastwagen mit Schnee zugeweht, und das bedeutet, daß wir uns in die Riemen legen mußten! Seit Wostok haben wir unsere Zeltpartner gewechselt. Geoff und Victor sind zusammen, ich bin bei Will, und Keizo teilt das Zelt mit Daho. Ich habe unseren Benjamin gefragt, wie er mit Daho zurechtkommt, und er meinte: »Weißt du, das ist, als ob ich bei meinem Großvater hause. Er ist so umständlich und pedantisch, und alles muß sofort abgewaschen und aufgeräumt werden. Und mit dem Essen ist er furchtbar heikel. Aber das schlimmste ist, wenn er sein Gebiß im Teller wäscht...« Der arme Daho! Seine Zähne waren in einem ziemlich schlechten Zustand, als er nach Amerika kam. Er mußte sich auf einen Schlag 16 Zähne ziehen lassen, um eventuelle Entzündungen während der Expedition auszuschließen. Jetzt kann er ein strahlendes Lächeln made in USA vorweisen, aber er muß sein Kauwerkzeug zweimal täglich reinigen. Keizo hat recht, es ist schon ein reichlich seltsamer Anblick, wenn Daho die zahnbewehrte rosa Plastikplatte aus dem Mund nimmt, allerdings ist es noch viel grotesker, wenn er ohne seine Prothese redet oder lacht. Überhaupt verwandelt sich Daho in letzter Zeit immer mehr in einen etwas sonderlichen alten Mann, der fortwährend unverständliches Zeug vor sich hinbrabbelt, am Abend mit kleinen, wackligen Schritten

»von der Arbeit« zurückkommt und sich mit krummem Rücken völlig erledigt in sein Zelt verkriecht. Er tut mir wirklich leid. Die körperlichen und psychischen Strapazen waren einfach zuviel für ihn. Daho, der damals der Chef der Basis »Große Mauer« war, hat sofort ja gesagt, als er für diese Expedition ausgewählt wurde. Aber kurz vor dem Aufbruch hatte seine Frau einen schweren Fahrradunfall, bei dem sie sich einen Becken- und Oberschenkelbruch zuzog. Und das hat Daho den Abschied natürlich nicht gerade leichter gemacht. Seine Frau fehlt ihm sehr, und ebenso sein 16jähriger Sohn. Die Familienbande sind bei den Orientalen unendlich stärker und mächtiger als bei uns Europäern. Daho lebt jedenfalls in ganz anderen Wertsystemen und Denkkategorien als wir. Für ihn ist es höchste Zeit, daß das Martyrium bald ein Ende nimmt. Er zählt wie eh und je die Kilometer, die noch vor uns liegen. Es ist eine richtige Obsession. Man kann ihn zu jeder Tages- und Nachtzeit nach dem Kilometerstand fragen, er weiß die Antwort im Schlaf.

Ich teile mein Zelt mit Will Steger. Vorläufig geht es noch gut... Er arbeitet jeden Abend an den Plänen für sein neues Haus und geht ziemlich früh schlafen. Sein Steinbau wächst sich allmählich zu einer richtigen Festung aus, mit fünf Stockwerken, in denen er die »Business«-Räume unterbringen will. Große Pläne, kann man da nur sagen...

Hier in unserem beängstigend zerbrechlichen Stoffhaus ist die der Sonne zugewandte Seite trocken, aber die Seite, die im Schatten liegt (meine!), ist mit einer Eishaut überzogen. Bald werden wir wieder bürsten müssen. Mein Gott, nichts wie weg hier!

27. Januar 1990
−44 °C am Morgen, −36 °C am Abend.

Wir sind jetzt schon ein halbes Jahr auf diesem einzigartigen Kontinent. Vor sechs Monaten haben wir die bewohnte Welt verlassen, seit sechs Monaten quälen wir uns aus freien Stücken durch diese extreme Kälte und Einsamkeit. Was für ein Wahnsinn! Und doch, wir bereuen es nicht. Was wir dabei gewonnen oder verloren haben, läßt sich sicherlich nicht so ohne weiteres feststellen. Ich weiß nur, daß ich diese grausame Reise machen mußte, und es ging mir dabei nicht nur um den Sieg über die feindlichen Elemente, deren Attacken hier jedes vorstellbare Maß überschreiten, sondern auch um den Sieg über mich selbst. Und dieser Sieg ist gewiß nicht der geringste.

Noch ein Monat bis zu unserer Ankunft in Mirny. Auch wenn wir inzwischen erfahrene »Antarktis-Nomaden« sind und uns an dieses strapazenreiche Leben und an die Kälte gewöhnt haben, wird der Rest der Strecke hart, sehr hart werden. Ein endlos langer Tag heute, für uns Menschen ebenso wie für die Hunde. Ein bösartiger Südostwind hat die ganze Zeit geblasen, und durch den Eisstaub, den er aufwirbelte, war die Sicht auf 500 Meter eingeschränkt. Kuka macht einen erschöpften Eindruck. Wir haben ihn auf den Schlitten gepackt. Buffy ist auch am Ende seiner Kräfte, er wird ebenfalls mit dem Lastwagen reisen. Daho zählt die Tage jetzt schon laut... Ich höre ihn durch die Stoffwände unserer Zelte, die heute abend sehr dicht beieinander stehen. Es ist herzerweichend...

29. Januar 1990
−49 °C am Morgen, −37 °C am Abend.

Ein neuer Kälterekord, aber eigentlich läßt es sich ganz gut aushalten. Es war den ganzen Tag über schönes Wetter, ein leichter Wind blies uns über die linke Wange, und ich habe nicht einmal meine Goretex-Jacke übergezogen. Ich trage, wenn es irgend geht, nur meinen synthetischen Pelzblouson. Das gibt mir ein ungewohntes Freiheitsgefühl, denn wir sind ja sonst immer so dick vermummt.

Nachdem wir zehn Tage lang hintereinander hergefahren sind, ohne uns je zu sehen, verbringen wir heute unseren ersten Abend mit der russischen Eskorte. Im »Panzer« ist es unerträglich heiß – es wird eine ganze Weile dauern, bis wir uns wieder an »normale« Temperaturen gewöhnt haben. Wieder Hühnchen! Das Festmahl ist opulent, und wir machen uns begeistert über die Teller her, aber die Freude währt nicht sehr lange, denn wir sind im Nu pappsatt. Wir sind so sehr an wasserlösliche Nahrung gewöhnt, daß die Muskeln unserer Magenwände nicht mehr reagieren und einfach den Dienst verweigern. Auch »normales« Essen wird für uns eine ziemliche Umstellung bedeuten...

Ein schöner Abend. Diese Russen sind wirklich fabelhafte »Gastgeber«: einfach, herzlich, großzügig. Will ist immer wieder überwältigt.

Wir legen 45 km pro Tag zurück. Das gibt uns einen schönen Vorsprung in unserem Wettlauf mit dem Winter. In zwei Wochen werden hier Temperaturen von −50 °C bis −60 °C herrschen. Und natürlich hat keiner von uns Lust, in dieser Eistruhe herumzutrödeln. Um Mitternacht steht die Sonne jetzt schon sehr tief am Horizont, und die Luft kühlt nachts unglaublich schnell ab. Aber den Hunden macht das nichts aus, sie sind weiterhin in Bestform. Die Sonnenbestrahlung ist tagsüber sehr intensiv, und ihr Fell ist ein guter Wärmespeicher.

Libellen-, Frosch- und Klatschmohntag. Wale habe ich nicht in diese Idylle integriert – sie hätten wohl auch die Versammlung gesprengt, aber ich vergesse sie nicht. Apropos Meer: Bisher keine Nachricht von unserem Schiff und seiner Besatzung. Ich bleibe trotzdem am Drücker, das heißt auf ihrer hypothetischen Frequenz (wofür ich mich morgens um 6.30 Uhr aus dem Schlafsack quälen muß), in der Hoffnung, daß ich eines Tages doch noch von ihnen höre... Wahrscheinlich sind sie sauer wegen des Telex aus Wostok, in dem ich ihnen angekündigt habe, daß wir Mirny an Bord des sowjetischen Schiffs »Professor Subow« verlassen werden.

Heute nachmittag haben wir eine freudige Entdeckung gemacht: Der Horizont fällt ganz leicht zum Indischen Ozean ab. Das hat uns in den letzten beiden Stunden, die immer die schwierigsten sind, enorm beflügelt. Nach 40 km fängt es in den Beinen und Schultern ganz schön zu ziehen an... Aber Vorsicht, es ist nur ein allererstes Anzeichen, daß das Terrain abfällt, und nur für unsere Augen sichtbar. Sie sind so sehr an diesen endlos platten Horizont gewöhnt, daß ihnen keine noch so geringe Abweichung entgeht. Auch die Hunde haben es gespürt. Sie haben sofort ihr Tempo gesteigert.

30. Januar 1990
−46 °C am Morgen, −36 °C am Abend.

Kalt... kalt. Ein eisiger Wind streicht über die Eisfläche. Alltagsroutine in den Spuren der russischen Lastwagen. Keine reine

Freude, denn der Wind weht die Spuren schnell wieder zu, und dann sind sie nicht mehr zu gebrauchen. Die körperliche Anstrengung ist nach wie vor gewaltig. Heute abend habe ich fürchterliche Rückenschmerzen. Kein Wunder, bei den Stößen, die einem der Schlitten erteilt. Ich bin völlig zerschlagen. Auch sonst bin ich nicht gerade in bester Verfassung, denn diese quälende Migräne läßt nicht von mir ab.

Vielleicht ist das der Tribut, den ich für die hyperfetten Mahlzeiten bezahlen muß, die neuerdings bei uns auf dem Speiseplan stehen. Steger regiert in der Küche. Es riecht nach in Butter angebratenem Fleisch, ein echter Härtetest für die Leber. Ein *forty below*-Rezept, ein unbedingtes Muß. Wills Vorbereitungen sind ziemlich planlos, er schüttet eine Unzahl von Gewürzen und beliebigen Zutaten in den Topf. Die Sauce ist inzwischen schlammgrün, eine nicht sehr vertrauenerweckende Farbe. Ob ich das überlebe?

31. Januar 1990
− 44 °C am Morgen, − 34 °C am Abend.

Der letzte Tag eines endlosen Monats, in dem wir eine gewaltige Strecke zurückgelegt haben. Es kommt mir vor, als ob unsere Neujahrsfeier schon ein ganzes Jahr zurückliegt ... Wir sind in einem Tempo durch die Eiswüste gestürmt, wie wir es uns in unseren kühnsten Träumen nicht hätten vorstellen können.

Was hat mir nun eigentlich am meisten gefehlt während dieser Reise? Für die Antwort brauche ich mir nicht lange den Kopf zu zerbrechen: alles, außer Zeit. Genau diese Dimension macht aber unsere Expedition erst zu einem großen Erlebnis, denn Zeit fehlt uns in der Hektik des Großstadtlebens am allermeisten ... Auf diesem letzten, unberührten Kontinent haben wir den ganzen Himmel als Spiegel und einen so weiten Horizont, daß unsere Augen ihn gar nicht mit einem Blick erfassen können. Wir sind mit der Leere des Raums konfrontiert und ganz allein mit unseren Gedanken, ohne jede Anregung von außen, ohne den Alltagsstreß und die intellektuellen Zwänge unserer überinformierten Gesellschaft. Sie ist eine große Befreiung, diese Leere, die dem Denken Raum gibt und die Urteilskraft schärft, in der wir uns verlieren können, in dem Bewußtsein, dennoch festen Boden unter den Füßen zu haben.

Und worauf freue ich mich am meisten, wenn ich an meine Rückkehr in die »zivilisierte« Welt denke? Liebe und Natur, universelle Werte, die ich in dieser Schneewüste oft so schmerzlich vermisse, daß mir die Tränen in die Augen steigen...

14 Der Antarktis-Expreß

1. Februar 1990
−46 °C am Morgen, −37 °C am Abend.

Ein neuer Monat beginnt. Möge es der letzte Monat unseres endlosen Abenteuers sein. Wenn es doch bloß schon zu Ende wäre! Daho, der »chinesische Zähler«, rechnet wie besessen: unseren Tagesschnitt, die zurückgelegten Entfernungen, die Kilometer, die wir noch vor uns haben, und am meisten interessiert ihn natürlich das Datum des großen Finales. Er meint, daß wir Ende Februar ankommen werden. Hoffentlich hat er recht.

Der Wind bläst mit 18–20 km/h von Südwesten her. Unterwegs ist es erträglich, weil wir uns pausenlos auf unseren Skiern und mit den Schlitten abrackern müssen, aber sobald wir auch nur einen Augenblick anhalten, leiden wir entsetzlich unter der eisigen Kälte. Unsere Lunchpause, die doch eine Erholung sein sollte, ist nichts als eine elende Schinderei. Mühsam die Haselnüsse herausfischen, die wir vorher mit den Fausthandschuhen geknackt haben... sich die Zähne an gefrorenem Pemmikan ausbeißen... sich vor den heftigen Windböen in Sicherheit zu bringen... Das geht jetzt seit Monaten so, aber ich werde mich wohl nie daran gewöhnen. Zum Glück bleibt uns heute das Eissoufflé erspart, das einem mit dem Essen in den Mund dringt, sich im Hals einnistet und die Augen zerkratzt, so daß einem die Tränen herunterströmen und auf dem steinharten Bissen zu Eis gefrieren. Aber dieses Vergnügen wird nicht mehr lange auf sich warten lassen. Sobald wir den Abstieg in Richtung Mirny beginnen, müssen wir auf ganze Salven von »Schneedesserts« gefaßt sein, denn die Winde sind dort sehr heftig.

Wenn das Gesicht gefroren ist, ist das Essen nur ein halbes Vergnügen

Ich denke so oft an Sylvie. Dauernd versuche ich, mir unser Wiedersehen vorzustellen. Am 9. Juli des letzten Jahres habe ich Abschied von ihr genommen, und dabei kannten wir uns erst knapp sechs Monate... Unsere Beziehung ist noch sehr jung und zerbrechlich, wenn man die gemeinsam verbrachte Zeit als Maßstab zugrunde legt, und die Palette der Erinnerungen, mit deren Hilfe ich Sylvie heraufzubeschwören versuche, reicht längst nicht aus... Wenn ich zurückkomme, wird es tausend Dinge geben, die neu aufgebaut, neu gelebt sein wollen...

Will verbringt weiterhin den größten Teil des Abends mit den Plänen für sein neues Haus. Es wird immer bombastischer! Er ist sehr stolz, daß es ganz aus Stein ist, denn in Minnesota ist das eine Rarität. Ich dagegen träume von einem Holzhaus über einem See, so wie seine »Trapperhütte« in Ely.

Die zwiespältigen Gefühle, die Will und ich füreinander hegen, überraschen mich immer wieder. Es ist eine Art Haßliebe. In kritischen Situationen kommt unsere Zuneigung ganz spontan zum Ausdruck, so stark ist der Energiestrom zwischen uns. Das ist die schöne Seite an unserer problematischen Beziehung, sie hilft uns über die schwärzesten, von Mißtrauen und Zweifeln vergifteten Augenblicke hinweg. Victor ist wieder in Hochspannung. Er unterhält einen regen Funkkontakt mit der sowjetischen Basis Komsomolskaja, die wir morgen erreichen werden. Er legt Wert darauf, daß dort alles für unseren Empfang bereit ist, um uns einen neuerlichen Beweis für die berühmte russische Gastfreundschaft zu liefern...

2. Februar 1990
−45 °C am Morgen, −49 °C am Abend.

Bravo, Victor! Der Empfang übersteigt alle Erwartungen. Die Atmosphäre in Komsomolskaja ist fröhlich, ungezwungen, großzügig, ohne jeden Mißton. Sechs Männer leben in dieser Basis. Sie wohnen in drei Holzbaracken, die 1957 aufs Eis gesetzt wurden. Nichts hat sich seither verändert, nicht einmal der Anstrich! Unsere Russen arbeiten und leben wie Eremiten in dieser Umgebung, der die Zeit ihren Stempel aufgedrückt hat... Sie haben unseren Besuch voll Ungeduld erwartet, das ist das mindeste, was man sagen kann. Die

Ein-Personen-Sauna ist schon vorgeheizt, »aber bitte nicht mehr als zwei Eimer heißes Wasser zum Waschen nehmen«. Strikte Regelung . . . Wir tauchen der Reihe nach für 15 Minuten in den heißen Dampf ein. Eine wahre Wonne!

Dann kommt das Festessen. Auf dem Tisch hat sich eine Kruste von diversen ineinander verklebten Wachstuchresten abgelagert, die Spuren eines 33jährigen Gemeinschaftslebens. Aber das erstaunliche Gebilde verschwindet schnell unter einem weißen Bettlaken, gefolgt von einem ganzen Wald von Wodkaflaschen und anderen hauseigenen »Killern«.

Als wir uns setzen, ruft Victor: »Beeilt euch, sie sind schon ganz ausgetrocknet!« Gorbatschow hat 1985 ein Alkoholverbot für die Forschungsstützpunkte erlassen, und nur der Chef, der die Schlüsselgewalt für den »Keller« hat, kann bei außergewöhnlichen Anlässen diese Regel außer Kraft setzen. Und das ist ein außergewöhnlicher Anlaß! Übrigens wurde der Empfang für Transantarctica von langer Hand vorbereitet. Unsere Gastgeber haben sogar extra ein paar Spezialitäten importiert, um unsere Durchreise gebührend zu feiern: Weißwein aus Georgien (Stalins Hausmarke) und armenischer Cognac vom »Berg Ararat«.

Sergej, der Chef der Basis, hält eine Begrüßungsansprache, die er kaum zu Ende bringen kann, weil er wegen der dünnen Höhenluft und vor lauter Rührung ganz außer Atem kommt. Victor betätigt sich als Simultandolmetscher. Die Worte sind von rührender Schlichtheit. Um den Kloß im Hals hinunterzuspülen, stürzen wir uns endlich auf die randvollen Gläser, die schon seit einer halben Stunde bereitstehen. In einem Winkel der Hütte thront ein Porträt von »Gorbi«, ein ganz junger, pausbäckiger Gorbatschow, vor dem noch ein weiter Weg bis zu seinem Durchbruch zu den höchsten Staatsämtern liegt. Das Porträt ist von den Etiketten sämtlicher Wodkasorten umrahmt, die in der Sowjetunion aufzutreiben waren, bevor »Gorbi« den Daumen draufgehalten hat . . . Außer dem Funkspezialisten spricht keiner unserer Gastgeber Englisch. Victor übersetzt pausenlos. Aber die Blicke, die wir tauschen, zählen nicht weniger als Worte. Zumal wir im Lauf des Abends am eigenen Leib erfahren, was »trinken« auf russisch heißt: in einem Zug ein volles

Glas leeren, das aber nie leer wird, weil es sich wie von selbst wieder füllt, und zwar nur mit Schnäpsen der härtesten Sorte...

Zum Essen Lachs, Wurst, Kartoffeln und Braten mit Sauce. Ein »Dilettanten-Menü«, flüstert mir der Chef zu. Ich protestiere lebhaft und versichere ihm, daß wir es mit dem Werk eines begnadeten Meisterkochs zu tun hätten...

Das Zechgelage ist in vollem Gang, und es sieht so aus, als ob das noch lange so weitergehen könnte. Victor gibt jedenfalls sein Bestes. Keizo und Daho, die am Anfang kräftig mitgehalten haben, lassen allmählich nach, dem höllischen Tempo der Kosaken sind sie einfach nicht gewachsen. Will trinkt nur mäßig. Plötzlich läßt er einen fahren! Die Russen überhören es höflich. Sie verziehen keine Miene, vielleicht glauben sie, daß das bei den Amerikanern zum guten Ton gehört... Will kann es wieder mal nicht fassen: Das sind also die »roten Teufel«, gegen die man ihn in seiner katholischen Schule so nachhaltig aufgehetzt hat! Was mich betrifft, ich halte bis 23.00 Uhr tapfer durch. Dann lasse ich die fröhliche Gesellschaft mit den Überresten des Gelages allein. Die meisten Flaschen sind noch halb voll, vielmehr schon halb leer! Viel Spaß! Victor wird uns königlich vertreten, da bin ich sicher. Er muß schließlich die Ehre unserer Expedition verteidigen...

Im Zelt sind es −49 °C. Und trotz des vielen Alkohols, der in meinen Adern kreist, dauert es eine ganze Weile, bis ich mich in meinem Schlafsack aufgewärmt habe.

3. Februar 1990
−49 °C am Morgen, −43 °C am Abend.

Heute morgen herrscht allgemeine Katerstimmung, und wir verbringen praktisch den halben Tag im Schlafsack. Gegen 14.00 Uhr bekommen die »Überlebenden« einen Film über den Zweiten Weltkrieg zu sehen, in dem sich sowjetische und deutsche Truppen gegenüberstehen...

»The following is very important«, so beginnt das Telex, das wir nach Paris und St. Paul, USA, schicken. Wir kündigen unsere Ankunft in Mirny für den 24. Februar anstatt für den 3. März an, wie es von Paris wegen der Fernsehübertragung gewünscht wird.

Der Winter nähert sich im Eiltempo, und wir können unmöglich noch länger hier ausharren. Die Temperaturen werden jetzt immer tiefer sinken, außer auf den letzten 100 Kilometern, auf denen wir 1500 Meter Höhe verlieren werden. Aber dafür wird uns der Wind aus Südosten mit voller Wucht attackieren. Messner ist für uns ein weiterer Grund, uns zu beeilen. Wenn er vor uns ankommt, bringt er uns um den Triumph dieser ersten nicht mechanisierten Antarktisdurchquerung. Wir haben zwar die dreifache Strecke zurückgelegt, aber die Medien nehmen es nicht so genau, sie feiern den, der als erster ankommt. Und diese Premiere liegt uns schon am Herzen!

Das Telex wird bestimmt wie eine Bombe einschlagen, denn es bringt die ganze Organisation der Live-Übertragung aus der Antarktis durcheinander, an der zahlreiche Länder beteiligt sind.

Das Telex wird als Morsenachricht nach Mirny übermittelt, und von dort aus über das Satellitensystem »Immarsat« im Klartext weitergeleitet. Der kleine Funkraum erinnert an die unmittelbare Nachkriegszeit, die ganze Ausrüstung basiert auf Röhrentechnik. Alles ist schwer, wuchtig. Transistoren sind in Komsomolskaja noch Science fiction! Die Verständigung mit Wostok und Mirny läuft hauptsächlich über den Morseapparat. Das ist übrigens ein Erlebnis – man fühlt sich wie in einer anderen historischen Epoche . . . Unverständliche Botschaften und komische Pieptöne – bip, bip, bip – rufen bei unseren Gastgebern schallendes Gelächter hervor. Man wird unweigerlich davon angesteckt.

Morgen werden wir die Basis verlassen, nachdem wir die Schlittenfracht auf ein Minimum reduziert haben, mit dem Ziel, 48 km pro Tag zu schaffen. Wenn wir weiterhin in den Spuren der Lastwagen fahren, sind wir zum vorgesehenen Termin in Mirny. Aber Daho, unser »Zähler«, bleibt skeptisch.

Ein seltsamer Ort, dieses Komsomolskaja. Irgendwie wirkt es geisterhaft verlassen mit seinen drei Baracken, die von verrosteten Lastwagen und längst verrottetem, unbrauchbarem Material umgeben sind. In einer Ecke liegt sogar ein altes Flugzeugwrack, die Schnauze nach oben. Eines Tages wird es ganz im Eis verschwunden sein. In dieser Station, die als Treibstoffdepot für den Flugverkehr Wostok-Mirny dient, ist die Saison bald zu Ende. Bald werden alle weg sein. Keiner verbringt hier den Winter! Komsomolskaja ist die höchstgelegene Basis des Kontinents, 3840 m, und ganz sicher die kälteste. Obwohl keiner hier sein wird, um die winterlichen Temperaturen zu messen ... Aber heute abend sind es schon fast −50 °C, man kann sich vorstellen, wie das erst in zwei Monaten sein wird.

4. Februar 1990
−41 °C am Morgen, −35 °C am Abend.

Heute fahren uns Buffy und Bly voraus, sie haben offene Stellen an den Pfoten. Der russische »Panzer«, der uns den Weg bahnt, nimmt sie mit. Wenn ihre Wunden vernarbt sind, werden sie wieder mit den anderen Hunden im Geschirr gehen.

Der Abschiedsschmerz ist groß, als wir die kleine Welt von Komsomolskaja verlassen. Wir haben unsere liebenswürdigen Gastgeber schon sehr ins Herz geschlossen.

In dem leichten »sommerlichen« Dunstschleier hält sich die Sonnenwärme noch ein wenig. Trotz −40 °C wird es uns heute ziemlich warm werden! Faszinierend, diese Nebel, durch die das Licht wie durch verschieden große Filter gesiebt wird. Wir können alle nur denkbaren Weißschattierungen bewundern, bis hin zu Grau, Gelb, Blau und manchmal sogar Rosa. Es wäre hier paradiesisch ohne den unangenehmen »Treibhauseffekt«, denn im Eis zu schwitzen, darauf ist nun mal unser Organismus nicht eingestellt.

Am frühen Nachmittag taucht ein qualmendes Monster am Horizont auf. Es ist der »Ost-Antarktis-Expreß«: 7 Raupentraktoren, 7 Waggons, ein Aufmarsch von Urweltmonstern. Sie halten an, als sie auf unserer Höhe sind. Anatol, der »Zugführer«, ein urwüchsiger Typ mit einer wundervollen Alexis-Sorbas-Visage, macht diese Reise bereits zum fünften Mal, aber seine Begeisterung für diese »Strecke« hat offenbar kein bißchen nachgelassen.

Wir feiern unsere Begegnung selbstverständlich auf russische Art, das heißt, wir öffnen unverzüglich eine Flasche Ararat-Cognac, eine Flasche Wodka und mehrere Dosen marinierten Fisch. Nachdem wir mehrfach angestoßen haben, geht jeder seines Weges, er mit großem Geschepper und Dieselmotorengeknatter, uns hingegen begleiten nur das Knirschen der Schlittenkufen, die Kommandos der »musher« und das Gebell der Hunde. Zwei völlig andere Welten. Hinterher frage ich mich, ob ich diese Szene vielleicht nur geträumt habe. Aber nein! Die Spuren, die Anatol hinterläßt, sind nicht zu übersehen. An manchen Stellen ist die breite Rinne fast einen Meter tief. Für unsere Schlitten ist dieser Weg leider nicht zu gebrauchen, denn der Boden ist wild zerklüftet, wie umgepflügt. Selbst unser »Schneepanzer« wagt sich nicht hinein. Er bahnt uns abseits davon eine schöne Piste, die wir unbedingt brauchen, wenn wir das vorgesehene Tempo bis zu unserer Ankunft am Indischen Ozean halten wollen. Am Abend bekommen wir eine Morsenachricht: »Tut euer Bestes. Die Entscheidung liegt bei euch. Wür kümmern uns um die Logistik. Cathy und Steph.«

Victor entziffert die Botschaft. Dann folgt ein weiteres Telex von Cathy: »24. O.K. Wir tun, was wir können.« Also zwei positive Antworten auf unsere »Bombe« von gestern. Einfach ist es allerdings bestimmt nicht, die ganze Versammlung nach Mirny zu bringen. Die wichtigste Landepiste in Molodechnaja ist für eine Iljuschin 76 derzeit nicht brauchbar. Das Schiff »Professor Subow« holt einige unserer Gäste von der Insel Mauritius ab. Werden sie rechtzeitig da sein?

Wir erfahren, daß Messner sich zur Zeit auf dem 81sten südlichen Breitengrad befindet. Er wird also sehr bald da sein . . . auf jeden Fall vor uns!

Der Gag des Tages: Sodapop ist entwischt! Wir haben ihn in Komsomolskaja gelassen, wo er sich von den Strapazen erholen sollte. Der Schlingel hat seine Schnur durchgenagt und ist wie ein Wahnsinniger unseren Spuren hinterhergestürmt. Unsere russischen Freunde haben ihn auf einem Raupenlastwagen verfolgt und zwei Kilometer weiter weg wieder eingefangen. Und da behaupten manche Leute, daß wir unsere Tiere mit Gewalt zum Ziehen zwingen – wenn das so wäre, wäre uns Sodapop bestimmt nicht nachgerannt.

5. Februar 1990
− 44 °C am Morgen, − 34 °C am Abend.

In der Antarktis ist die Kälte nicht ganz so extrem, wenn man nach Norden marschiert. Es ist ein Wettlauf gegen die jahreszeitlich bedingte Neigung der Erdachse zur Sonne. Es geht dabei um wenige Grade. Man muß den Süden so verlassen, daß die Sonne möglichst spät hinter dem Horizont versinkt. Zur Zeit steht sie um Mitternacht in einem Winkel von 10° am Horizont. Das ist ziemlich tief, aber nicht so tief, daß die Temperatur auf − 60 °C abstürzen würde. Es wird weniger kalt sein, wenn wir an Höhe verlieren. Wir sind noch auf 3450 m, und leider fängt unser langsamer Abstieg zum Indischen Ozean erst 250 km vor Mirny an. Dabei wäre es wirklich eine Erlösung, wenn wir diese schwer zu ertragende Höhenlage endlich hinter uns lassen könnten. Hier ist der Sauerstoffanteil in der Atmosphäre um 20 % geringer als in einer ähnlichen Höhenlage in unseren nördlichen Breitengraden. Wir leben also unter Bedingungen, die bei uns einer Höhe von 4200 m entsprechen würden. Und das spürt man gewaltig. Vor allem, wenn man sich über die Hunde aufregen muß. Heute nachmittag hat Arrow, der sich den Teufel um unsere Befehle schert, zweimal den Schlitten zum Kentern gebracht. Beim erstenmal habe ich mich wohlweislich beherrscht. Beim zweitenmal habe ich losgebrüllt, und das mußte ich teuer bezahlen. Ich habe gut zehn Minuten gebraucht, bis ich mich von meinem Wutausbruch einigermaßen erholt hatte. Und das unter Arrows listigen Blicken: Dich hab' ich drangekriegt, was?

Da ich also nur innerlich wüten kann, räche ich mich an unserem Filmteam. Sie hätten schon in Wostok zu uns stoßen sollen, aber von wegen! Ein Jammer, daß Laurent nicht da war, so haben wir überhaupt keine Filmerinnerung an den wunderbaren Empfang dort.

Aber dann sage ich mir, daß es idiotisch ist, sich so aufzuregen, nur weil etwas nicht so läuft, wie ich es gern hätte. Hier ist die Antarktis die unbestrittene Herrscherin, das darf man nicht vergessen. Sie diktiert uns die Bedingungen. Morgen will ich versuchen, die Dinge gelassener zu nehmen und nur an meine »Naturschule« zu denken. Unter Klatschmohn und Grillen kann ich stundenlang durchhalten . . .

6. Februar 1990
− 48 °C am Morgen, − 36 °C am Abend.

Die Landschaft, die uns umgibt, ist so karg und streng wie ein abstraktes Kunstwerk. Oben grenzenlos blau, unten grenzenlos weiß, vorne ein Horizont, der dem Ganzen Perspektive gibt. Das ist alles, aber es ist grandios. Ein einziger winziger schwarzer Fleck auf der Leinwand: der »Schneepanzer«.

Bly ist immer noch an Bord, aber Buffy, dessen Wunden geheilt sind, ist heute wieder bei uns. Statt dessen sitzt jetzt Pop in einer Kiste neben Bly auf dem 14-Tonnen-Stahlschlitten, den der Lastwagen hinter sich herzieht.

Buffy entwickelt plötzlich ungeahnte Kräfte. Will kann es kaum fassen, er hat ihn noch nie im Leben so energisch ziehen sehen. Na ja, er gibt sich jetzt eben Mühe, der Schlingel. Die Reise auf dem russischen Schlittenmonster dürfte ihm wohl kaum gefallen haben, denn erstens war er in seine Kiste eingesperrt, und zweitens mußte er auch noch den Krach (550 PS!) und den fürchterlichen Auspuffqualm ertragen. Sein schönes weißes Fell ist in den vier Tagen übrigens ganz grau geworden. Aber das gibt sich wieder . . .

Heute abend neue Zusammenkunft im »Panzer«, wo wir unseren Nachschub und ein gutes Essen bekommen. Pop macht allerdings einen Riesenspektakel, sobald er uns erspäht hat, er kann sich überhaupt nicht mehr beruhigen. Kein Zweifel, es paßt ihm hier nicht. Sein Protestgeheul erinnert mich an die Schreie, die aus den Käfigen eines Wanderzirkus dringen . . . Kopf hoch, Pop, laut Geoff brauchst du nur noch vier Tage mit diesem »russischen Zirkus« herumzuziehen . . .

Aus Mirny wird uns ein Telex übermittelt. Schlechte Nachricht: Wir dürfen nicht vor dem 3. März ankommen! Und wir müssen in Pionierskaja auf das Filmteam warten. O.K., General Steph! Wir sind ja so abgebrüht – ein paar Tage mehr oder weniger, was soll's . . .

7. Februar 1990
– 45 °C am Morgen, – 35 °C am Abend.

Der »russische Zirkus« bricht auf, mit großem Geknatter und Gescheppper und in einer riesigen schwarzen Dieselwolke. Aus Pops Kiste schaut nur ein Kopf mit tieftraurigen Augen hervor. Der Arme! Von Bly ist nichts zu sehen, wahrscheinlich schläft er.

Gegen 10.00 Uhr kommt Wind aus Südosten auf, und es wird mit einem Schlag kälter. Am späten Vormittag bläst er bereits mit 30 – 35 km/h. Wir fahren an den »Gleisen« entlang, die Anatols Monster in den Schnee gegraben hat, denn die Spuren des Lastwagens sind zugeweht. Es schneit ununterbrochen. Die Sicht ist schwach, dicke Wolken verhüllen den Himmel. Nebelwände, trübe Dunstschleier... Wir fühlen uns immer mehr in die katastrophalen Zustände auf der Halbinsel zurückversetzt.

Als das Camp steht, fangen die Zeltseile und die Funkantenne zu pfeifen und heulen an. Puh! Solche Töne haben wir lange nicht mehr gehört. Daho ist mit seinen Eisproben beschäftigt, unermüdlich beschriftet er seine endlosen Reihen von Plastikfläschchen. Er ist nicht nur ein überpenibler Wissenschaftler, sondern auch ein geradezu manischer Sammler. Seit 194 Tagen immer dieselben Handgriffe – ein irritierendes Ritual.

Der Himmel ist so verhangen, daß es um 21.30 Uhr schon dunkel im Zelt ist. Letzte Nacht bin ich übrigens um 2 Uhr aufgewacht. Ich stellte fest, daß die Sonne kaum über den Horizont heraufgekommen war. Bald kehrt die lange Nacht zurück...

8. Februar 1990
– 36 °C am Morgen, – 24 °C am Abend.

Als wir aufwachen, ist das Zelt innen mit einer Eishaut überzogen. Wir holen unsere »Reserveheizung« hervor, einen kleinen MSR-Kocher. So läßt sich das Leben gleich besser ertragen!

Heute nachmittag hat sich unter einer leichten Zirrus-Schicht ein bißchen Wärme aufgestaut, die Temperatur ist ziemlich schnell angestiegen. Wir sind nur noch 600 km vom Indischen Ozean entfernt. Gegen Mittag steht die Sonne relativ hoch, und das hilft uns. Dagegen wird sie heute um Mitternacht zum erstenmal unter den Horizont sinken. Das bedeutet, daß uns noch einige Tiefkühlnächte bevorstehen.

Wir haben jetzt nur noch einen Gedanken: unsere Hunde so schnell wie möglich aus der Kälte und dieser schwer erträglichen Höhe herauszubringen. Und dabei müssen wir wegen der Fernsehübertragung unser Tempo drosseln, wir dürfen erst am 3. März ankommen! Heute marschieren wir eine Stunde weniger als bisher, aber Dahos Zähler zeigt trotzdem 40 km an. Das ist der Gipfel – wir sind jetzt auf einmal zu schnell! Und je mehr das Terrain abfällt, desto schneller werden die Hunde losstürmen. Wir werden sie kaum bremsen können, wenn sie endlich wieder eine sauerstoffreichere Luft atmen.

Über Funk erfahre ich, daß das Filmteam soeben Paris verlassen hat. Trotz meiner Schimpftirade gestern kann ich seine Ankunft kaum erwarten. Es wird eine Bereicherung sein. Sie werden uns mit den neuesten Nachrichten aus der Welt versorgen, und so wird uns die Zeit bis zum Ende dieser Reise schneller vergehen.

Dank der neuen Kupferantenne aus Komsomolskaja empfange ich Radio France Internationale so deutlich, als ob ich in Perpignan wäre. Und es gibt große Neuigkeiten in der Welt: Nelson Mandelas Befreiung steht kurz bevor . . . 150 000 Menschen demonstrieren in den Straßen von Moskau für die Abschaffung des Artikels 6 der russischen Verfassung, der die Partei über alles stellt. Victor grinst nur, als ich ihm diese Sensation verkünde, er bleibt skeptisch.

Victor ist ein Perestroika-Anhänger, ein Progressiver. Er ist viel gereist in den letzten Jahren, und er kann sich nur schwer mit dem Gedanken abfinden, daß die überwiegende Mehrheit seiner Landsleute hinter unpassierbaren Grenzen eingesperrt leben muß. Vieles an der kommunistischen Gesellschaftsordnung lehnt er radikal ab. Wenn man ihn in Wut bringen will, braucht man nur die Rede auf bestimmte Mißstände zu bringen. Aber die politische Entwicklung, die wir zusammen am Radio verfolgen, die Abkehr der Ostblockländer von der UdSSR, der Sturz der kommunistischen Parteien, bringt ihn doch ziemlich aus der Fassung. Ich glaube, es verletzt ihn, daß mit einem Schlag alles über Bord geworfen wird, sogar der Begriff »Kommunismus«. Dabei war er nie Parteimitglied, er war nicht einmal in einer der Jugendorganisationen, er betrachtet sich als völlig unabhängig. Aber er steht zu den Grundwerten und Idealen der Revolution, er trauert den Anfängen des Kommunismus nach, der Begeisterung und Solidarität, mit der Millionen Menschen ihr Schicksal in die Hand genommen hatten, auch wenn er natürlich weiß, daß dieser Geist längst erloschen ist . . .

9. Februar 1990
– 36 °C am Morgen, – 24 °C am Abend.

Mildes Wetter heute, der Himmel bedeckt. Am Nachmittag sausen wir auf einer ziemlich abschüssigen Piste dahin. Wie erwartet, sind die Hunde nicht zu bremsen. Und wir träumen vom Meer, das sich am Ende der Reise vor uns ausbreiten wird. Der Zähler zeigt heute abend 46 km an. Das ist zuviel. Aber wenn schon, wir werden später unser Tempo drosseln. Wenn wir endlich aus dieser dünnen Luft heraus sind, bei der man jede Anstrengung doppelt spürt . . . Gestern hat Will vorgeschlagen, die »Große Abdrift« der UAP Antarctica zum Nordpol gleich nach dem Ende unserer Expedition in Angriff zu nehmen. Der Gedanke läßt mich nicht mehr los. Es reizt mich ungeheuer, das muß ich zugeben.

Vor fast einem Jahrhundert hat der Norweger Nansen diese phantastische Reise riskiert: Er wollte den Nordpol, den damals noch keiner erreicht hatte, mit dem Schiff erobern, indem er sich die große Abdrift des arktischen Ozeans zunutze machte. Im Jahr 1893 stach er mit der »Fram« in See, aber er blieb im Packeis der Beringmeerenge stecken und wurde mit den treibenden Eisschollen abgedrängt. Er verließ das Schiff um den 84sten Breitengrad und drang mit einem Begleiter bis zum 86sten Breitengrad vor. Dort war jedoch die Eisfläche so chaotisch, daß sie umkehren mußten. Die »Fram«, die in Richtung Grönlandmeer abgetrieben wurde, fanden sie nicht wieder . . . Sie überlebten zwei Winter auf dem Packeis und kamen dann zum Franz-Joseph-Land zurück, wo sie von einer englischen Expedition aufgelesen wurden. In Oslo erreichte sie bald die gute Nachricht von der Fram: Das Schiff hatte sich aus seinem

Eisgefängnis befreien können, und die gesamte Besatzung überlebte das Abenteuer!

Ich würde Nansens Versuch gern wiederholen. Ich stelle mir vor, wie die »UAP Antarctica«, im Packeis eingequetscht, zu ächzen und zu knirschen anfängt, wie sie sich im Eis herumschraubt... Der kalte Schweiß wird uns ausbrechen! Aber das Schiff wurde speziell für eine Fahrt im Eismeer konzipiert, es wird halten. Dann werden wir abdriften, und wenn wir ganz nahe am Nordpol sind, am Ende des ersten Winters, gehe ich mit leichtem Gepäck bei Nacht und Nebel von Bord... Ach, noch einmal diesen magischen Ort sehen, es wäre phantastisch! Ganz allein mit einem Hundegespann dorthin fahren und dann zur »UAP Antarctica« zurückkehren. Damit wäre Nansens Mißerfolg gerächt...

Und ich stelle mir vor, wie am Ende des folgenden Winters die Sonne zurückkehrt, wie das Eis zu schmelzen beginnt und unseren Polarsegler aus seiner Umklammerung freiläßt... Ein wunderbares Abenteuer.

Nansen auf der Suche nach seiner »Fram«... Was für ein Wahnsinn! Er kannte die Position des Schiffs nicht, denn damals gab es noch keine Funkgeräte! Er hatte praktisch keine Chance, es je wiederzufinden. Trotzdem hat er sich in diese unbekannten arktischen Gewässer hineingewagt. Inzwischen haben die Sowjets Stützpunkte in dieser Gegend installiert. Sie können ungefähr sagen, an welchen Stellen man sich ins Eis einschließen lassen kann, um mit der Abdrift in die unmittelbare Nähe des Nordpols zu gelangen. Ja, ich glaube, es ist wirklich Zeit, Nansen zu rächen!

Ich höre im Radio, daß Titouan Lamazou an der Spitze des »Globe Challenge«-Rennens Kap Hoorn umrundet hat. Hurra! Vielleicht kommen wir zusammen nach Frankreich zurück.

10. Februar 1990
–35 °C am Morgen, –25 °C am Abend.

Ein eisiger Ostwind bläst. Der Himmel ist zeitweise bewölkt, aber das Wetter ist trotzdem schön – jedenfalls für antarktische Verhältnisse. In Gedanken arbeite ich bereits fieberhaft an der Organisation der Nordpol-Abdrift. Nach der Nordpolfahrt sind dann wahrscheinlich die Wale dran ... und danach ... Komisch, daß ich während meiner Expeditionen ständig das Bedürfnis habe, andere Projekte auszubrüten. Aber es geht mir dabei vor allem darum, eine faszinierende Idee bis ins kleinste auszuarbeiten. Das gibt meinen Gedanken einen Halt.

Die neuesten Abendnachrichten: Aus dem Osten bläst der Wind der Freiheit. Nach dreistündigen Verhandlungen verkünden Gorbatschow und Kohl, daß die Wiedervereinigung der beiden deutschen Staaten bereits am Jahresende über die Bühne gehen kann ... Und Nelson Mandela ist nach 27jähriger Haft endlich wieder in Freiheit. Bravo!

Später feiern wir in unserem russischen »Panzer« mit einem großen Festgelage den 200. Tag unserer Eiswanderung.

12. Februar 1990
−44 °C am Morgen, −38 °C am Abend.

Nachdem es keinen Grund mehr zur Eile gibt, haben wir uns gestern den ganzen Tag lustlos dahingeschleppt. Es hat keinen Sinn, sich auch nur im mindesten zu verausgaben, denn sonst kann es uns passieren, daß wir am 20. Februar längst da sind und vor Ort kampieren müssen, nur um voller Ungeduld auf Presse und Fernsehen zu warten. Keine sehr verlockende Aussicht.

Aber dieser ganze Medienärger erscheint uns plötzlich unwichtig und lächerlich, als im Osten, im Leuchten der Abenddämmerung, der Vollmond am Himmel erscheint. Vor einem Hintergrund zarter Farbnuancen, von Graublau bis Rosa und Violett – es ist so schön, daß es einem die Kehle zuschnürt.

Heute hat der lange Abstieg zum Indischen Ozean wirklich begonnen. Das Terrain ist gut, endlos flach, nur an manchen Stellen leicht gewellt. Die Sastrugis scheinen endgültig von der Bildfläche verschwunden zu sein. Aber man sollte es lieber nicht beschreien. 480 Kilometer liegen noch vor uns – kaum zu glauben. Ein schneidender Ostwind jagt uns die Kälte bis in die Knochen, aber noch schlimmer ist das quälende Routine-Gefühl. Also flüchte ich mich wieder in mein neues Projekt und suche nach einem passenden Namen. »Die große Abdrift« – warum nicht? Aber womöglich denkt man dabei an eine große »Bierreise«, an einen Typ, der völlig die Orientierung verloren hat ... »Der unzugängliche Pol« ist mir lieber, das wäre eine Hommage an Nansen und die Schwierigkeiten, mit denen er zu kämpfen hatte. Dieses Abenteuer soll alle arktischen Länder, die Eskimos von Kanada, Rußland und Grönland einbeziehen. Die Eskimos werden die »musher« der Hundegespanne stellen und so an ihre alten, durch den Einbruch unserer Zivilisation so sehr erschütterten und gefährdeten Traditionen anknüpfen. Was mir vorschwebt, ist der Versuch, sie aus ihrer Lethargie aufzurütteln, ihnen den Geschmack an der Eroberung, am Abenteuer wiederzugeben, und andererseits die Welt auf ihre Existenz aufmerksam zu machen.

Im übrigen soll unser Schiff als Hommage an Nansen, den Friedensnobelpreisträger, ein Kristallisationspunkt zwischen Himmel und Wasser sein, für eine Reise außerhalb der Zeit, in einen grenzenlosen, unergründlichen Raum hinein. Eine Reise, die die Phantasie beflügelt ...

13. Februar 1990

Wir sind im Schneewittchenland, aber es ist eine höchst grausame Version des Märchens, denn der Winter jagt uns erbarmungslos, und manchmal fürchte ich schon, daß er uns eingeholt hat, weil meine Fingerspitzen vor Kälte schmerzen. Die Sonne sinkt jetzt bereits um 22.00 Uhr hinter den Horizont, und es sind −45 °C. Der Wind ist eisig, schneidend. Nur noch 15 Tage, dann sind wir in Sicherheit.

Ich träume von einem friedlichen Leben in einer Holzhütte, umgeben von Wasser, Bambuswäldern und Vögeln ...

Der Mond steht im Osten und übergießt den rosa und blau schimmernden Himmel mit seinem magischen Licht. Die Schönheit und Pracht dieser Bilder versöhnt mich schnell wieder mit diesem unvergleichlichen Kontinent, der einem so viel Qual und Entbehrung zufügt, aber dafür auch unbeschreibliche Glücksmomente schenkt.

15 Der große Abstieg

14. Februar 1990
– 40 °C

Der Wind tobt gewaltig. Aber Gott sei Dank ist heute Ruhetag. Heute morgen muß ich schon wieder die Eisschicht über dem Atemloch in meinem Schlafsack zertrümmern. Das ging die ganze Nacht so – immer wieder mußte ich mein »Agloo«, mein Atemloch, öffnen. Sobald die Luft knapp wird, wache ich automatisch auf, aber nachdem ich diese Transaktion ungefähr zehnmal wiederholt habe, ist mein Schlafsack auch innen vereist, um dann durch die Körperwärme feucht zu werden . . . ein Teufelskreis.

Zum Zeitvertreib stelle ich mir die Frage, ob dieser Kontinent fähig ist, leidenschaftliche Sehnsüchte zu wecken. Die Antarktis hat sicherlich die Anziehungskraft des Unerreichbaren, Unzugänglichen, insofern stellt sie eine Herausforderung dar und ruft den Eroberungswillen der Menschen auf den Plan. Aber die Beziehung, die man zu diesem Kontinent entwickelt, hängt davon ab, wie man sich ihm nähert. Wenn man vom Meer herkommt und an der Spitze der Halbinsel landet, zeigt sich die Antarktis in ihrer prächtigsten Gestalt, in ihrer ganzen zerbrechlichen Schönheit. Der Besucher kehrt völlig bezwungen und überwältigt zurück, mit einer unauslöschlichen Sehnsucht im Herzen. Wer sich aber zum Südpol vorwagt, entdeckt in dieser endlosen weißen Wüste sehr schnell, daß der sechste Kontinent nichts anderes zu bieten hat als seine Kälte und seinen unermeßlichen Raum. Mit der Zeit entwickelt sich dann ein viel komplexeres, weniger gefühlsbetontes Verhältnis zu diesem feindseligen Universum, geboren aus der erbarmungslosen Konfrontation des Menschen mit sich selbst. Die Antarktis zeigt dort ihr grausames, unmenschliches Gesicht, und man verflucht sich dafür, daß man sich in diese Regionen vorgewagt hat, in denen für den Menschen kein Platz vorgesehen ist.

Hat die Antarktis eine Seele? Ja, mit der Zeit lernt man sie kennen. Sonne, Wind, Mond und Sterne über dem ewigen Eis erscheinen einem als strahlende Werke der Schöpfung, und dann wird die Antarktis zu einem mächtigen, strengen Tempel, vor dem man ehrfürchtig verstummt. Und der »Eroberer« entdeckt nach monatelangen Kämpfen, daß er nichts erobert hat, außer vielleicht einen Teil der unbekannten Dämonen, die ihn selbst umtreiben...

Der Mond ist heute abend immer noch da, die Sonne neigt sich dem Horizont entgegen, der Blizzard fegt Schneestaub über die Eisfläche. Es ist schön und erschreckend zugleich... Die weißen, wirbelnden Fontänen peitschen ohne Unterlaß die Zeltwände, deren Seilstützen zu pfeifen anfangen. Der Winter ist schon fast da, er wird uns einholen. Nichts wie weg!

15. Februar 1990
–41 °C

Der Blizzard erreicht 50–60 km/h, die Sicht ist auf 20–30 Meter eingeschränkt. Reizend! Nach 48 km Marsch erreichen wir die Überreste der russischen Basis Pionierskaja: zwei vom Wind und der Last des Eises verkrümmte Antennen. Ein unheilvoller Anblick... Aber zu unserer Überraschung entdecken wir in der Nähe eine mobile Bohrstation. Russische Techniker sind vor zwei Tagen hierhergekommen, auf der Suche nach einem zwölf Jahre alten Schacht, der bis in eine Tiefe von 350 Metern reicht. Sie studieren an diesem Loch die Bewegungen des Eises.

Sie laden uns herzlich ein, die Sauna in ihrem Camp zu benutzen. Ein raffiniertes System, ganz typisch für das russische Improvisationsgenie: Ein elektrischer Widerstand bringt das Wasser in einer Milchkanne zum Kochen, und der Dampf wird in eine Duschkabine geleitet, die mit einem Plastikvorhang abgetrennt ist. Es funktioniert tadellos. Nach einem guten Essen, das uns unsere Gastgeber vorsetzen, bewundern wir den Sonnenuntergang hinter der Fensterluke des Eßzimmers. Auf dem Tisch stehen schon einige geleerte Flaschen herum – Tradition verpflichtet. Will hat eine gewaltige Schlagseite.

Er kann froh sein, der Alkohol wärmt ihn wenigstens ein bißchen auf, denn als wir in unser Zelt zurückkommen, stellen wir fest, daß alles unter einer dicken Schneeschicht liegt. Wir müssen eine halbe Stunde lang kräftig bürsten, bis wir uns häuslich niederlassen können. Die Antarktis peinigt uns mit Qualen, die unsere schlimmsten Erinnerungen an die Halbinsel wecken. Ach ja, fast hätte ich es vergessen: Wir haben per Funk erfahren, daß das Filmteam eben in Mirny eingetroffen ist. Werden sie morgen hier sein?

17. Februar 1990

Kein Gedanke dran, hier eine Landepiste für die Antonow 28 vorzubereiten. Der Wind tobt weiter, und die Sicht hat sich rapide verschlechtert. Laurent Chevallier und Per, der norwegische Fotograf, werden eben erst dann eintreffen, wenn es die Antarktis gnädigst gestattet. Hoffentlich bald, denn wir können nicht ewig hier herumhängen. Der Winter ist offenbar entschlossen, uns nichts, aber auch nichts zu ersparen. Wir haben den Hunden mit unseren Schlitten einen Schutzwall gegen den Blizzard gebaut. So leiden sie nicht allzusehr unter diesem erbarmungslosen Eischaos. Aber es sind –42°C heute morgen. Hoffentlich können wir morgen schon flüchten, und hoffentlich müssen wir bis zu den letzten 100 km vor Mirny nicht mehr anhalten. Dort erwarten uns sehr viel mildere klimatische Bedingungen.

Ich sitze schön warm und gemütlich in einer Hütte der Bohrstation und beschäftige mich wieder einmal mit dem Thema »Versklavung von Zugtieren«. War es wirklich nötig, die Hunde auf diese 6300-km-Durchquerung mitzunehmen? Statt Motorschlitten oder Kettenfahrzeugen? Meine Antwort darauf: Wir haben unsere Expedition mit Hunden gemacht, weil wir die Hunde lieben. Wir haben ihre Kräfte und ihre Ausdauer im hohen Norden Kanadas und während unserer Grönlandreise getestet. Wir leben seit drei Jahren mit den Hunden zusammen, und wir sind eine eingeschworene Gemeinschaft geworden ...

Auf einmal taucht Will auf, sein Gesicht ist kreideweiß. Mir war vorher schon aufgefallen, daß Will und Geoff sich zusammen ein Stück weit entfernt hatten, und daß da offensichtlich eine große Auseinandersetzung im Gang war, bei der sie keine ungebetenen Lauscher haben wollten ... Von Will erfahre ich jetzt, daß Geoff seinem Herzen gründlich Luft gemacht hat. Es muß ziemlich hart gewesen sein, denn der Amerikaner ist den Tränen nahe. Ich tröste

Ganz bestimmt ist die Reise mit Hunden keine Tierquälerei. Im Gegenteil: Sie sind hier ganz in ihrem Element!

ihn, so gut ich kann. Aber er ist immer noch sehr aufgebracht, als er mich wieder verläßt.

Am Abend entschuldigt sich Geoff bei ihm. Höchste Zeit, denn die Luft war allmählich zum Schneiden dick geworden. Trotzdem, Will ist immer noch nicht ganz besänftigt, die Sache ist noch nicht ausgestanden . . . Na ja, abwarten, morgen früh sieht vielleicht alles schon wieder anders aus . . .

18. Februar 1990

Steger ist wieder der alte. Uff! Aber seine üble Laune hat auf das Wetter abgefärbt. Keulenschläge von 65 km/h von Osten her. Die Sicht reicht nicht über 20 Meter hinaus. Wir brechen in den Spuren der Lastwagen auf. Es ist eine elende Schinderei. Von neuem sind wir in unsere Kapuzen eingezwängt, und wir müssen alle zehn Minuten anhalten, denn Victor gerät vorne ständig ins Stolpern. Kein Wunder bei dem Wind und dem harten Boden, aus dem immer höhere Sastrugis auftauchen, lauter heimtückische Fallen, gegen die man machtlos ist. Da sind sie also wieder, die Sastrugis, das hat uns wahrhaftig noch gefehlt! Und sozusagen als Krönung des Ganzen ein *white out*, das einen Blinden das Fürchten lehren könnte . . .

Nach ein paar weiteren Stolperpartien schert Panda aus der richtigen Spur aus, und Will, der heute keine Kontaktlinsen trägt (er bekommt fürchterliche Kopfschmerzen davon), merkt es nicht. Das Gespann entfernt sich von der Piste, die die monströsen sowjetischen »Panzer« für uns bahnen. Ich folge ihm prompt, ohne zu merken, daß es die falsche Richtung ist. Schlimm. Ich verliere Geoff und Victor aus den Augen . . . Aber unsere monatelange Erfahrung hilft uns. Nach einer halben Stunde Blindekuhspiel finden wir uns wieder.

Will hat wie jeden Abend im Zelt die Pläne für sein Haus ausgebreitet. Nachdem er in der russischen Station Zeichenpapier aufgetrieben hat, macht er sich daran, das Projekt noch weiter auszubauen, das heißt, er entwirft ein neues Haus, das an das »Hauptgebäude« angrenzt. »Das Gästehaus«, sagt er, »und das wird dein Schlafzimmer, wenn du mich mal besuchst.« Ich bin richtig gerührt. Es gibt so viele Expeditionen, die damit enden, daß die Teilnehmer nur noch den einen Wunsch haben: sich bloß nie wieder sehen zu müssen.

20. Februar 1990
−28 °C

Gestern ein Orkan von der Art, wie wir ihn am 22. Oktober in Sipple erlebt haben. An jenem schrecklichen Tag, als Tim für immer von uns gegangen ist. Heute morgen ist der Sturm ein bißchen abgeflaut, aber nicht so weit, daß der Helikopter des sowjetischen Eisbrechers »Arseniew«, derzeit in Mirny, Laurent und seine Mannschaft zu uns bringen könnte. Morgen ist unsere letzte Chance, falls das Wetter sich bessert, denn danach lichtet das Schiff die Anker und nimmt den Helikopter mit . . .

Harte Zeiten, am Himmel wie auf der Erde: Victor Galawanow hat mit seiner Iljuschin 14 eine Bruchlandung auf der Strecke Mirny-Wostok gemacht (er fliegt die Strecke seit 25 Jahren). Schuld daran war ein Motorschaden. Die fünfköpfige Besatzung ist Gott sei Dank unversehrt, aber wir wissen nicht, ob sie sich gegen die Kälte

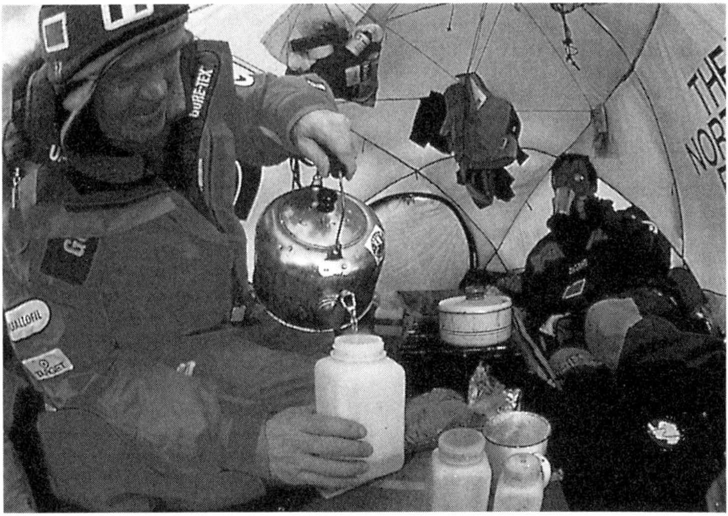

Sieben Monate insgesamt haben wir in diesen Zeltwohnungen verbracht. Eis auftauen gehörte zu den Routinearbeiten

schützen können, ob sie überhaupt Schlafsäcke dabeihaben ... Das kann ein erbarmungsloser Überlebenskampf für sie werden. Keine beneidenswerte Lage, bei –45 °C in einem Flugzeugwrack festzusitzen!

Geoff ist heute 40 Jahre alt geworden, aber das Wetter ist einfach zu schrecklich, als daß wir dieses Ereignis feiern könnten. Alles muß verschoben werden: die Flüge, unsere Tagesroute, sogar Geoffs Geburtstag ... STOP! Schon wieder lähmt uns die Antarktis. Es reicht, es REICHT! Wie zum Trotz nimmt unser Engländer eine Schneedusche. Es ist seine erste, und Victor triumphiert. Vierzig Schneeflocken kann man leichter ausblasen als vierzig Kerzen, und es läuft auf dasselbe hinaus, meint er.

Immer noch toben die katabatischen Winde von Osten her. Victor zögert, er hat große Bedenken, bei diesem Wetter aufzubrechen. Ich will nichts davon hören und marschiere einfach los, etwa 50 Meter weit ... Wir dürfen jetzt nicht klein beigeben, die Spuren der Lastwagen sind auch bei diesem Wind noch sichtbar.

Als ich zum Camp zurückkomme, ruft Victor: »O. K., O. K.! Selbst wenn wir bloß 20 Kilometer schaffen, immer noch besser, als hier herumzuhängen ...«

Wir tauchen ins Nichts ein. Ein Marsch in einem Tunnel von über 12 km Länge, ohne je etwas anderes zu sehen als den vorausfahrenden Schlitten. Als wir endlich anhalten, muntern wir uns gegenseitig mit tiefgekühlten Bravorufen auf. Eine Gratulationsrunde unter Pinguinen ...

Heute abend Funkkontakt mit Mirny, wir sind im Zelt von Babel! Worte und Sätze in Russisch, Englisch, Chinesisch, Französisch und Japanisch schwirren hin und her ... ein ohrenbetäubendes Pingpongspiel. Steph bestätigt den 3. März als Ankunftsdatum, und die Presse bereitet ihre Landung vor ... Die »Professor Subow« ist schon unterwegs nach Molodechnaja, um eine Gruppe Moskauer Journalisten abzuholen. Dieser Vorgeschmack auf den Medienüberfall bedrückt mich. Ich habe Angst vor der Konfrontation mit der Öffentlichkeit.

21. Februar 1990

Sollte den katabatischen Winden etwa die Puste ausgehen? Nur 50 km/h. Das verbessert die Sicht in der Vertikalen, aber in der Horizontalen ist sie immer noch katastrophal schlecht. Wir holen die russischen Raupenfahrzeuge ein, die als Zwischenstation für die Bergung der Iljuschin 14 eingesetzt werden. Die Antonow 28 ist aufgestiegen, um die Notausrüstung für die Besatzung abzuwerfen, aber unglücklicherweise haben sie das Flugzeugwrack nicht gefunden. Auf dem Rückflug haben sie ein Treibstoffdepot für den Helikopter angelegt, der morgen bei der Rettungsaktion helfen soll. Die Russen sind in großer Sorge, aber sie geben die Hoffnung nicht auf, daß sie die fünf Männer finden können, bevor es zu spät ist.

Bilanz: Das Filmteam ist immer noch nicht eingetroffen, wir befinden uns auf einer Höhe von 2400 m, Mirny liegt 270 km weiter südlich. Wir müssen die Strecke in elf Tagen zurücklegen, und das sieht unter diesen Wetterbedingungen gar nicht mehr so einfach aus. Von wegen Tempo drosseln! Aber die Antarktis macht einem eben immer einen Strich durch die Rechnung ... Heute abend ist sie ein Alptraum für mich. Zwei Rundfunkmeldungen tragen entscheidend zu dieser düsteren Stimmung bei. In Frankreich hat die Höhlenforscherin Véronique Le Guen, die vor gar nicht langer Zeit 100 Tage unter der Erde verbracht hat, Selbstmord begangen. In Venezuela ist Jean-Marc Boivin auf dem Salto del Angel tödlich verunglückt. Er war mir ein guter Freund und von uns allen der »extremste« Abenteurer. Er trieb einen regelrechten Kult mit der Gefahr, wagte immer das Äußerste, als wollte er den Tod zum Duell herausfordern ... Es ist furchtbar: Zwei Menschen, die sich ganz dem Abenteuer verschrieben haben, sind ausgelöscht. Und irgendwo auf diesem grausamen Kontinent kämpfen fünf Männer in ihrem Flugzeugwrack ums Überleben. Trauer und Verzweiflung halten mich die ganze Nacht in ihren bleiernen Armen ...

22. Februar 1990
−30 °C am Morgen, −25 °C am Abend.

O nein, der Wind gibt noch lange nicht auf! Bei 90 km/h treibt er den Schnee in jede Ritze, jeden Winkel. Für mich ist er jetzt nur noch der »Wind des weißen Hasses«. Mittags mußten wir, wie schon gestern, ein Essenszelt aufstellen! Immerhin können wir jetzt die Augen aufmachen und *sehen*, was wir hinunterschlingen, aber unsere Gesichter sind so steif gefroren, daß keinerlei Gespräch in Gang kommt. Um die Lunchzeit haben wir bereits 30 km hinter uns gebracht, das ist noch nie dagewesen, ein Rekord.

Aber um 15.30 Uhr ist unsere Fahrt erst einmal zu Ende. Die Lastwagen sind stehengeblieben, um dem Helikopter ein Treibstoffdepot zu signalisieren. Und ohne unsere »Panzer« gibt es keine Spuren, also auch kein Vorwärtskommen, nachdem wir ja ihnen die Navigation überlassen haben ...

Um 19.30 Uhr taucht der Helikopter auf, und der Tank wird für den Erkundungsflug aufgefüllt. Der Pilot nimmt auch einen ganzen Stapel Umschläge mit unseren Unterschriften, dem Stempel der Expedition und des Südpols mit. Bei den Russen in Mirny ist anscheinend die Sammelwut ausgebrochen ... Wir geben dem Piloten noch ein paar Faltblätter über die Transantarctica-Ausstellung in der Cité des Sciences mit. Dabei fällt mir plötzlich ein wunderbares

Foto von der »UAP Antarctica« ins Auge, im Profil aufgenommen, vor kalbenden Eisbergen in einem Fjord von Patagonien. Ich war die ganze Zeit nicht sonderlich gut auf dieses Schiff zu sprechen, aber jetzt bin ich wieder mit ihm versöhnt. Wahrscheinlich liegt es sowieso nur daran, daß ich noch nie an Bord war...

Der Helikopter startet, um nach den fünf Männern zu suchen, von denen wir immer noch keine Nachricht haben.

Welche Stille! Wehmut liegt in der Luft... Hin und wieder Stimmen aus den Nachbarzelten. Wie ein friedliches Dorf zur Schlafenszeit. Die Hunde bewachen uns. Die russischen »Panzer« bilden ein Bollwerk gegen Werwölfe aller Art. Alles ist ruhig, heiter. Wir sind wieder obenauf.

Und dann die schönste Überraschung: Laurent Chevallier trifft mit seiner Mannschaft ein, begleitet von Galine und Arcadi. Ich freue mich riesig über das Wiedersehen. Galine ist eine wunderbare Frau, sie ist die organisatorische Leiterin der sowjetischen Gesellschaft für Polarexpeditionen. Sie war unsere unermüdliche Fürsprecherin bei den zuständigen Behörden und hat dafür gesorgt, daß mit den finanziellen Aufwendungen für die Expedition nicht allzusehr geknausert wurde. Arcadi ist ein Südpolexperte, er war wiederholt der Chef der Basis Mirny. Auch er hat uns oft beraten und unterstützt, wir schulden ihm unendlichen Dank.

Geoff scheint da allerdings anderer Meinung zu sein, er begrüßt die beiden nicht einmal, sondern verbarrikadiert sich in seinem Zelt, als sie ankommen. Ich finde, das geht wirklich zu weit. Und ich kenne auch den wahren Grund für sein unfreundliches Benehmen: das Filmteam, das ihm zuwider ist. Aber trotzdem, er hätte doch wenigstens unsere Freunde begrüßen können. Ohne sie wäre er heute vielleicht gar nicht hier. Zu unserer großen Freude erfahren wir, daß Galawanow, der Veteran der Antarktis, und seine vier Besatzungsmitglieder gerettet worden sind.

Ein schöner Abend, und schon macht sich Nostalgie breit. Ich sauge das Licht des antarktischen Sonnenuntergangs in mich ein, ein märchenhaftes Farbenspiel von flammendem Rot und üppigen Violettönen über einem riesigen, von Lichtreflexen durchzuckten Elfenbeinspiegel...

Ich konzentriere mich. Ich möchte dieses Bild für immer in mein Gedächtnis einprägen. Denn in einer Woche ist alles vorbei ...

Beim Einschlafen denke ich an die fünf Russen, die das unglaubliche Glück hatten, heil und gesund aufgelesen zu werden. Und ich denke an das Schicksal des Flugzeugwracks, das jetzt seine langsame »Abdrift« in den riesigen Bauch der Antarktis beginnt, aufgesaugt von Eis und Schnee. Eines Tages, in 250 000 Jahren vielleicht, wird es wieder auftauchen ... Fast wünsche ich mir, ein winziges Teilchen dieser Maschine zu sein, denn dann würde ich für alle Zeiten im ewigen Eis dieses Kontinents reisen ...

24. Februar 1990
−3 °C am Morgen, −17 °C am Abend.

Beim Aufwachen denke ich an Galine und wie glücklich sie über das Wiedersehen mit uns war. Beinahe wie eine Mutter, die ihre Kinder nach langer Trennung endlich wieder in die Arme schließen darf. Nach all den Härten und Strapazen sind wir für menschliche Wärme natürlich sehr empfänglich. Ich bin noch ganz erfüllt von der Schönheit, Schlichtheit und Tiefe dieser Gefühlsäußerungen. Und Geoffs herzloses Benehmen wurmt mich noch immer.

Ich muß das einfach loswerden. Ganz ruhig spreche ich ihn darauf an, ich sage ihm, daß es gar nicht nett und nicht besonders höflich war, wie er sich in sein Zelt verkrochen hat. Aber das Gespräch artet schnell in eine üble Auseinandersetzung aus, als die Rede auf das Filmteam kommt. Bis ich schließlich den schlimmsten Fehler während der gesamten Expedition mache. Geoff behandelt die ganze Sache sehr von oben herab, und so schleudere ich ihm ins Gesicht: »Du bist manchmal wirklich unerträglich, mit deiner verdammten britischen Hochnäsigkeit!« Ein unverzeihlicher psychologischer Fehler. Und ein völlig unvermuteter Ausbruch der alten französisch-englischen Rivalitätsdämonen. Eine Katastrophe! Denn bei einer internationalen Expedition kommt das einem diplomatischen Affront gleich. Das oberste Gebot ist, niemals, NIEMALS, den anderen wegen seiner Nationalität anzugreifen. Wie oft habe ich mir das eingebleut. Ich Idiot! Was muß ich mich so von meinem Zorn hinreißen lassen ...

Den ganzen Morgen quäle ich mich damit herum, schließlich halte ich es einfach nicht mehr aus, und am Mittag gehe ich zu Geoff.

»So kann das doch nicht weitergehen, Geoff. Geben wir uns die Hand?«

»O. K., aber eins mußt du wissen – zu mir kannst du alles sagen, aber versuch ja nie wieder, mein Land schlechtzumachen ...«

Ich stecke die Zurechtweisung ein. Er hat völlig recht. Wir geben uns höflich die Hand.

Ein Händedruck ist auch das äußerste, was man von Geoff Somers erwarten kann. Falls man sich mal so weit vergißt, ihm um den Hals zu fallen, stößt er einen zurück und sagt: »Bei uns in England gibt man sich die Hand ...«

Wenn ich an meine herzliche Freundschaft mit Victor oder an die stürmischen Gefühlsausbrüche denke, die mein Verhältnis zu Will charakterisieren ... Meine Beziehungen zu Geoff Somers sind nie über eine distanzierte Höflichkeit hinausgekommen. So ist es, aber ich bedaure es, denn Geoff ist ein liebenswerter Mensch. Schade, daß er so unnahbar ist.

Den ganzen Nachmittag über muß ich meine immer wiederkehrenden Adrenalinstöße eindämmen, aber ein ausführliches, gutes Gespräch mit Laurent Chevallier über mein Nansen-Projekt und den Abstieg in den Erebuskrater läßt meine Wut schließlich vollends verrauchen. Laurent ist von beiden Projekten sehr angetan, und seine Begeisterung gibt mir meine gute Laune wieder.

Nur noch 140 km bis Mirny. Heute abend sehne ich wirklich das Ende herbei.

25. Februar 1990
−3 °C am Morgen, −17 °C am Abend.

Sommertag in der weißen Wüste. Der große Abstieg zum Ozean hat nun wirklich begonnen. Am Horizont spiegeln sich die fernen Nebel des Indischen Ozeans, Dunstschleier, die in allen Regenbogen schillern, dazwischen gedämpfte Goldreflexe, hervorgerufen durch die intensive Rückstrahlung der Atmosphäre. Die Schönheit dieses Panoramas läßt sich mit Worten nicht beschreiben. Man kommt sich beinahe wie ein Dieb vor, als ob man in ein verbotenes Reich eingedrungen wäre, in ein Heiligtum, das für Menschenaugen nicht geschaffen ist . . . Tiefe Ehrfurcht vor diesen unberührten Regionen erfüllt uns, eine fast religiöse Haltung, die sich hier ganz von selbst einstellt, das einfache Bedürfnis, dem Schöpfer für soviel Pracht und Schönheit zu danken . . .

Zum erstenmal seit Monaten kann ich mein Gesicht unbedeckt in der reinen Luft baden. Die Sonnenstrahlen auf der Haut sind wie eine Liebkosung, es tut unendlich gut. Gegen Mittag ist ein Vogel aufgetaucht und hat sein Spiel mit den Hunden getrieben. Für die meisten Menschen ein vertrautes, banales Bild, aber für uns hier etwas ungeheuer Kostbares. Es hat mich fast zu Tränen gerührt. Ich hatte den Zauber der kleinen Alltagsfreuden schon fast vergessen. Bald werden wir sie wiederfinden, die Welt der Farben, Formen, Gerüche, der sinnlichen Wahrnehmungen in ihrer ganzen Vielfalt. Es wird ein richtiger Schock für uns sein. Hoffentlich sind wir nicht allzuschnell übersättigt und trauern dann unserem asketischen Leben in der Antarktis nach, wo uns ein leerer Himmel oder ein Vogelzwitschern vor Glück die Tränen in die Augen treiben konnte . . .

26. Februar 1990
−30 °C

Erzwungener Ruhetag. Wir sind nur noch 94 km von Mirny entfernt, und wenn wir die Hunde in ihrem irrsinnigen Tempo weiterlaufen lassen, sind wir in zwei Tagen dort. Aber leider dürfen wir ja nicht vor dem 3. März ankommen. Gott sei Dank hat der Februar nur 28 Tage! Aber trotzdem, es ist grotesk, daß wir unser Tempo dem Fernsehterminplan anpassen müssen, ein völliger Anachronismus in dieser vorzeitlichen Welt! Die Live-Sendung verdirbt uns das Ende unserer Reise. Es ist bestimmt das letztemal, daß ich den Verlauf einer Expedition mit den starren Zeitplänen der Medien zu koordinieren versuche. Absurde Zwänge, wenn man bedenkt, was wir hinter uns haben. Und natürlich drücken sie auf die Stimmung in unserer Mannschaft. Denn wir haben nur *einen* Wunsch, nur *einen* Gedanken im Kopf: ans Ziel zu kommen, und zwar so schnell wie möglich. Ich hoffe dennoch, daß die Freude über die Ankunft diese sinnlosen Qualen mit einem Schlag aus unserem Gedächtnis auslöscht ...

Gestern ist die Maschine beim Rückflug von Wostok so dicht über uns weggeflogen, daß sie beinahe den Boden, Verzeihung, den Schnee gestreift hätte. Ein freundlicher Gruß der Besatzung, eine sympathische Geste ... Aber nur nicht übermütig werden, denn unsere Hunde, Kuka und Sodapop unter anderem, sind an Bord! Wir haben sie zur Erholung in Komsomolskaja gelassen, und jetzt werden sie die restliche Zeit in Mirny verbringen. Yeger und Chinook sind schon dort. Sie hatten Verletzungen an den Pfoten und wurden mit dem Helikopter hintransportiert – mit derselben Maschine, die Victor Galawanow gerettet hat. Thule, von der sich Geoff nicht trennen wollte, verbringt die letzten Tage friedlich und warm im »russischen Panzer«, wo sie wie eine Prinzessin behandelt wird. Ihr Herr besteht darauf, daß sie bei unserer Ankunft in Mirny den ersten Platz einnimmt, der ihr ja auch zukommt. Seit unserem Aufbruch in Seal Nunataks hat sie die Karawane mit viel Talent und unermüdlichem Einsatz angeführt. Yeger (der wie Sam bereits am Nordpol war) wird für die große Schlußparade ebenfalls zu seinem Gespann zurückkehren.

Keizo hat daraufhin Chinooks Rückkehr per Lastwagen beantragt. Natürlich möchte er, daß seine Tiere auch beim Finale dabei sind, und Chinook hat ganz sicher einen Ehrenplatz verdient! Es war für die Hunde schon schlimm genug, daß wir sie von ihren Schlittengefährten getrennt haben. Da wollen wir ihnen nicht auch noch diesen einzigartigen Moment vorenthalten: unseren stolzen Einmarsch in Mirny, und erst recht die Liebkosungen der Menge, die sie voll Ungeduld erwartet ...

Ein Tag ohne besondere Vorkommnisse, öde, trübe, ohne Farben. Dabei wird die Landschaft weniger monoton, je mehr wir uns der Küste nähern: Unzählige makellose Wellentäler voll graublauer Schatten marmorieren die Eisfläche, so weit das Auge reicht ...

Bei Nachteinbruch halten wir an. Und dann ein Wunder! Als wir gerade eine kleine Hügelkuppe erklommen haben, bricht die Sonne, die den ganzen Tag über nicht zu sehen war, ganz plötzlich aus den

Wolken hervor. Sie steht schon ziemlich tief am Horizont und wirft ihre letzten roten und ockerfarbenen Strahlen über die grenzenlose Polarlandschaft. Wunderbar! Und auf einmal zeichnet sich am Grund eines kleinen weißen Tals eine dunkelblaue horizontale Linie ab. Es schnürt uns die Kehle zu ... Nein, unsere Augen täuschen uns nicht. Das ist der Indische Ozean! Und darüber, wie eine Girlande von funkelnden Juwelen, unzählige zylinderförmige Eisberge, von den Streiflichtern der untergehenden Sonne in Rosa und Gold getaucht. In diesem Augenblick sind wir auf der anderen Seite des Kontinents: Wir sind ANGEKOMMEN!

Stumm und wie gelähmt vom Ansturm unserer Gefühle stehen wir da und schauen zu, wie die Sonne langsam herabsinkt und allmählich im Meer verschwindet. Seit sechs Monaten warten wir auf diesen Augenblick. Aber wer hätte gedacht, daß die antarktischen Gewässer uns zu Ehren ein solches Schauspiel geben würden! Es ist zu schön, um wahr zu sein. Extra für uns haben sie jeden schwimmenden Eisblock mit Sonnenlicht illuminiert, ihr milchiger Glanz und die schillernden Regenbogenfarben verwandeln die Luft in ein buntes Lichtermeer ...

Geoff, Daho und Keizo stehen mit erhobenen Armen da, unfähig, auch nur ein Wort herauszubringen. Victor reagiert sich auf seine Weise ab, er versichert uns, das sei keine Spiegelung ... Will kommt zu mir herüber, völlig fassungslos, und sagt mit rauher Stimme: »We made it.« Wir fallen uns in die Arme und halten uns fest, zu aufgewühlt, um zu sprechen. Ja, Will, wir haben es geschafft, wir haben diese gewaltige Durchquerung geschafft – we made it!

Die Ankunft in Mirny wird nur noch eine Formsache sein. Dort werden wir in eine gutgeölte Maschinerie geraten, und alles wird uns unter den Händen zerrinnen. Nein, Transantarctica ist jetzt und hier zu Ende, mit unseren Freudentränen und diesem grandiosen Schauspiel!

28. Februar 1990
−17 °C

Gestern hat es den ganzen Tag geschneit, und wir sind in unseren Zelten geblieben. Aber heute haben wir 32 km zurückgelegt, ohne es auch nur zu merken.

Den Wind im Rücken, sind wir mühelos dahingesaust, zumal das Terrain jetzt merklich zum Ozean abfällt. Wir halten nur an, um die letzten Filmaufnahmen in den Kasten zu bekommen, und für diverse Fotositzungen. Das Leben ist leicht geworden. Auch mein Herz ist leicht. Wir brauchen jetzt nur noch das Steuer in der Hand zu behalten und uns geradewegs ins Ziel gleiten zu lassen...

Heute abend ist unser Zelt ein Bienenhaus, das Funkgerät hat Hochbetrieb. Laurent, Will und Victor diskutieren mit Mirny über die Presse-Interviews und die Vorbereitungen für die Fernseh-Direktübertragung... and so on. 14 Journalisten sitzen noch in Molodechnaja fest. Sie starten morgen mit dem Flugzeug, falls das Wetter mitmacht.

Später zeigt sich im Norden eine dicke schwarze Nebelbank über dem Ozean. Das erinnert mich einen Augenblick an die düsteren »Vorhänge«, die seinerzeit auf der Route zum Nordpol offene Wasserarme anzeigten, unheimliche Stellen, die mir solche Angst einjagten, daß ich schon glaubte, ich würde den Pol nie erreichen und das Wasser würde mich mit Haut und Haaren verschlingen.

Aber hoch oben am Himmel funkeln die Sterne, und direkt über dem Horizont flackern sie wie die Blinklichter eines Leuchtturms an einer fernen Küste. Ein seltsames Gefühl, nach langer Fahrt den Hafen zu erreichen – aber auf dem Landweg...

1. März 1990

Der Monat unserer Rückkehr in die Welt! Was wird er uns bringen? Eine erste Bilanz, einen Schock vielleicht... Wir werden die richtigen Worte finden müssen, um der Presse in aller Kürze diese verrückte Expedition zu schildern und zu erklären. Dem Toben der katabatischen Winde und der Kälte standzuhalten, das Zusammenspiel von Ausdauer und Mut... Aber im Grunde genommen ist das nebensächlich, das Wesentliche bleibt unsichtbar – wie soll man es mitteilen? Wie soll man die vorgefaßten Meinungen der Medien durchbrechen, ihr Bild von den »neuen Abenteurern«, das von den herrschenden Modetrends beeinflußt ist?

Aber bin ich nicht drauf und dran, ein Gegenbild zu entwerfen, das ebenso eitel ist? Das wäre ein überhebliches, sinnloses Unterfangen, das uns lediglich in die Isolation treiben würde. Da ist es immer noch besser, sich in den großen Strom zu werfen und sich dort zu behaupten, der Stärkere zu sein, indem man die Öffentlichkeit auf die Dinge aufmerksam macht, die einem am Herzen liegen ...

Gegen 18.00 Uhr greift der Sturm mit Böen von 125 km/h an. Ich versuche gerade, ein wenig Ordnung in unsere Sachen zu bringen, als Will wieder im Zelt auftaucht und nur den einzigen schrecklichen Satz hervorbringt: »Keizo is missing!« Die ganze Mannschaft sucht ihn, aber er ist nirgends zu finden, weder im Camp noch in einem der russischen Wagen. In höchster Angst und Eile kämmen wir den ganzen Sektor durch, was bei den fürchterlichen Sturmböen sehr schwierig und mühsam ist. Unmöglich, sich bei diesem Unwetter zu verständigen, wir sind völlig desorientiert und aufgelöst ... Schließlich stecken wir einzelne Zonen ab. Wir benutzen dazu ein Seil, das an einem der »Panzer« festgemacht wird, und an diesem Ariadnefaden klammern wir uns in einem Abstand von je zehn Metern fest. Die ganze Mannschaft brüllt lauthals: »Keizo! Keizo!« Aber es wird jetzt schnell dunkel, was unsere Rettungsaktion natürlich noch schwieriger macht und uns selbst in Gefahr bringt. Dennoch suchen wir bis zehn Uhr weiter, aber ohne jeden Erfolg. Von Angst und Wut getrieben, geben wir auch jetzt noch nicht auf, wir machen weiter, bis wir vor Erschöpfung fast umfallen. Nichts – immer noch kein Lebenszeichen von unserem Japaner. Um 11.00 Uhr hören wir auf, wir können nicht mehr, es ist sinnlos ... Keizo ist verschwunden.

Trotzdem haben wir noch Hoffnung. Es sind nur − 10 °C draußen. Und selbst wenn die Sturmböen 120–130 km erreichen, wird Keizo nach unseren monatelangen Kämpfen in der Antarktis bestimmt nicht panisch herumirren, bis er vor Erschöpfung tot um-

Das ist die Stelle, wo uns Keizo verlorenging

fällt. Allerdings kann er nicht sehr warm eingepackt sein, wie wir bei einer Bestandsaufnahme seiner Kleider feststellen ... Morgen früh um 5.00 Uhr suchen wir weiter.

Daho, den wir vorsichtshalber ins Zelt verbannt haben, macht die ganze Nacht kein Auge zu. Immer wieder höre ich seine verzweifelten Rufe: »Keizo, Keizo, Keizo!«, die der Sturm mit sich fortreißt. Daho ist Buddhist, und später erklärt er mir, daß er geglaubt hat, wir wollten mit unseren Rufen draußen in der Nacht den Geist des toten Keizo beschwören. Bis zur Morgendämmerung hat Daho in seinem sturmgepeitschten Zelt neben Keizos leerem Schlafsack Wache gehalten ...

2. März 1990

Auch für uns war die Nacht lang, sehr lang. Um 5.00 Uhr nehmen wir unsere Suche wieder auf. Jetzt, bei Tageslicht, können wir systematischer vorgehen, trotz der heftigen Sturmböen. Wir fangen mit Kreisen an, angeseilt an Wills Schlitten, den zweiten in der Reihe. Leider ohne Erfolg. Dann befestigen wir das Seil vorne an

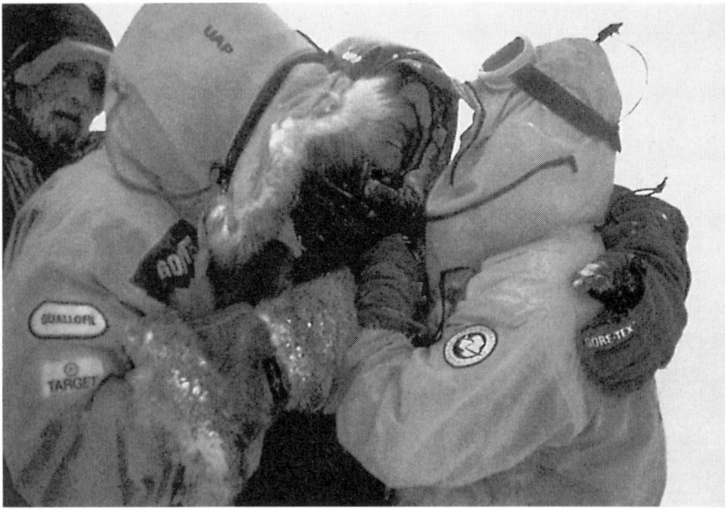

Gott sei Dank, Keizo ist wiedergefunden!

einem der »Schneepanzer« und beginnen eine neue Runde im dichten Nebel. Bis zum Wendepunkt – nichts . . . Bald schließt sich der Kreis. Meine Angst wird immer größer.

Aber plötzlich dringt ein Schrei durch die »Erbsensuppe«. Er ist es! Keizo! Er hat auf unsere Rufe geantwortet! Als er unsere Silhouetten im Sturm entdeckt, läuft er mit lautem Freudengebrüll auf uns zu. Er fällt uns allen der Reihe nach um den Hals – sogar Geoff, der es diesmal über sich ergehen läßt . . . Unser Japaner hat nicht einmal eine Erfrierung und scheint insgesamt in ganz guter Verfassung zu sein. Ach, Keizo, du bist gerettet! Es wäre ja auch wirklich grotesk gewesen, wenn wir ihn hier, kaum 26 km vor Mirny, verloren hätten, nachdem wir unbeschadet die ganze Antarktis durchquert haben!

Als er endlich im Warmen sitzt, eine Tasse kochendheißen Tee vor sich, erzählt uns Keizo sein Abenteuer. Er hat gestern abend das Zelt verlassen, um nach den Hunden zu sehen. Mit dem wütenden Wind im Rücken konnte er ohne große Probleme der Piste folgen, die wir mit unseren Skiern abgesteckt hatten. Aber auf dem Rückweg warfen ihn die Sturmböen um, und der Schnee blendete ihn völlig. Und im nächsten Augenblick hatte er bereits jede Orientierung verloren. Man darf sich in so einem Fall nur ja nicht von der Stelle rühren, sondern muß die nächste Windstille abwarten, bis man wieder etwas erkennen kann. Aber Keizo versuchte trotzdem, zum Zelt zurückzukommen. Erst nach etwa 50 Metern wurde ihm klar, daß das ein Fehler war. Und da war es bereits zu spät. Zum Glück machte er dann das einzig Richtige: hinlegen und warten. Mehr konnte er nicht tun . . .

Er war natürlich nicht sehr gut ausgerüstet, aber es war auch nicht so kalt: $-15\,°C$. Er hatte seine Goretex-Hose und den Parka über der Damart-Unterwäsche an, aber keinen Polarpelz, keine Handschuhe! Wir hatten die ganze Nacht gebangt, ob Keizo die Kälte mit so wenig Kleidern am Leib überstehen würde . . . Es war schrecklich, ihn so nah zu wissen, wahrscheinlich nur 50 Meter weit weg, und nichts für ihn tun zu können.

»Hast du denn unsere Rufe nicht gehört?« fragte Victor.

»Und die Signalschüsse?« (Will)

»Und das Hupkonzert von den Lastwagen?« (Geoff)

»Nein, nichts. Ich habe überhaupt nichts gehört bei dem Sturmgebrüll. Ich habe bloß ein Raketensignal gesehen . . . und dann nichts mehr. Aber das hat mir jedenfalls Mut gemacht.« Ein einziges Raketensignal, ein so vages Licht im Blizzard, das war freilich nicht genug, um sich in diese Richtung zu wagen. Die Russen hatten vier Raketen abgeschossen. Keizo sah offenbar nur die letzte, der Pechvogel.

»Wißt ihr, als Buddhist glaube ich, daß mein Körper mir nicht gehört, und das hat mir über diese Nacht weggeholfen. Mein Körper gehört meiner Mutter. Sie hat ihn mir gegeben, und für sie mußte ich ihn am Leben erhalten, damit ich ihn ihr zurückbringen kann.«

Er hatte nur ein einziges Werkzeug dabei, um sich einen Unterschlupf zu bauen, eine Zange, die er immer mit sich herumträgt, und die man auch mit Handschuhen benützen kann. Damit grub er das Eis ein bißchen auf, kauerte sich in Embryohaltung hinein und ließ sich vom Schnee zudecken. Er fror entsetzlich, bis sich der Schneehügel um seinen Körper aufgetürmt hatte. Als der Mini-Iglu kompakt genug war, löste er sich von den eisigen Wänden, und dann ging es ihm besser. Die Luftschicht, die sich zwischen ihm und den Wänden bildete, schützte ihn, Es war dasselbe Isolierungsprinzip wie bei den Hunde-Iglus. Aber Keizo hat nun mal kein Fell, und es war trotzdem furchtbar hart.

Er sagt, er habe viel an uns gedacht in dieser Nacht, wie an seine besten, ältesten Freunde, und er hatte volles Vertrauen zu uns. Er war absolut sicher, daß wir ihn suchen würden, so wie wir uns seit sieben Monaten unter den schlimmsten Bedingungen, bei Sturm und Nebel, immer wieder gesucht und gefunden hatten. Er hat fest daran geglaubt, daß wir ihn retten würden...

Er entschuldigt sich immer wieder, während er an seinem Tee nippt. Er hätte sich niemals von der Stelle rühren dürfen, nachdem er die Orientierung verloren hatte. Wie oft haben wir uns das gegenseitig eingehämmert! Keizo ist tief zerknirscht, daß er uns derart in Angst und Schrecken versetzt hat. Aber dann siegt sein Galgenhumor, und er meint: »*Eine* Nacht hätte ich schon noch durchgehalten, aber länger nicht.«

Der Sturm tobt weiter. Die Sicht ist immer noch stark eingeschränkt. Und dabei müßten wir nach unseren ursprünglichen Plänen heute abend bereits 10 km vor Mirny kampieren, wo uns das Fernsehen erwartet. Unsere zehn Tage Vorsprung haben sich unter der Wut der Antarktis in nichts aufgelöst, und jetzt sind wir sogar einen Tag im Rückstand. Aber morgen werden wir Transantarctica abschließen!

Ich verbringe die letzte von 220 Nächten in diesem Zelt, im flackernden, ungewissen Licht einer Kerzenflamme, die unsere Behausung in tiefe, geheimnisvolle Schatten hüllt. Draußen peitscht der Schneesturm ohne Unterlaß gegen die Zeltwände, die mit schrillen Pfeiftönen gegen die Attacken protestieren. Ich klammere mich an diese Geräusche, an die Farben, an den Geruch des Benzinkochers, an dieses ganze Universum, das mir so lieb geworden ist und das ich bald verlassen werde. Es ist schon alles gepackt. Die Reise ist zu Ende. Also dann, bis zum nächsten Abenteuer – der Erebus, die große Abdrift, die Wale, die Albatrosse, die Ozeane...

3. März 1990

Direkt vor uns hängt ein Transparent zwischen zwei Stangen. Ein riesiges FINISH ist draufgemalt. Hunde, Schlitten und Menschen stürzen sich ins Ziel! Geschafft! Gewonnen! Transantarctica ist zu Ende. Zum letzten Mal bremsen wir unsere Schlitten, unter den Beifallsstürmen des Publikums. Und dann der Überfall der Presse! Ein Salto mortale in die Zivilisation! Man hält uns Mikros unter die Nase, wir werden gefilmt, die Kameras klicken ... Die katabatischen Winde sind nichts gegen diesen Medienansturm ...

Ich bitte um eine kurze Verschnaufpause, damit wir sechs einen Augenblick ungestört zusammensein können. Vergeblich, wir fallen der hemmungslosen Zudringlichkeit der Meute zum Opfer ... Der Zufall will es, daß Will und ich uns zur selben Zeit für einen Augenblick aus dem Tumult befreien können. Wir fallen einander in die Arme. Es dauert nur ein paar Sekunden, aber es ist ein ungeheuer intensiver Augenblick. Das haben wir gebraucht. Erst jetzt begreifen wir, daß wir unsere phantastische Wette gewonnen haben: »We made it, we made it!« Tausend Bilder und Erinnerungen wirbeln uns durch den Kopf – unsere Hunde, die Blizzards, die Schlitten, die Sastrugis, das endlose Warten im Zelt, unsere seltenen, aber denkwürdigen Feste, die elenden Mittagessen, bei denen wir mindestens soviel Schnee wie Pemmikan geschluckt haben ... und Tausende von Kilometern grenzenloser, weißer Weite ... Unsere Hunde werden bejubelt, gestreichelt, gekrault. Ein Glück für sie, daß sie nicht sprechen können. Was würden sie wohl über diese sieben Monate auf dem unwirtlichsten Kontinent der Erde sagen? Wir dagegen! Interview auf Interview, Satellitenkonferenzen, Glückwunschtelegramme aus aller Welt: Mitterrand, Bush, Li-Ping für China, Kaifu, der japanische Premierminister, alle unsere Freunde ... Uns schwirrt der Kopf. Es war ein Wahnsinn, überhaupt aufzubrechen, aber die Ankunft ist nicht weniger verrückt. Was für eine Lawine! Wir sind endgültig in die Welt der Menschen zurückgekehrt. Wenn man sie hört, haben wir uns einen Platz unter den großen Abenteurern der Menschheitsgeschichte gesichert. Ich für meinen Teil begnüge mich mit dem Gedanken, daß wir die Kette der Entdeckungsreisen fortgeführt haben, daß jüngere Menschen in unsere Spuren treten und noch phantastischere Abenteuer vollbringen werden. Und ich widme unsere Expedition Nansen und Shackleton, den beiden Männern, die mich zu dieser Reise inspiriert haben.

12. März 1990

Die letzten Zeilen schreibe ich auf dem Indischen Ozean, an Bord der »Professor Subow«. Wir sind erst am Abend des 8. März nach langem Warten in See gestochen, denn der Sturm hat unsere Pläne im letzten Moment durchkreuzt, als ob uns die Antarktis nicht loslassen wollte. Wir nehmen Kurs auf Australien. Am 18. März werden wir in Perth eintreffen.

Nachdem wir mehrere Tage in unsere Kabinen verbannt waren und mit der Seekrankheit gekämpft haben, scheint heute die Sonne, und wir können endlich an Deck gehen. Das Blau des Ozeans und des Himmels ist überwältigend, wenn man so viele Monate fast keine Farben mehr gesehen hat. Die Wellen sind hoch, aber ich habe mich wieder ans Meer gewöhnt. Ich träume davon, über die Polarmeere zu segeln, den Migrationen der Wale zu folgen, anderen Menschen die Möglichkeit zu geben, diese Regionen zu entdecken, die ich so liebe, die mir so viel gegeben haben.

In ein paar Tagen werden wir in Perth ankommen. Und am 21. März werde ich wieder in Paris sein ... Ich habe jetzt nur noch einen Gedanken: mich so schnell wie möglich in Sylvies Arme zu stürzen ...

Heute kann ich sagen: Die Antarktis ist kein Kontinent für die Menschen, sondern ein Kontinent, der der Erde gehört ...

Epilog

Was wir von der Antarktis zurückbringen, sind Erinnerungen und Bilder, die unter sehr schwierigen Bedingungen aufgenommen wurden. Wir haben diesen Kontinent kennen- und lieben gelernt, und das gibt uns die Kraft, darüber zu sprechen und uns für seine Zukunft einzusetzen. Nach unserer Rückkehr wurden wir von unseren Staatsoberhäuptern empfangen: von François Mitterrand und George Bush, vom japanischen Premierminister Toshiki Kaifu, vom chinesischen Präsidenten Wang und vom sowjetischen Außenminister Eduard Schewardnadse.

Bei jedem dieser Empfänge haben wir dasselbe Anliegen vorgebracht: Unsere Erde braucht eine großzügige Geste, und die Antarktis bietet sich als erstes dafür an. Die Vertragsstaaten müssen jeglichen Macht- und Besitzanspruch aufgeben und die Antarktis für alle Zeiten zu einem Kontinent der friedlichen Forschung und internationalen Zusammenarbeit erklären. Das ist eine große Chance für die Zukunft der Menschheit, wir dürfen sie nicht verpassen.

Jeans-Louis Etienne

Infos

Geschichte der Antarktis

Die friedliche Eroberung

In der Antarktis gibt es keine Eskimos oder Indianer, keine Zivilisationsrelikte, nicht einmal Spuren der nächsten »Anwohner«, der Indianer von Patagonien und Feuerland. Die ersten Entdecker, die auf dem Kontinent gelandet sind, haben keine territorialen Besitzansprüche gestellt. Sie haben lediglich für sich und ihr Land den Entdeckerruhm in Anspruch genommen.

Wem gehört die Antarktis?

Die territorialen Ansprüche: Sieben Länder haben Besitzrechte an einem Teil des Kontinents geltend gemacht und sich vom Südpol aus jeweils ein »Stück des Kuchens« gesichert, von denen sich einige überschneiden. Diese Länder sind: Argentinien, Australien, Chile, Großbritannien, Norwegen, Neuseeland und Frankreich (Adélieland). Die Vereinigten Staaten von Amerika und die Sowjetunion machen keine Besitzansprüche geltend, aber sie »behalten sich ihre Rechte vor«.

Keine internationale Instanz hat bisher diese Besitzansprüche anerkannt.

Der Antarktisvertrag

Trotz der strategischen und politischen Probleme, die dieser Kontinent aufwirft, setzten Wissenschaftler im Internationalen Geophysikalischen Jahr (IGJ) 1958/59 den Gedanken einer weltweiten Kooperation durch, eine Initiative von großer Tragweite für die Wissenschaft, für die Zukunft des Menschen und für unsere Gesellschaft. Sie wurde in einem internationalen Abkommen festgeschrieben: dem Antaktis-Vertrag.

Dieser Vertrag ist die rechtliche Grundlage für den Status dieses Kontinents. Er wurde 1961 ratifiziert und im Jahr 1991 fortgeschrieben. Zusätzlich wurde in diesem Jahr festgelegt, daß die Ausbeutung der Bodenschätze der Antarktis bis auf weiteres unterbleiben soll. »Es liegt im Interesse der ganzen Menschheit, daß die Antarktis auch in Zukunft nur für friedliche Zwecke genützt wird.«

Die Freiheit der Wissenschaft und die Zusammenarbeit zwischen den verschiedenen Ländern führen, ganz im Geist des Internationalen Geophysikalischen Jahres 1958, zu einem regen Austausch von Forschungspersonal und wertvollen wissenschaftlichen Beobachtungen und Erkenntnissen. Die Gebietsansprüche der sieben Vertragsstaaten sind vorerst auf Eis gelegt.

Zwölf Länder haben den Vertrag 1959 unterzeichnet: Südafrika, Argentinien, Australien, Belgien, Chile, die USA, Frankreich, Großbritannien, Japan, Neuseeland, Norwegen und die Sowjetunion. Inzwischen sind Brasilien, Indien, Italien, Uruguay, China, Polen, die ehemalige DDR und die BRD dem Vertrag als vollwertige (»konsultative«) Mitglieder beigetreten. Weitere 18 Nationen, die in der überwiegenden Mehrheit keine wissenschaftlichen Aktivitäten in der Antarktis durchführen, sind nichtstimmberechtigte Mitglieder: Bulgarien, Kuba, die Tschechoslowakei, Dänemark, Finnland, Griechenland, Ungarn, die Niederlande, Nordkorea, Südkorea, Neuguinea, Peru, Rumänien, Spanien, Schweden und Ecuador. Der Vertrag wurde zuletzt im Jahr 1998 aktualisiert.

Die Antarktis heute

Die wenigen Bewohner dieses Kontinents leben in Forschungsstützpunkten, die die einzelnen Länder in Gebieten ihrer Wahl installiert haben. Auf der kleinen King-George-Insel zum Beispiel leben Russen, Chinesen, Chilenen, Brasilianer, Polen, Argentinier, Uruguayer und Koreaner friedlich nebeneinander. Die Amerikaner sitzen am geographischen Südpol, die Russen am geomagnetischen (Wostok) und die Franzosen am magnetischen Südpol (Dumont d'Urville).

Allgemeines über den antarktischen Kontinent

Die Antarktis, der vereiste Kontinent am Ende der Welt, ist fast so groß wie Europa und die USA zusammen. Die Eiskappe hat eine durchschnittliche Dicke von 2500 Metern, an manchen Stellen bis zu 4500 Metern. Das Eis der Antarktis (Gesamtvolumen: 30 Millionen Kubikmeter) stellt 90 % der gesamten Eismassen der Erde und

70 % der Süßwasservorräte. Wenn die Eiskappe der Antarktis schmelzen würde, würde der Wasserspiegel der Ozeane um 70 Meter ansteigen.

Klima

Das Klima der Antarktis ist extrem rauh, viel kälter als in den Nordpolregionen, denn der Boden absorbiert selbst im Sommer die Sonnenwärme nicht. Das riesige Eisplateau reflektiert 80–90 % der Strahlung. Im Norden ist das anders – nach der sommerlichen Eisschmelze wird die Sonnenwärme durch die dunkle Färbung des arktischen Ozeans und des Bodens sehr viel besser absorbiert.

Von März bis September kommt die Sonne in der Antarktis kaum über den Horizont herauf.

Die Temperaturen sinken kontinuierlich ab, sobald man sich von der Küste entfernt und das Plateau in Richtung Südpol besteigt, der auf einer Höhe von 2800 m liegt. In den wärmsten Monaten (Dezember und Januar) liegen die Temperaturen zwischen −10 °C und −35 °C, in den kältesten Monaten (Juli und August) zwischen −25 °C und −70 °C. Die bisher tiefste Temperatur wurde in der sowjetischen Basis Wostok gemessen, nämlich −89,3 °C. Wostok liegt auf dem antarktischen Plateau in einer Höhe von 3500 m. Bei der extremen Kälte sind die Niederschlagsmengen sehr gering, und das macht die Antarktis zur größten Wüste der Erde. Die Winde, die auf dem zentralen Plateau relativ gemäßigt sind, erreichen in Küstennähe ungeheure Geschwindigkeiten. In der französischen Basis Dumont d'Urville wurde sogar eine Rekordgeschwindigkeit von 322 km/h gemessen. Man nennt diese Winde, die sich vom antarktischen Plateau herunterstürzen, »katabatische« Winde – Fallwinde.

Flora und Fauna

Die Flora beschränkt sich auf ein paar Moose und Flechten, nur auf der Antarktischen Halbinsel sind zwei höherentwickelte Pflanzenarten angesiedelt.

Tiere leben an den Küsten und ernähren sich ausschließlich von den Produkten des Meeres. Man findet dort zahlreiche Meeressäugetiere und Vogelarten. Am bekanntesten sind die Robben und Pinguine.

Man unterscheidet vier Robbenarten: die Krabbenfresserrobbe, die Weddellrobbe, die Rossrobbe, den Seeleoparden, und fünf Pinguinarten.

Der Kaiserpinguin erreicht eine Größe von 1,20 m bei einem Gewicht von 30–40 kg. Diese Tierart ist die einzige, die sich unter den extremen Bedingungen des antarktischen Winters reproduziert. Das Männchen brütet zwei Monate lang das Ei in seiner Bruttasche aus, und zwar bei Temperaturen von fast −50 °C. Wenn das Weibchen zurückkehrt, muß das Männchen nach viermonatiger Fastenzeit, in der es die Hälfte seines Gewichts verliert, in seinem erschöpften Zustand noch 100 Kilometer bis zum Packeisgürtel zurücklegen, um an die Nahrungsquellen des Meeres heranzukommen. Der Kaiserpinguin ist ein ausgezeichneter Schwimmer und Taucher, er holt sich seine Nahrung, den Krill, aus einer Tiefe von bis zu 250 Metern.

Der Adéliepinguin (nach der Gattin des französischen Polarforschers Dumont d'Urville benannt) wird nicht größer als 70 cm, bei einem Gewicht von 6 kg. Der Adéliepinguin ist sehr beweglich und behende, er klettert an den steilsten Eiswänden hoch und springt über Felsen und Eisblöcke. Von März bis Oktober bleibt er im offenen Wasser, und im Frühjahr kehrt er zum Brüten in die Nistkolonien zurück.

Der Hauptfreßfeind der Pinguine ist der Seeleopard.

Bodenschätze

Die eisfreien Felszonen machen nur 1,4 % der Gesamtfläche des Kontinents aus. Dennoch droht ihnen Gefahr von der Profitgier der Menschen. In den transantarktischen Gebirgen ruhen nämlich die größten Kohlevorkommen der Welt. Desgleichen wurden riesige Eisen-, Kupfer-, Molybdän-, Gold-, Silber-, Mangan-, Kobalt- und Platinkonzentrationen nachgewiesen. Angeblich birgt der Kontinentalsockel auch gewaltige Erdöl- und Erdgasvorkommen, besonders im Ross-Meer und im Weddell-Meer.

Ozon

Ozon ist ein Gasmolekül, bestehend aus drei Sauerstoffatomen (0_3). Es bildet eine dichte Schicht in 15–30 km Höhe über der Erde und schützt sie vor den tödlichen ultravioletten Strahlen der Sonne. Seit einigen Jahren haben die Wissenschaftler entdeckt, daß diese Schicht auf erschreckende Weise gerade an den Polen dünner wird. Die Hauptursache dafür scheinen die Fluorkohlenwasserstoffe zu sein. Seit dem Jahr 2000 darf FCKW nicht mehr produziert und verwendet werden. Es ist sehr ermutigend, daß die Chemiekonzerne sich in diesem Fall zum ersten Mal Selbstbeschränkungen auferlegt haben, aus rein ökologischen Gründen.

Technik und Ausrüstungsmaterial

Das Kartenmaterial über die Antarktis ist heute recht gut, besonders seit es Satellitenaufnahmen gibt. In den Gebirgsregionen, auf der Halbinsel und im Ellsworth-Hochland haben wir Karten für die Navigation benützt. Auf dem Plateau dagegen, wo es keinerlei Orientierungspunkte gibt, sind wir mit dem Kompaß marschiert. Unsere jeweilige Position erhielten wir über das ARGOS-Positionssendegerät. Die Kompaßabweichung berechneten wir mit Hilfe unserer YEMA-Solaruhr.

Das ARGOS-Gerät, das wir benutzten, ein Prototyp der Toulouser Gesellschaft CEIS Espace, wurde von einem Kohlenstoffbehälter geschützt, einer Spezialanfertigung der Firma Mégret Composite. Die Lithiumbatterien, mit denen das Gerät betrieben wurde, sind ein Produkt der Firma SAFT.

Mit dem ARGOS-Gerät war ein PSION verbunden, eine Art Rechner, mit dem man kodierte Botschaften von 34 Zeichen aussenden kann. Dieses Spezialprogramm wurde von CEIS Espace entwickelt.

Kommunikation

Wir haben täglich Funkkontakt mit unserem Basiscamp in Punta Arenas im Süden von Chile aufgenommen. Dabei benützten wir ein THOMSON-Gerät TRC 350 HF-SSB mit einer Dipolantenne. Es wurde von SAFT-Lithiumbatterien gespeist. Mit diesem 20-Watt-

Gerät konnten wir noch vom 88. südlichen Breitengrad den Kontakt mit unserem Basislager herstellen, also über eine Entfernung von 3600 km hinweg, und zwar bei einer Temperatur von −28 °C. Das Funkgerät und die Batterien haben immer funktioniert, selbst bei den tiefsten Temperaturen, die wir erlebt haben, nämlich −49 °C.

Der Funkverkehr kann in der Antarktis von unberechenbaren atmosphärischen Störungen blockiert werden. So hatten wir im Bereich der ehemaligen amerikanischen Basis Sipple 8 Tage lang ein totales Blackout. Die PSION-Botschaften kamen dagegen in diesen acht Tagen immer durch.

Hundenahrung

Unsere Hunde bekamen von Geburt an ein Spezialfutter, das von den Tiermedizinern der HILL's-Laboratorien entwickelt wurde. Wir haben sie während der Expedition einmal am Tag gefüttert, und zwar am Abend, nachdem wir das Tagesziel erreicht hatten. Sie bekamen jeweils einen »Endurance-Food«-Block von 10 cm Seitenlänge, 900 g, 6000 Kalorien, der aus Fleisch, Fett, Mineralstoffen und Vitaminen zusammengesetzt war, eine ausgewogene Kraftnahrung für Langzeitbelastungen bei niedrigen Temperaturen. Die Hunde fraßen diese Futterblöcke sehr gern.

Menschennahrung

Wir nahmen pro Tag drei Mahlzeiten zu uns.

Morgens:	Getreideflocken oder Weizengrieß, Butter, ölhaltige Trockenfrüchte, Honig, Milchpulver, Schokolade, das Ganze in einem Liter heißem Wasser aufgelöst.
Mittags:	Päckchensuppe; eine Mischung aus Trockenfrüchten, Schokolade, Erdnüssen.
Abends:	Reis, Nudeln oder Kartoffeln mit Pemmikan (einer Mischung aus Trockenfleisch und Fett), Butter oder Käse.

Wir variierten die Mahlzeiten mit den Gewürzen, die jeder von uns selbst mitgebracht hatte: Estragon, Soja, chinesischer Essig, Curry . . .

Die französische Firma Lyotal stellte die Desserts und gefriergetrockneten Fertiggerichte für uns her.

Für unterwegs: Mandelpaste NERGI SPORT

Getränke: Für unser Trinkwasser schmolzen wir Schnee auf dem Zweiflammenkocher OPTIMUS (einer pro Zelt). Für den Kocher verwendeten wir Benzin vom Typ »white gaz«, das bis zu einer Temperatur von – 75 °C flüssig bleibt. Abgesehen von der Flüssigkeit, die wir mit den Mahlzeiten in Form von Kaffee, Tee, Kräutertee zu uns nahmen, tranken wir im Durchschnitt 5 Liter Wasser pro Tag.

Vitamine: Wir haben täglich eine VITASCORBOL-Tablette (500 mg Vitamin C) und eine QUOTIVIT-Tablette (Multivitaminpräparat mit Spurenelementen) geschluckt.

Insgesamt haben wir 5000 Kalorien pro Tag zu uns genommen, mit folgenden grob geschätzten Nährwerten: 50 % Kohlehydrate, 35 % Fett, 15 % Eiweiß.

Gesundheit

Ernsthafte Gesundheitsprobleme hatten wir nicht. Für den Notfall, der eine Evakuierung erfordert hätte, hatten wir unsere eigene Luftbrücke organisiert. Wir hätten auf der gesamten 6300-km-Strecke zu jedem Zeitpunkt herausgeholt werden können, und zwar von einer Twin Otter bis zur sowjetischen Basis Wostok, danach von einem der russischen Kettenfahrzeuge. Diese Luftbrücke, also die Bereitstellung der Maschine und ihrer Besatzung sowie die Organisation der Treibstoffdepots auf der Flugstrecke, hat uns 1 Million Dollar gekostet!

Ein wirksamer Augen- und Hautschutz ist lebenswichtig, denn die ultraviolette Strahlung ist sehr intensiv: 100 % direkte Strahlung, 90 % vom Eis reflektierte Strahlung, ständiges Tageslicht von Anfang November bis Ende Januar, und zudem wegen der Höhenlage (2500–3500 Meter in dieser Zeit) sehr geringe atmosphärische Filterung.

Wir haben VUARNET-Augenmasken benützt, KLORANE-Sonnencreme als Tagesschutz für die Haut und während der Nacht die Feuchtigkeitscreme ICTYANE.

Kleidung

Wie bei meinen früheren Expeditionen habe ich Unterwäsche von DAMART und Oberbekleidung von GORETEX getragen.

Unterkleidung: DAMART-Unterwäsche, die nicht nur sehr warm hält, sondern auch den Vorteil hat, daß sie den Schweiß nicht aufsaugt, sondern nach außen transportiert.

Polarjacken von DUPONT aus gut isolierendem synthetischem Pelz.

Oberbekleidung: gefütterte GORETEX-Hosen und Marschjakken. Dieses Material ist nicht nur der beste Windschutz, es läßt auch den Schweiß durch. GORETEX kombiniert diese beiden Eigenschaften, die es möglich machen, trocken und warm zu bleiben.

Alle unsere Kleidungsstücke wurden von NORTH FACE fabriziert.

Schlafsäcke

Unsere Schlafsäcke waren von LESTRA SPORT (wie bereits bei meiner Nordpolreise). Wir hatten zwei Schlafsäcke, die ineinander gesteckt wurden. Alle beide waren aus GORETEX mit einem Futter aus QUALOFIL.

Skier

Wir benützten Skier der Marke ROSSIGNOL, Modell Chamois. Die elastischen amerikanischen Bindungen (BERWIN) hielten etwa 3000 km, bei einer durchschnittlichen Temperatur von −25 °C. Diese Bindungen haben den Vorteil, daß sie sich jedem Stiefeltyp anpassen. Wir trugen »Mukluks«, handgearbeitete, weiche Eskimostiefel.

Die Schlitten

Wir benützten einen in England hergestellten traditionellen »Nansen«-Schlitten und zwei »Komatic«-Schlitten, die bei Will Steger fabriziert wurden. Für beide Schlitten wurden verschiedene Holzarten verwendet, die Kufen waren mit Kunststoff beschichtet, einem Produkt von Dupont de Nemours. Dieser Kunststoff bleibt auch bei tiefen Temperaturen gleitfähig, klebt nicht auf nassem Schnee, und der Hundekot bleibt nicht daran hängen. Die leeren Schlitten wiegen 25 kg. In beladenem Zustand hat ihr Gewicht nie 350 kg überschritten.

Die Zelte

Unsere NORTH-FACE-Kuppelzelte hielten auch bei Windgeschwindigkeiten von 180 km/h.

TRADITION ALS VISION - WERTE VON GESTERN FÜR DAS LEBEN VON MORGEN

Beeindruckende Bildbände mit Berichten, die von den großen Wundern der Natur und den geistigen Welten der Menschheit erzählen, ihren Rätseln und Kulturschätzen.

David P. Silverman (Hg.)
Das alte Ägypten
280 Seiten,
279 Farbfotos, 15 Karten
Geb. mit Schutzumschlag
ISBN 3-89405-371-2

Peter B. Clarke
Atlas der Weltreligionen
Entstehung · Glaubensinhalte · Entwicklung
224 Seiten, 350 Farb- und s/w-Fotos,
Karten und Illustrationen
Gebunden
ISBN 3-89405-509-X

Ulli Olvedi
Buddhas Kinder
Kindheit und Jugend im tibetischen Exilkloster
144 Seiten,
109 Farbfotos
Geb. mit Schutzumschlag
ISBN 3-89405-364-X

FREDERKING & THALER

MIT DEM ABENTEUER UNTERWEGS

Reiseerzählungen im Paperback: Interessante und informative Erlebnisberichte aus allen Kontinenten mit Schwarzweißfotos – ungewöhnliche Reisen mit Grenzerfahrungen

Konrad Gallei / Gaby Hermsdorf
Blockhaus-Leben
Ein Jahr in der Wildnis von Kanada
224 Seiten,
32 s/w Fotos, 2 Karten
ISBN 3-89405-014-4

Dieter Kreutzkamp
Husky-Trail
Mit Schlittenhunden durch Alaska
256 Seiten,
52 s/w Fotos, 4 Karten
ISBN 3-89405-080-2

Christian E. Hannig
Im Land der Schotten
Die Highlands, Hebriden und Orkneys
ca. 250 Seiten,
ca. 40 s/w Fotos
ISBN 3-89405-077-2

FREDERKING & THALER

MIT DEM ABENTEUER UNTERWEGS

Reiseerzählungen im Paperback: Interessante und informative Erlebnisberichte aus allen Kontinenten mit Schwarzweißfotos – ungewöhnliche Reisen mit Grenzerfahrungen

Bernd Keiner
Quer durch den roten Kontinent
Unterwegs in Australien
224 Seiten,
46 s/w Fotos, 4 Karten
ISBN 3-89405-021-7

Werner Kirsten
Westcoast-Story
Auf dem Pazifik-Highway nach Süden
208 Seiten,
44 s/w Fotos
ISBN 3-89405-082-9

Carmen Rohrbach
Jakobsweg
Wandern auf dem Himmelspfad
304 Seiten,
40 s/w Fotos, 1 Karte
ISBN 3-89405-081-0

FREDERKING & THALER

ERLEBNISWELT BUCH - FÜR MENSCHEN, DIE MEHR ERFAHREN WOLLEN

David Seven Deers (Hg.)
Die Menschen an meinem Ufer
Ein Fluß erzählt die Geschichte der Skwahla-Indianer
120 Seiten, 18 Farbfotos
Geb. mit Schutzumschlag
ISBN 3-89405-355-0

Kulturberichte, die den geistigen Horizont erweitern, Brücken schlagen zwischen unterschiedlichen Menschen und Lebensweisen – informativ, engagiert, bildreich.

Fred Bruemmer
Mein Leben mit den Inuit
Reisen zwischen Grönland und Alaska
176 Seiten,
23 s/w-, 27 Farbfotos
Geb. mit Schutzumschlag
ISBN 3-89405-350-X

Winona LaDuke
Last Standing Woman
Eine indianische Saga von 1862 - 2018
304 Seiten,
42 s/w Fotos, 1 Karte
Geb. mit Schutzumschlag
ISBN 3-89405-385-2

FREDERKING & THALER

ERLEBNISWELT BUCH - FÜR MENSCHEN, DIE MEHR ERFAHREN WOLLEN

Barbara Veit
Traumsucher
Walkabout in Westaustralien
192 Seiten,
57 Farbfotos, 1 Karte
Glanzeinband
ISBN 3-89405-370-4

Kulturberichte, die den geistigen Horizont erweitern, Brücken schlagen zwischen unterschiedlichen Menschen und Lebensweisen – informativ, engagiert, bildreich.

Désirée v. Trotha
Die Enkel der Echse
Lebensbilder aus dem Land der Tuareg
208 Seiten,
42 Farbfotos, 1 Karte
Geb. mit Schutzumschlag
ISBN 3-89405-379-8

Carmen Rohrbach
Im Reich der Königin von Saba
Auf Karawanenwegen im Jemen
199 Seiten,
22 Farbfotos
Geb. mit Schutzumschlag
ISBN 3-89405-396-8

FREDERKING & THALER